ISBN 978-0-260-85362-2
PIBN 10976871

BIBLIOTHÈQUE D'HISTOIRE ET DE SOCIOLOGIE

Lavrov, Petr Lavrovich.
=

II.

LETTRES HISTORIQUES

. PAR

PIERRE LAVROFF

TRADUIT DU RUSSE

ET PRÉCÉDÉ D'UNE NOTICE BIO-BIBLIOGRAPHIQUE

PAR

MARIE GOLDSMITH

AVEC LE PORTRAIT DE L'AUTEUR

PARIS

LIBRAIRIE C. REINWALD

SCHLEICHER FRÈRES & Cie, ÉDITEURS

15, RUE DES SAINTS-PÈRES, 15

1903

NOTICE BIOGRAPHIQUE

Les « Lettres historiques », dont nous offrons la traduction aux lecteurs français, occupent, dans la littérature russe, une place toute spéciale. Cet écrit n'est, à proprement parler, ni un ouvrage historique, ni un travail exclusivement consacré à des recherches scientifiques, ni une œuvre de publiciste, traitant d'actualité politique ou sociale. On doit plutôt voir dans les « Lettres » un essai de sociologie ou une théorie du progrès fondé sur une base morale, et destinée à établir un lien étroit entre deux domaines trop souvent étrangers l'un à l'autre : la conception philosophique générale fournissant une théorie sociologique et historique, et la conception morale, donnant un fil conducteur pour l'étude de toute une série de questions très concrètes appartenant à l'actualité la plus brûlante. Ce livre reflète fidèlement la personnalité complexe de son auteur : d'une part, savant et philosophe d'une érudition absolument exceptionnelle, auteur d'un système original et complet de philosophie historique ; de l'autre, un militant qui, pendant les trente années de sa vie de réfugié, n'a pas cessé de prendre la part la plus active à toutes les manifestations du mouvement socialiste et révolutionnaire russe.

Les « Lettres historiques » ont paru pour la première fois en 1868-1869, sous forme d'articles, dans le journal « Nedelia » (*La Semaine*) et ont été publiées en volume une année plus tard. C'était l'époque où la société russe réveillée, depuis quelques années seulement, du sommeil où elle avait été plongée pendant le long règne de Nicolas Iᵉʳ, vivait d'une vie très intense. Les réformes qui ont marqué le commencement du règne d'Alexandre II, et parmi lesquelles l'abolition du servage est la plus importante, étaient encore toutes récentes. Dans le domaine intellectuel, on renversait les anciennes idoles, on détruisait les préjugés, on proclamait, au nom de la science, le droit de critique sur toutes les croyances, sur toutes les habitudes intellectuelles. C'étaient les sciences naturelles qui fournissaient la base des nouvelles conceptions : les œuvres de Büchner, Vogt, Moleschott étaient la lecture favorite, fondamentale, de la jeunesse. Comme idéal de vie personnelle, les jeunes gens se proposaient le complet développement de l'homme, destiné à le rendre digne de la science contemporaine et capable de réaliser l'accord de son activité propre avec les résultats de la science. Le choix d'une profession, la vie matérielle, les rapports familiaux, l'éducation des enfants — tout cela devait être, chez les « fils », complètement différent de ce qui avait existé chez les « pères ». Mais, cette jeunesse pensante et active ne pouvait pas trouver une satisfaction complète dans la vie personnelle, eût-elle été organisée de façon aussi rationnelle que possible. Un pas de plus dans la même voie devait nécessairement l'amener à songer à son devoir social, à son action sociale. C'est à ce moment que les « Lettres historiques » paraissent et viennent puissamment contribuer à cette évolution. Voici comment un des biographes de Lavroff, ayant lui-même éprouvé à cette époque l'influence de cet ouvrage, raconte l'impression qu'il produisit sur lui et sur les jeunes gens de sa génération.

« On peut dire sans hésiter que les « Lettres historiques »
furent, pendant plus de 10 ans, le livre de chevet, l'Evangile
de la jeunesse, et que, même maintenant, bien des pensées
qui y sont exprimées forment une partie nécessaire du bagage
intellectuel de tout honnête homme en Russie... Il faut avoir
vécu alors... pour voir autour de soi et pour sentir sur soi-
même l'influence étonnante produite par les « Lettres historiques ». Un grand nombre d'entre nous — jeunes gens et
quelquefois adolescents — ne se séparaient jamais de ce
petit livre, usé, gâté, lu et relu. Il était à notre chevet et,
la nuit, de chaudes larmes tombaient sur lui, les larmes de
notre enthousiasme qui nous soulevait d'un désir immense
de vivre pour ces nobles idées et de mourir pour elles... A
cette époque, nous voulions tous vivre au nom de notre
« égoïsme rationnel », affranchis de toutes les autorités re-
connues, et avoir une existence libre et heureuse pour nous-
mêmes et nos coreligionnaires. Et voilà que ce petit livre nous
disait qu'il existe au monde autre chose encore que les sciences
naturelles... qu'il y a d'autres questions importantes pour les
hommes, qu'il y a l'histoire, le progrès social, qu'il y a le
peuple, le peuple souffrant de faim et écrasé par le travail ;
ce peuple ouvrier qui supporte tout l'édifice de la civilisation
et, seul, nous donne la possibilité de nous occuper de
science ; qu'il y a, enfin, notre dette, la dette immense que
nous avons contractée à l'égard du peuple, de la grande
armée des travailleurs !... Notre vie devait désormais appartenir aux masses. C'était seulement en consacrant toutes nos
forces au triomphe de la vérité sociale que nous pouvions
éviter de faire une banqueroute frauduleuse devant notre
pays et devant l'humanité. »

On peut juger, par ces paroles d'un témoin, du succès
obtenu par ce livre auprès de la jeunesse. Mais à cause de ce

succès lui-même, lequel surpassa toutes les espérances de l'auteur, cette publication devint bientôt, en Russie, rare et même interdite — moins à cause des idées émises, que des déductions qu'en tiraient ses lecteurs. Dans les années suivantes, revenant sur l'objet de ce livre, l'auteur voulut entreprendre un nouveau travail qui en eût été la suite et l'eût remplacé jusqu'à un certain point. Un article intitulé : « Le progrès : théorie et pratique » et publié dans la revue russe « Slovo » (*La Parole*) devait marquer le commencement de cette nouvelle série ; mais ce premier article resta sans suite, car la revue elle-même fut bientôt interdite. Dix ans plus tard, en 1891, une nouvelle édition du même ouvrage fut décidée : mais l'auteur avait acquis dans son pays une réputation de révolutionnaire, trop établie, pour qu'on pût songer à le publier en Russie. La nouvelle édition parut donc à l'étranger ; elle ne différait de l'ancienne que par des points de détail, mais contenait, en plus de la première, l'article intitulé « Le progrès : théorie et pratique. »

En présentant ce livre aux lecteurs français nous avons eu un double but ; d'abord nous avons voulu leur apporter la plus caractéristique de toutes les œuvres du philosophe russe, celle qui a exercé le plus d'influence, espérant ainsi leur faire connaître, jusqu'à un certain point, sa physionomie d'écrivain ; nous avons désiré, d'autre part, leur donner une idée du caractère particulier, principalement moral, propre au socialisme russe dès sa naissance, et qui le distingue considérablement des mouvements analogues existant dans les autres pays. Quelques notes sur la vie de l'auteur aideront à comprendre les tendances de l'ouvrage.

L'auteur des « Lettres historiques » est né le 2/14 juin 1823, dans la province de Pskov. Ses parents étaient des propriétaires aisés ; son père avait pris part, comme officier, à la guerre contre Napoléon, puis s'était retiré dans sa propriété : la famille de sa mère était d'origine suédoise. De très bonne heure, Pierre Lavroff montra des dispositions pour la vie intellectuelle : dès l'enfance, il préférait la lecture aux jeux habituels de son âge. En 1837, il entra à l'Ecole d'artillerie et en sortit, cinq ans plus tard, avec le grade d'officier. A l'âge de 21 ans, il fut nommé professeur de mathématiques dans cette même Ecole et, plus tard, devint professeur à l'Académie d'artillerie. L'activité littéraire de Lavroff commence, à proprement parler, vers sa trentième année : avant cette époque, on n'a de lui que des poésies (qui dénotent déjà un esprit philosophique très large et des idées sociales avancées) et des articles scientifiques d'un caractère plus ou moins spécial. C'est au moment de ce réveil de la société russe dont nous avons parlé plus haut, que Lavroff, comme beaucoup de ses contemporains, éprouva le besoin de faire part au public des idées qui l'agitaient. Il publia un grand nombre d'articles sur différentes questions philosophiques : le rôle de l'individu dans l'histoire, le matérialisme, la signification de la philosophie, etc. En même temps il dirigeait la partie philosophique du *Dictionnaire encyclopédique russe* qui commença à paraître en 1861. Mais son esprit n'était pas entièrement absorbé par les questions philosophiques et scientifiques : les questions d'actualité, les problèmes qui surgissaient de partout, ne l'intéressaient pas moins. Ses idées politiques se précisant de plus en plus, il adhéra à la société révolutionnaire « Terre et Liberté » et fit la connaissance de Tchernychevsky. Bientôt, il fut englobé dans les arrestations en masse dont l'attentat de Karakozow (en 1866) fut le signal ; aucune preuve directe n'existait contre lui, mais il n'en fut pas moins jugé par le tribunal militaire et déporté

dans une des provinces du nord, dans le gouvernement de
Vologda, brusquement arraché ainsi, et à son professorat, et
à ses occupations scientifiques. C'est là, dans une petite ville
éloignée de tout, que Lavroff écrivit, sous le pseudonyme de
P. Mirtoff et au milieu de très grandes difficultés, ses « Lettres
historiques ». Ses amis ne voulurent pas, d'ailleurs, le laisser
dans son exil : ils formèrent et réalisèrent pour lui un projet
d'évasion. Au commencement de 1870, un ami vint le chercher ; il s'échappa de la petite ville qu'il habitait et partit à
l'étranger vivre de la vie difficile des réfugiés.

A Paris, où il vint tout d'abord, il vit s'ouvrir devant lui
un monde nouveau ; il y put trouver un large champ ouvert,
en même temps, à sa pensée scientifique et philosophique, et
à son besoin d'activité pratique dans la direction socialiste. Il
devint bientôt membre de la société d'anthropologie et fut,
dans la suite, invité par Broca à prendre part à la rédaction
de la « Revue d'anthropologie. » Il s'affilia aussi à l'Internationale, où il fut introduit par Varlin dans la section des
Ternes. On était à la veille de la proclamation de la Commune. Après le 18 mars, Lavroff proposa ses services au
gouvernement de la Commune pour la réorganisation des
écoles, mais les nécessités de la lutte immédiate empêchèrent
le gouvernement de s'occuper de sa proposition. Au commencement du mois de mai, la situation devenant désespérée,
Lavroff entreprit d'aller chercher du secours pour la Commune auprès des socialistes des autres pays ; il se rendit
d'abord en Belgique, puis à Londres, auprès du Conseil général de l'Internationale, mais, tout comme le Conseil Fé-
déral belge, le Conseil général n'était pas même assez fort
pour organiser, comme le proposait Lavroff, une grande manifestation en faveur de la Commune. Sa démarche échoua
donc ; elle ne fut pas, cependant, inutile pour lui-même, car

elle lui permit de mieux se rendre compte de la situation du socialisme en Europe.

A partir de 1873, Lavroff commence à publier à Zurich une revue socialiste en langue russe, la revue « Vperiod ! » (*En avant !*). C'était en Russie l'époque de la propagande parmi les ouvriers et les paysans, et la revue de Lavroff exerça une grande influence sur la jeunesse russe qui venait à l'étranger, non seulement pour étudier, mais aussi pour se préparer à cette propagande socialiste. En 1874, la revue ayant été transportée à Londres et transformée en un journal bi-mensuel, Lavroff quitta la Suisse et alla habiter l'Angleterre jusqu'en 1876 — époque à laquelle il revint de nouveau à Paris où il demeura jusqu'à sa mort (1).

Ces longues années, quoique dépourvues d'événements considérables, au point de vue extérieur, furent remplies par un travail incessant et varié. Il écrivait, sous différents pseudonymes, dans les revues russes, faisait, à la jeune colonie russe de Paris, de nombreuses conférences, et même des cours entiers, sur différents sujets philosophiques et sociologiques, publiait des articles et des brochures révolutionnaires. Tout événement qui se produisait en Russie trouvait en lui un écho ; c'était, pour lui, l'occasion de nouvelles conférences, de nouvelles brochures, de nouveaux articles. A partir de 1883 Lavroff se met, encore une fois, à la tête d'un périodique révolutionnaire, le « Messager de la Volonté du Peuple », organe du parti de « la Volonté du Peuple » qui s'agitait alors en Russie. Cette publication dura jusqu'en 1886. Quelques

---

(1) Il faut cependant noter une courte interruption de son séjour en France, causée par un arrêté d'expulsion pris contre lui par le gouvernement français en 1882, à la suite de l'organisation à Paris d'une société de secours aux prisonniers et déportés politiques russes. Lavroff put, d'ailleurs, revenir quelques mois après.

années plus tard, de 1892 jusqu'en 1896, un groupe d'anciens membres de ce parti ayant entrepris la publication des « Matériaux pour l'histoire du mouvement socialiste-révolutionnaire » (russe), il prit une part très active à cette publication. Ces « Matériaux » contiennent notamment une histoire, très complète et très remarquable, due à sa plume, de l'époque où paraissait sa première revue « Vperiod ! » et des premières années du mouvement socialiste en Russie.

L'activité du propagandiste ne détournait pas Lavroff de ses travaux scientifiques. Il avait conçu le plan de réunir en un tout ses conceptions de sociologie et de philosophie de l'histoire, d'exposer les données scientifiques sur lesquelles il s'appuyait, et de montrer, comme couronnement de cet édifice, l'avènement nécessaire de l'idée socialiste et d'une société basée sur elle. Déjà, au cours des années précédentes, il avait publié dans les revues russes des articles détachés sur ces sujets, et, à partir de 1888, son grand travail commença à paraître par fascicules, sous le titre d'« Essai sur l'histoire de la pensée dans les temps modernes ».

Plus tard, Lavroff modifia quelque peu son plan primitif et décida de faire paraître son « Essai » sous une forme un peu réduite, en un seul volume ; mais cet ouvrage devait également rester inachevé : il mettait la main au dernier chapitre lorsque la maladie et la mort vinrent brusquement le surprendre... Il mourut le 6 février 1900. Des expressions de sympathie, de regret, de douleur arrivèrent sur sa tombe, venant non seulement de toutes les fractions du parti socialiste russe, non seulement de tous les représentants de la pensée progressiste en Russie, mais des socialistes de l'univers entier.

Lavroff groupait ses conceptions philosophiques sous le

nom général d'*anthropologisme*. Le travail de la pensée philosophique doit consister uniquement — c'est une idée qu'il adopte dès ses premiers travaux — à réunir, à unifier, à systématiser nos conceptions des phénomènes (sans prétendre conquérir la vérité absolue), en renonçant définitivement à chercher la substance des choses et en prenant son parti de la relativité de nos connaissances. Tous les phénomènes, sans en excepter les phénomènes psychiques, sont soumis aux lois du déterminisme, mais ce concept est loin d'être inconciliable, pour Lavroff, avec l'idée qui domine toute sa philosophie de l'histoire : celle de l'importance prédominante de l'individu et de son action consciente. La contradiction n'est ici qu'apparente. Les mêmes lois immuables qui régissent l'univers entier, ont présidé à l'évolution nécessaire de la vie d'abord, de la conscience ensuite. Le monde psychique, subjectif, ainsi créé, a pour trait caractéristique ce fait, que l'individu se propose des *fins* et disent les *moyens* propres à les atteindre, sans avoir conscience de la dépendance dans laquelle il se trouve vis-à-vis de ces lois immuables. Le libre arbitre qui n'existe pas *en fait*, existe *pour l'individu*, comme illusion, il est vrai, mais comme une illusion aussi nécessaire, aussi inévitable que tout autre phénomène naturel. Nul n'a donc le droit de rejeter sur le déterminisme la responsabilité de ses actes et de se dispenser de la nécessité de veiller à son développement moral. La *conviction individuelle* fondée sur la critique, et le besoin de vivre en conformité avec cette conviction — telle est pour Lavroff la base de la morale, tant individuelle que sociale. Cette morale de la *conviction*, Lavroff la considère, d'ailleurs, comme valable pour une très petite minorité seulement, la plupart des gens se guidant encore sur des considérations d'intérêt personnel, au sens le plus étroit du mot ; nous vivons actuellement sous le règne des *intérêts* qui a succédé à la période préhistorique du règne de la *coutume*, et qui cédera, à son tour, la place au règne des *convictions morales*, lorsque la lutte des intérêts aura disparu de la société.

La vie historique proprement dite ne commence qu'au moment où il apparaît dans la société une minorité d'*intellectuels*, c'est-à-dire d'individus capables de se développer mentalement, et éprouvant le besoin de ce développement ; le terme d'histoire ne comprend que les phénomènes de solidarité consciente et l'influence réciproque de l'individu conscient et du milieu social. Vis-à-vis de la minorité d'« intellectuels » se placent tous ceux qui sont restés en dehors de l'histoire ainsi comprise ; ils sont de beaucoup les plus nombreux : ce sont, d'abord, tous les peuples sauvages ; ensuite les masses qui forment la majorité dans toutes les sociétés, et restent en dehors du mouvement des idées, faute de conditions matérielles suffisantes (ce sont ceux que Lavroff appelle les « déshérités de l'histoire ») ; enfin, les « sauvages civilisés » qui n'ont pris de la civilisation que le confort, le vernis extérieur, les usages, mais sont restés, au fond, aussi peu développés, — malgré des conditions matérielles favorables — que n'importe quel sauvage. Peu nombreux sont donc les « intellectuels » ; mais cela ne les empêche pas d'être les seuls éléments de la force historique réelle. Peu à peu, cette minorité devient de plus en plus forte ; ses idées se répandent, pénètrent dans les esprits et amènent différents changements dans la société, changements qui s'accomplissent quelquefois d'une façon pacifique, quelquefois violemment, à l'aide de révolutions. Ce qui était le propre d'un petit groupe devient le patrimoine de la majorité ou de tout le monde. Puis, un nouveau groupe d'hommes apparaît, plus avancé encore ; ils restent d'abord incompris, mais recrutent de plus en plus d'adhérents et provoquent de nouveaux changements sociaux. Les fluctuations sociales, la marche en avant de l'humanité, ont toujours eu l'individu pour instrument. Le progrès historique tout entier se réduit ainsi à l'action de la pensée critique de l'individu sur la « civilisation coutumière », c'est-à-dire sur l'ensemble des formes sociales qui tendent à devenir une coutume et sont, à chaque époque donnée, transformées par le travail de la pensée.

Dans son étude des différentes phases historiques, l'historien doit déterminer, pour chaque moment, les éléments qui constituent la vie de la société. Ils sont de trois sortes : ce sont, d'abord, les éléments caractéristiques d'une époque, qui n'existaient pas auparavant et qui, maintenant, se manifestent comme essentiels ; c'est ensuite l'héritage du passé : les survivances et les éléments existant encore ; ce sont, enfin, les germes d'un avenir plus ou moins éloigné. En outre, l'historien se voit toujours obligé de séparer les phénomènes historiques normaux des phénomènes pathologiques, de distinguer l'essentiel de l'accidentel. A propos de toutes ces questions, une difficulté se présente lorsqu'on veut résoudre ce problème non moins fondamental : déterminer quelle est, pour chaque moment de l'histoire, la marche possible des événements.

Quel que soit le soin qu'un historien (ou un sociologue) prenne de s'entourer de tous les documents possibles, d'envisager tous les aspects des époques qui l'occupent, il subsiste toujours une part d'appréciation personnelle. Deux historiens également documentés, également consciencieux, différeront dans leur façon d'exposer les faits historiques. A côté du domaine où suffit le seul exposé exact des faits, il y a encore, dans l'histoire, une large place pour un certain élément subjectif. Il en est ainsi dans ces questions essentielles, déjà

énumérées, que, pour chaque époque, l'historien se propose
de résoudre. Là, tous les renseignements qu'il pourrait tirer
des seuls faits sont insuffisants : un critérium objectif lui
manque. Et, cependant, on doit résoudre ces questions, à
moins de se refuser complètement à comprendre l'histoire
d'une façon scientifique. Le seul parti qui, dans ces conditions, reste à l'historien, c'est d'appliquer à l'interprétation
des phénomènes, un critérium *subjectif*, tiré de son développement intellectuel général. A côté du domaine *objectif*, il
se forme ainsi dans l'histoire et la sociologie un domaine où
la *méthode subjective* est tout aussi nécessaire et tout aussi
scientifique. C'est à ce dernier domaine qu'appartient la définition du progrès, l'élaboration d'une *formule du progrès*.
Pour Lavroff, le progrès se réalise, en histoire, par *l'accroissement et l'affermissement de la solidarité, dans la mesure où
elle n'empêche pas le développement des processus conscients chez
l'individu, et par l'extension des processus conscients des individus, dans la mesure où ils n'empêchent pas l'accroissement et
l'affermissement de la solidarité entre le plus grand nombre d'individus possible.* C'est une formule subjective, mais toute formule de progrès l'est forcément.

Le rôle de l'individu est élevé dans cette conception du
progrès historique, et aussi les responsabilités que ce rôle entraîne sont grandes. Pour s'en rendre digne, l'individu doit
vraiment élaborer en lui une conscience développée, se
mettre au niveau de son époque, vivre de la vie générale,
prendre part à son œuvre sociale. Nul n'a le droit, sous
quelque prétexte que ce soit, de se refuser à cette œuvre, de
rester indifférent devant le mal social, quelque faibles ou
quelque considérables que soient ses forces. Voici les paroles
qu'adresse Lavroff à ses lecteurs à la fin d'un de ses ouvrages.

« Tes forces intellectuelles, dit l'histoire, sont minimes,

mais aussi minimes étaient les forces de ceux de tes ancêtres qui ont créé le présent. Applique-toi donc à devenir une force historique, car ce n'est que par cette voie qu'ont été remportées toutes les victoires qui semblaient d'abord invraisemblables et que la majorité des gens était plus tard prête à considérer comme miraculeuses. Ce qui a toujours opéré le miracle, c'est la force de la pensée et l'énergie de la volonté des individus qui servaient d'instruments nécessaires au déterminisme. Quand tu t'es donné un but comme ton idéal individuel, quand tu as appliqué à cet idéal toutes les forces de ta pensée, toute l'énergie de ta volonté, dans le monde des fins que tu te crées et des moyens que tu choisis, alors ton travail est fait. Que la vague du déterminisme historique saisisse ensuite ton *moi* et ton travail dans son cours irrésistible, et qu'elle les lance dans le tourbillon des événements ! Qu'ils passent du monde des fins et des moyens dans le monde des causes et des effets, indépendants de ta volonté ! Ton travail ou ton abstention n'en sont pas moins entrés comme un élément qu'on ne peut plus éliminer dans la constitution de l'avenir, inconnu de toi. L'histoire, que tu as comprise, t'a enseigné à t'adapter à ce qui est inévitable, à apprécier le rôle des différentes possibilités dans la lutte pour les fins que tu t'es proposées, à lutter énergiquement en vue de la conquête d'un avenir meilleur pour ces milliards d'individus obscurs qui, consciemment ou inconsciemment, construisent l'avenir à côté de toi. Lutte donc pour cet avenir, et souviens-toi de ce mot d'un des plus brillants publicistes contemporains : « Celui-là seul est vaincu qui s'avoue vaincu ».

Terminons sur ces paroles. C'est dans ce ton si fier, dans cette élévation de la pensée et de l'idéal pratique, que réside le secret de l'influence morale exercée par Lavroff sur ses

contemporains et surtout sur la jeunesse, le secret de ce sentiment particulièrement élevé qui s'emparait de ses auditeurs
après tous ses discours. Chacun, en l'écoutant, devenait
meilleur, s'élevait plus haut, vivait dans un monde plus
idéal ; les plus indifférents eux-mêmes sentaient qu'il y avait
là une puissance devant laquelle leur scepticisme était forcé
de s'effacer... L'œuvre de Lavroff est inestimable sous ce
rapport. Plus grande que ses travaux scientifiques, plus pré-
cieuse que son exceptionnelle érudition, plus importante que
sa constance de militant, est cette empreinte morale particulière, cette union de la science avec l'action pratique, cette
idée d'une haute mission historique, obligatoire et accessible
aux plus faibles comme aux mieux doués.

BIBLIOGRAPHIE

Nous joignons à cette préface la liste bibliographique aussi complète que possible des travaux, articles, études et discours de Pierre Lavroff.

I. — Travaux publiés en Russie

Quelques mots sur le système des sciences (Messager pour tous, 1857, signé : P. L. L.).

Sur la question d'éducation (Annales de la Patrie, 1857, signé : L.).

Les examens (Revue des éducateurs, 1858).

Quelques pensées sur l'instruction générale des jeunes gens (Bibliothèque de la lecture, 1858).

L'hégélianisme (Bibliothèque de la lecture, 1858, signé : P. L. L.).

La philosophie pratique de Hegel (Bibliothèque de la lecture, 1859).

La théorie mécanique du monde (Annales de la Patrie, 1859).

Les théistes allemands contemporains (La Parole russe, 1859).

Essai sur les questions de philosophie pratique. L'individu (dédié à A. Herzen et P.-J. Proudhon) (1860).

Réponse à Strakhoff (au sujet du livre précédent) (Annales de la Patrie, 1860).

Article sur le livre de Laocoon (Bibliothèque de la lecture, 1860).

L'état actuel de la psychologie (Annales de la Patrie, 1860).

A propos du livre de W. Mannhardt : Die Göttervelt der deutschen und nordischen Völker. (La Parole russe, 1860, signé : P. L. L.).

Qu'est-ce que 'l'anthropologie? (La Parole russe, 1860.)

Trois causeries sur l'état actuel de la philosophie (Conférences publiées dans les Annales de la Patrie, 1861).

Sur le livre d'Orest Novitzky : Le développement des doctrines philosophiques anciennes (La Parole russe, 1861).

A mes critiques (La Parole russe, 1861).

Articles publiés dans le Dictionnaire encyclopédique (1861, 1862, 1863).

Abélard, Abel, Abicht, absolutisme, Augustin, averroïsme, autodidacte, agnoètes, agonistiques, Agrippa, adepte, adiaphore, académie, acatalepsie, Acosta, acroamatique, axiome, d'Alembert, Alexandre d'Aphrodisias, Alcméon de Crotone, allégorie, ammonium, anabaptistes, analyse, analogie, André, Anonyme (scholiaste), antagonisme, antinomie, anthropologique (point de vue), anthropomorphisme, anthropopatisme, apathie, Apelt, apocalyptiques (les), arabe (philosophie), Arcésibas, Arndt, achitectonique, Askr, Ast, Atlantide, juifs, eutychiens, unité.

Articles faits en collaboration avec d'autres savants :

Abracadabra, automate, autonomie, autorité, Agrippa de Nettesheim, adamites, Adam, enfer, Albert le Grand, amulette, Anselme de Canterbury, attribut.

De plus, un certain nombre d'autres articles sans rapport avec la philosophie. Tous sont signés P. L.

Remarques au sujet des « Quelques mots sur les conférences publiques de M. Boulitch? » (Journal de Saint-Pétersbourg, 1861).

Remarque sur la note de Pirogoff (Journal de Saint-Pétersbourg, 1862).

Apprendre, oui, mais comment? (Journal de Saint-Pétersbourg, 1862).

Alfred Maury et son histoire de l'Académie des sciences de Paris (Journal de Saint-Pétersbourg, 1863).

Les revues philosophiques allemandes (Journal de Saint-Pétersbourg, 1863).

Les différentes tendances dans la psychologie (Bibliothèque de la lecture, 1863).

Essai sur l'histoire des sciences physiques et mathématiques (rédigé d'après le cours fait par le colonel P. L. Lavroff, à l'Académie d'artillerie) (Revue d'artillerie, 1865, Recueil de la marine, 1865, et un premier fascicule paru à part).

L'influence du développement des sciences exactes sur les progrès de l'art militaire, en particulier de l'artillerie (Revue d'artillerie, 1865).

Préface au « Système de logique » de J.-S. Mill (Idées et notions mathématiques dans le même volume, 1865).

Quelques pensées sur l'histoire de la pensée (Recueil de la Néva, 1867, signé : P-Off.).

Rome au Moyen Age et la papauté à l'époque de Théodore et de Morazius (Messager des femmes, 1867, signé : P. Mirtoff).

Les femmes en France au xviiᵉ et xviiiᵉ siècles (Messager des femmes, 1867, signé : P. Mirtoff).

Herbert Spencer et ses Essais (Messager des femmes, 1867, signé : P. Mirtoff).

Lettre au directeur du Journal officiel de Vologda (1868).

Lettres historiques (La semaine, 1868-69, signé : P. Mirtoff, paru en volume en 1870).

Les sectes nord-américaines (Annales de la Patrie, 1868).

Sur l'article de Hilferding (Messager de l'Europe, 1868).

Le développement de la théorie des croyances mythiques (Revue contemporaine, 1868, signé : P. L-ff).

La signification de la science et le livre de Whevell (Annales de la Patrie, 1868).

Le rôle de la science à l'époque de la Renaissance et de la Réforme (Annales de la Patrie, 1868).

Etudes anthropologiques (Revue contemporaine, 1868, signé : P. L-ff).

Les problèmes du positivisme et leur solution (Revue contemporaine, 1868, signé : P. L.).

Compte rendu du journal « La Semaine » (Le Bibliographe, 1869).

Lettre à la rédaction (Le Bibliographe, 1869, signé : Un provincial).

Revue des travaux d'anthropologie parus à l'étranger (Le Bibliographe, 1869).

Les anthropologistes en Europe et leur rôle actuel (Annales de la Patrie, 1869).

La civilisation et les peuples sauvages (Annales de la Patrie, 1869).

Avant l'homme (Annales de la Patrie, 1870).

La formule du progrès de M. Mikhaïlovsky (Annales de la Patrie, 1870).

Les théories morales contemporaines et l'histoire de la morale (Annales de la Patrie, 1870).

Les bases scientifiques de l'histoire de la civilisation (Le Savoir, 1871, signé : P. M-ff).

Essais sur le système des connaissances (Le Savoir, 1871, signé : P. M-ff).

La philosophie de l'histoire slave (Annales de la Patrie, 1870).

Les sociologues-positivistes (Le Savoir, 1872, signé : P. M-ff).

Une nouvelle science (Le Savoir, 1872, signé : P. M-ff).

M. Kaveline comme psychologue (Annales de la Patrie, 1872).

Tentatives faites pour grouper les différents domaines de la pensée (Le Savoir, 1872, signé : P. M-ff).

Les principales sphères de la pensée humaine (Le Savoir, 1872, signé : P. M-ff).

Les formes primitives des rapports humains (L'Action, 1872, signé : P Kedroff).

La philosophie dans l'empire allemand (L'Action, 1872, signé : P. Kedroff).

La préparation de la nouvelle pensée européenne (Fragments) L'Action, 1872, signé : P. Kedroff).

L'époque de l'apparition des peuples modernes en Europe (Le Savoir, 1873, signé : P. M-ff).

A propos des entreprises encyclopédiques récentes (Le Savoir, 1873, signé : P. M-ff).

La « publication scientifique » des 150 professeurs (Le Savoir, 1873).

Le développement de l expression (Le Savoir, 1873, signé : P. M-ff).

L'histoire critique de la philosophie (Le Savoir, 1873, signé : P. M.).

Sur la méthode en sociologie, Lettre à la rédaction (Le Savoir, 1874, signé : P. M-ff).

Essai sur l'histoire de la pensée, vol. I, fasc. 1 (Saint-Pétersbourg, 1875, publié d'abord en article dans Le Savoir, sous la signature : P. M-ff).

La vie et ses débuts (Le Savoir, 1875).

L'histoire critique de la philosophie (Le Savoir, 1876, signé : P. M.).

Les produits de la politique du xix⁰ siècle (Disraéli) (L'Action, 1877, signé : P. Ou-moff).

Un touriste russe dans les années 1840-1850 (sur Annenkoff) (L'Action, 1877, signé : P. Ou.).

Les lyriques des années 1830-1850 (Hugo, Musset, Elliot, Herwegh) (Annales de la Patrie, 1877).

Lettres sur les faits récents dans la philosophie et les sciences naturelles (Messager du Nord, 1877, signé : Olguine).

Karl-Ernst Baer (L'Action, 1878, signé : P. Ougrumoff).

L'autobiographie d'un vieux chartiste (Annales de la Patrie, 1878).

La veille des grandes révolutions (Etudes sur l'histoire du xviii⁰ siècle (Annales de la Patrie, 1879).

L'unique sociologue russe (à propos du livre de E. de Roberty) (L'Action, 1879, signé : P. Stoïcien).

Un touriste esthète (sur Annenkoff) (L'Action, 1879, signé : P. E.).

L'histoire de France sous la plume des auteurs russes modernes (Kareïeff et Goltzeff) (L'Action, 1879, signé : P. P-sky).

Les types politiques du xviii⁰ siècle (L'Action, 1880, signé : P. Ougrumoff).

Schopenhauer en Russie (L'action, 1880, signé : P. Ougrumoff).

Les adversaires de l'histoire (Annales de la Patrie, 1880, signé : S. Kochkine).

La traduction russe de Schopenhauer (L'Action, 1881, signé : P. Ougrumoff).

La personnalité de Sainte-Beuve (Annales de la Patrie, 1881, signé : P. Ou-ff).

Le progrès : théorie et pratique (La Parole, 1881, signé : P. Chtchoukine).

G. Longfellow (Annales de la Patrie, 1882, signé : P. Krioukoff).

Les théoriciens des années 1840-1850 et la science des croyances (Fragment d'une « Esquisse sur l'évolution de la science des croyances »). (Les Fondements, 1882, signé : P. M. .

Les préoccupations de la science et les organismes inférieurs (Annales de la Patrie, 1883, signé : N.).

II. — Travaux, articles, etc., parus a l'étranger

Fragments d'histoire des doctrines sociales (En avant, 1873).

L'idée du progrès dans l'anthropologie (en français) (Paris, 1873).

Aux étudiantes russes de Zurich (Zurich, 1873).

Notes de la rédaction à propos de l'article « Lettre d'un communiste » (En avant, 1873).

Le savoir et la révolution (En avant, 1873).

1773-1873. Le centenaire de la révolte de Pougatcheff (Londres, 1874).

A propos de la famine à Samara (Londres, 1874).

Préface et notes accompagnant la traduction russe d'un Rapport au congrès de l'Internationale de 1874, sur les services publics dans la société future) (Londres, 1874).

A la jeunesse socialiste-révolutionnaire russe (Londres, 1874).

L'élément étatiste dans la société future (Londres, 1875).

Article sur le mouvement socialiste-révolutionnaire russe, sous la rubrique : « Russland » dans les « Jahrbuch für Sozialwissenschaft und Socialpolitik », v. I, 1, 1879, signé : P. L.).

Huit ans après (Anniversaire de la Commune) (Conférence, 1879).

La propagande socialiste, son rôle et ses formes (Conférence, 1879). (Traduit en français et publié en brochure par le groupe des Etudiants socialistes révolutionnaires internationalistes).

Le 18 mars 1871 (Genève, 1880).

Annotations à l' « Essence du socialisme » de Schæffle (Genève, 1881).

Préface au livre de Stepniax : « La Russia sotteranea » (1882).

Vues sur le passé et le présent du socialisme russe (Almanach de la Volonté du Peuple, Genève, 1883).

Les problèmes du socialisme (Messager de la Volonté du Peuple, 1883).

René Lavollée : « **Les classes ouvrières en Europe** » (Messager de la Volonté du Peuple, critique et bibliographie, 1883).

Victor Hugo : « **La légende des siècles** » (*Ibid.*).

En dehors de la Russie (Introduction) (*Ibid.*).

En dehors de la Russie (Revue générale) (*Ibid.*).

J. S. Tourgueneff et l'évolution de la société russe (*Ibid.*).

J. Plekhanoff : « **Le socialisme et la lutte politique** » (*Ibid.*).

Fr. Engels : « **Le développement du socialisme scientifique** » (*Ibid*).

« **Das Kapital** », **Kritik der politischen dekonomie, von Karl Marx. Band. I**, (*Ibid.*).

Guérié : « **L'idée du peuple dans les cahiers de 1789** » **et Barthélemy Kotchneff** (professeur Lioubinoff) : « Contre le courant : causeries sur la révolution (*Ibid.*).

J. Guesde, J. Dormoy, Lafargue et autres (*Ibid.*).

Alphons Thun : Gerschichte der revolutionären Bewegung in Russland (*Ibid.*).

La révolution sociale et les problèmes de la morale (Lettre ouverte aux jeunes camarades) Messager de la Volonté du Peuple, 1884 et 1885).

L'empire russe. Le point de vue polonais sur l'Etat russe (Messager de la Volonté du Peuple, critique et bibliographie, 1885).

M. N...er : Das Russland der Gegenwart und Zukunft (*Ibid.*).

Paul Leroy-Beaulieu : « **Le collectivisme. Examen critique du nouveau socialisme** » (*Ibid.*).

Fr. Engels : « **Der Ursprung der Familien, des Privateigenthums und des Staats** » (*Ibid.*).

J. de Molinari : « L'évolution politique et la révolution » (*Ibid.* 1886).

Gustav Gros : « **Karl Marx** » (*Ibid.*).

« **The Anarchist** » (*Ibid.*).

La Commune de Paris devant les anarchistes (*Ibid.*).

Petz Nikititch Tkatcheff (Nécrologie) (Messager de la Volonté du Peuple, 1886).

Les vieilles questions (sur Tolstoï) (*Ibid.*).

Aux camarades de la « **Volonté du Peuple** » (*Ibid.*).

Déclaration aux camarades et aux lecteurs (*Ibid.*).

La nationalité et le socialisme (Conférence paruc à Genève, 1887).

Lettre aux camarades de Russie (à propos d'un rénégat) (Genève, 1888).

Post-face à la brochure « Révolution ou évolution » (Genève, 1888).

Rapport sur le mouvement socialiste en Russie, présenté au Congrès socialiste international de 1889.

Correspondances sur les affaires russes publiées dans le « Vorwärts » en 1890-91 et signées : Semen Petroff.

Une femme russe d'esprit développé (Conférence) Genève, 1891).

Les générations consécutives (Conférence) (Genève, 1892).

Lettres historiques (2ᵉ édition) (Genève, 1892).

Préface et post-face à la brochure de Jean Serguievsky : « La famine en Russie » (Genève, 1892).

L'histoire, le socialisme et le mouvement russe (Matériaux pour l'histoire du mouvement socialiste-révolutionnaire, 1893).

Réponse à une adresse envoyée par un groupe d'officiers (*Ibid.*)·

Les trois époques (*Ibid.*).

La question juive et le socialisme (*Ibid.* 1894).

Essai sur l'histoire de la pensée dans les temps modernes. Vol. I, 1ʳᵉ partie : La préparation de l'homme. Vol. I, 2ᵉ partie : La vie anthropologique (Genève, 1894).

Les propagandistes « populistes » (époque de 1870-78) (Matériaux pour l'histoire du mouvement socialiste-révolutionnaire, 1895).

Les problèmes posés devant les hommes de la nouvelle génération (*Ibid.*).

Un quart de siècle (Discours) (*Ibid.*).

Les hôtes du tzar (Discours) (Genève, 1896).

Quelques survivances dans les temps modernes (en français) (Devenir social, 1896, et en tirage à part).

La compréhension et les buts de la vie (Matériaux, etc., 1897).

Les survivances de la période préhistorique (Esquisse de l'évolution de la pensée humaine, livre 6) (Genève, 1898) (1).

Recueil publié sous le titre de « Manuscrits des dernières an-

---

(1) Un extrait a été publié dans l'*Humanité Nouvelle* (1898) sous le titre de : *Les modes et leurs initiateurs.*

nées (1890-99) » (Alors et maintenant, Le problème et le devoir, Souhaits pour la nouvelle année (1898), Les serments d'Annibale, Les questions d'actualité, Un malentendu, Réponse à Jules Huret, Préoccupations diverses et socialisme) (Genève, 1899).

Manuscrits laissés par P. Lavroff.

Les aventures de John Fidgett (publié après sa mort).

Manuscrits concernant des questions d'histoire et de philosophie.

Un extrait du ch. x de son « Histoire de la pensée », intitulé « **La forme politique du monde antique et du Moyen Age.**

Chapitre v : **La veille de l'histoire.**

Lettres ouvertes.

Projets des statuts de sociétés, de publications, etc.

LETTRES HISTORIQUES

LETTRE PREMIÈRE

LES SCIENCES NATURELLES ET L'HISTOIRE

Le lecteur qui s'intéresse au mouvement de la pensée contemporaine voit deux domaines solliciter immédiatement son attention : les sciences naturelles et l'histoire. De ces deux ordres d'études, lequel est en relation plus étroite avec la vie actuelle ?

Il n'est pas aussi facile de répondre à cette question qu'il pourrait le sembler à première vue. Je sais que les naturalistes et la plupart des esprits réfléchis donneront sans hésiter la préférence aux sciences naturelles. Il est, en effet, si facile de montrer que des problèmes touchant à l'étude de la nature se posent à chaque instant de notre vie ! On ne peut faire un mouvement, jeter un regard, respirer, ni penser sans que toute une série de lois mécaniques, physiques, chimiques, physiologiques et psychologiques ne trouvent leur application. Et que représente l'histoire en regard de tout cela ? La satisfaction d'une vaine curiosité. Les hommes les plus utiles par leur vie privée ou leur vie publique peuvent parcourir toute leur existence et arriver à son terme sans qu'ils aient eu besoin de rappeler l'histoire à leur souvenir. Il ne leur a pas été nécessaire de se souvenir qu'à un certain moment la civilisation hellénique a pénétré chez les peuples asiatiques avec les troupes d'Alexandre le Grand. Ils ont pu oublier que c'est à l'époque où régnaient les monarques les plus despotiques qu'ont été établis ces codes, ces pandectes, ces lois, qui sont les principes mêmes sur lesquels s'appuient les rapports juridiques de l'Europe contemporaine. Il leur a été permis d'ignorer l'existence des époques féodales et chevaleresques pendant lesquelles on remarque côte à côte les tendances les plus grossières et les plus bestiales et le mysticisme le plus enthousiaste. Si nous passons à notre histoire nationale, nous pouvons nous demander si l'un ou l'autre de nos contemporains trouve souvent dans sa vie l'occasion d'utiliser la connaissance qu'il peut avoir des légendes héroïques, s'il lui importe souvent d'être bien renseigné sur la « Vérité russe », sur l'institution toute barbare de la garde d'Ivan le Terrible, ou même sur le conflit né à l'époque de Pierre le Grand entre les formes européennes et les formes moscovites ? Tout cela est bien irrévocablement du passé. Les questions de l'heure présente demandent toute l'attention, réclament toutes les pensées de nos contemporains. Elles ne permettent de témoigner au passé que l'intérêt qui s'attache à des tableaux plus ou moins dramatiques, à l'incarnation plus ou moins parfaite d'idées communes à toute l'humanité. Il semble donc qu'il n'y ait même pas de comparaison à établir entre la science qui traite de tous les éléments qui constituent notre vie, et celle qui se borne à expliquer des choses *intéressantes*, — entre le pain quotidien de notre pensée et un dessert agréable.

Il est incontestable que les sciences naturelles sont la base d'une vie rationnelle. L'homme qui ne sait pas nettement ce qu'elles exigent, qui ne comprend pas leurs lois fondamentales, reste sourd aux besoins les plus ordinaires et ne voit pas les fins supérieures de son existence. Rigoureusement parlant, nul ne peut prétendre à notre époque au titre d'homme instruit s'il reste complètement étranger à ces connaissances. Mais, ceci admis, qu'est-ce qui est plus étroitement lié à ses intérêts vitaux ? Sont-ce les problèmes de la multiplication des cellules, de la transformation des espèces, de l'analyse spectrale, des étoiles doubles ? Sont-ce, au contraire, les lois du développement des connaissances humaines, le conflit entre le principe de l'intérêt général et celui de la justice, l'opposition entre l'unité nationale et l'unité de toute l'humanité, les rapports qu'ont entre eux les intérêts économiques des masses qui souffrent de la faim et les intérêts intellectuels d'une minorité plus aisée, le lien qui existe entre le développement social et la forme politique de l'Etat ? Il suffit de poser ainsi la question, et, sauf les Philistins de la science (qui, d'ailleurs, ne manquent pas), tout le monde conviendra que les derniers problèmes, les problèmes historiques, sont plus près de l'homme, sont plus importants pour lui que les premiers, et se relient plus étroitement à sa vie quotidienne.

Tout bien considéré, ce sont même les seuls qui le touchent de près, les seuls qui l'intéressent. Les autres n'ont d'importance que dans la mesure où ils l'aident à mieux comprendre et à mieux résoudre les premiers. Personne ne conteste l'utilité pratique de la lecture et de l'écriture, chacun admet que ces connaissances sont absolument nécessaires au développement de l'homme ; mais cependant il est peu probable qu'elles trouvent des défenseurs assez obtus pour leur attribuer quelque puissance magique ; il est même douteux que quelqu'un veuille prétendre qu'en soi l'art de la lecture et de l'écriture soit utile à l'homme. La lecture et l'écriture ne sont importantes que parce qu'elles aident l'homme à se pénétrer des idées qu'il peut acquérir en lisant ou transmettre en écrivant. L'individu qui ne tire rien de ses lectures n'est nullement supérieur à un illettré. Etre illettré signifie être privé de la condition fondamentale, nécessaire à l'instruction ; mais l'art de lire et d'écrire n'est pas un but, ce n'est qu'un moyen. Les sciences naturelles jouent un rôle analogue : elles sont, pour la pensée, *la lecture et l'écriture*, mais, dès que l'esprit s'est développé, il se sert de ces sciences pour résoudre les problèmes purement humains, ceux qui forment l'essence même du développement de l'homme. Il ne suffit pas de lire un livre, il faut le comprendre. De même, ce n'est pas assez, pour un homme développé, de connaître les lois fondamentales de la physique et de la physiologie, de s'intéresser aux expériences relatives aux matières albuminoïdes et aux lois de Képler. Pour lui, les matières albuminoïdes ne sont pas seulement des combinaisons chimiques, mais aussi la partie fondamentale de la nourriture de millions d'êtres humains. Pour lui, les lois de Képler ne sont pas seulement les formules abstraites du mouvement planétaire, mais encore une des acquisitions de l'esprit humain dans sa marche vers la conception philosophique de l'immuabilité des lois naturelles indépendantes de tout arbitraire divin.

Nous arrivons ainsi à une conclusion diamétralement opposée à celle qui a été exposée plus haut à propos de l'importance relative des sciences naturelles et de l'histoire pour la vie pratique : Une expérience chimique sur les substances albuminoïdes, l'expression mathématique des lois de Képler *ne sont qu'intéressantes*. Au contraire, l'importance économique des substances albuminoïdes, le sens philosophique du caractère immuable des lois astronomiques, sont choses *tout à fait essentielles*. La connaissance du monde extérieur fournit les matériaux indispensables auxquels on doit nécessairement avoir recours pour résoudre les questions qui nous préoccupent. Mais ces problèmes qui nous obligent à utiliser ces matériaux, ces problèmes relèvent du monde intérieur, non du monde extérieur ; ce sont les problèmes de la *conscience* humaine. Si la nourriture est importante, ce n'est pas parce qu'elle constitue l'objet de la nutrition, mais parce qu'elle supprime la souffrance causée par la faim et *dont on a conscience*. Les idées philosophiques ne nous intéressent pas comme l'expression du développement de l'esprit dans son abstraction logique, mais comme les formes logiques par lesquelles l'homme arrive à la *conscience* de sa dignité plus ou moins grande, comme aussi à la connaissance des fins plus ou moins larges de son existence. Elles sont importantes parce qu'elles expriment soit notre protestation contre le présent au nom de notre désir d'une organisation sociale meilleure ou plus juste, soit notre satisfaction au sujet de l'état actuel. Beaucoup de penseurs ont constaté le progrès fait par la pensée humaine le jour où l'homme, cessant de se considérer comme le centre de l'univers, comprit qu'il n'était qu'un des innombrables produits de l'action immuable des lois du monde extérieur, le jour où il est passé d'une conception subjective à une conception objective de lui-même et de la nature. C'était, certes, un progrès très important sans lequel la science eût été impossible et le développement de l'humanité inconcevable. Mais ce n'était là qu'un premier pas auquel un second devait fatalement succéder : l'étude des lois immuables du monde extérieur *dans son objectivité*, afin d'atteindre un état de l'humanité tel qu'il soit conçu subjectivement comme le meilleur et le plus juste. Ici encore se trouve confirmée la grande loi découverte par Hegel et qui semble se justifier dans de si nombreux domaines de la connaissance humaine : le troisième stade se rapprochait en apparence du premier, mais, en réalité, il n'était que la solution de la contradiction existant entre le premier et le second. L'homme redevint une fois encore le centre du monde, non du monde tel qu'il est en lui-même, mais du monde tel qu'il le comprenait, tel qu'il l'avait assujetti à sa pensée et rapporté à ses fins.

C'est précisément à ce point de vue que se place l'histoire. Les sciences naturelles nous exposent les lois de l'univers, dans lequel l'action de l'homme n'est plus qu'une fraction à peine perceptible ; elles énumèrent les effets des opérations mécaniques, physiques, chimiques, physiologiques, psychiques ; parmi les résultats de ces dernières elles rencontrent, dans tout le règne animal, la conscience du plaisir et de la douleur,

et, dans la partie du règne animal qui se rapproche le plus de
l'homme, elles découvrent la conscience de la possibilité
de se proposer des fins et de tendre à les atteindre. Tel est
l'unique fondement aussi bien des biographies des différents
êtres du monde animal que de l'histoire de leurs différents
groupes. L'histoire, en tant que science, prend ce fait comme
acquis et nous montre par quel moyen le processus historique de l'humanité découle de la tendance des hommes à
écarter ce qu'ils ont ressenti comme douleur, et à se procurer
ce qu'ils ont perçu comme plaisir ; elle nous montre quelles
modifications se sont produites dans les notions relatives aux
termes plaisir et douleur et dans la classification et la
hiérarchie des plaisirs et des douleurs ; elle fait voir les aspects
philosophiques des idées et les formes pratiques de société que
ces variations ont fait naître ; elle nous découvre comment,
logiquement, la recherche d'un ordre social meilleur et plus
juste aboutissait tantôt à des mouvements d'opposition tantôt
à des mesures conservatrices, tantôt à la réaction, tantôt au
progrès ; elle détermine, à chaque époque, le lien, existant
entre la conception que l'homme se fait de l'univers et qui se
traduit sous la forme de croyances, de connaissances, d'idées
philosophiques, et les théories pratiques du mieux et du plus
juste qui se réalisent dans les actes des individus, dans les
formes sociales et dans les aspects divers de la vie des peuples.

Aussi le travail de l'historien n'est pas la négation de celui
du naturaliste ; il en est bien plutôt le complément indispensable. L'historien qui traite le naturaliste avec mépris ne
comprend pas l'histoire ; il veut bâtir un édifice sans en établir
les fondations ; il parle de l'utilité de l'instruction et nie en
même temps la nécessité de la lecture et de l'écriture. D'autre
part, le naturaliste qui dédaigne l'historien prouve seulement
l'étroitesse et le peu de maturité de sa pensée. Il ne veut pas
ou ne sait pas voir que se proposer un but et s'efforcer de
l'atteindre est, pour l'homme, un acte aussi nécessaire et aussi
naturel que la respiration, la circulation ou l'échange des

matières. Le but peut être mesquin ou élevé, les tendances misérables ou respectables, l'activité judicieuse ou déraisonnable, mais le but, les tendances, l'activité ont toujours existé et existeront toujours. Ce sont par conséquent des objets d'étude aussi légitimes que les couleurs du spectre, les éléments de l'analyse chimique, les espèces et les variétés des règnes animal et végétal. Si le naturaliste s'en tient exclusivement au monde extérieur, c'est qu'il ne veut pas ou ne peut pas voir que ce monde tout entier n'est, pour l'homme, que la matière de ses plaisirs, de ses douleurs, de ses désirs, de son activité. Si confiné que demeure le savant dans sa spécialité, le monde qu'il étudie ne reste pas entièrement extérieur pour lui ; c'est un objet dont il prend connaissance et qui, par là-même, lui procure, à lui, savant, un plaisir, excite son activité et pénètre ainsi dans l'ensemble des manifestations de sa vie. Le naturaliste qui néglige l'histoire s'imagine qu'on peut établir les fondations d'une maison sans se proposer de l'élever sur leur base ; il croit que tout le développement de l'homme doit se borner à la connaissance élémentaire de la lecture et de l'écriture.

On pourrait m'objecter que les sciences naturelles ont, sur l'histoire, deux avantages incontestables qui autoriseraient peut-être le naturaliste à traiter un peu de haut la valeur scientifique des travaux historiques. Les sciences naturelles ont élaboré des méthodes précises, obtenu des résultats incontestables, constitué un ensemble de lois immuables qui vont se confirmant sans cesse et permettent de prévoir les phénomènes. Pour l'histoire, au contraire, il reste douteux jusqu'à ce jour qu'elle ait découvert une seule loi qui lui soit propre ; elle s'est contentée de composer de beaux *tableaux* et au point de vue de la sûreté de ses prédictions elle est restée au même niveau que les météorologistes annonçant le beau et le mauvais temps. Voilà un premier point. Le second (et c'est le plus important) est que nos tendances actuelles, vers le mieux être et la justice, aussi bien dans la compréhension nette de leur but et le choix judicieux des moyens que dans la direction nécessaire de leur action, puisent presque entièrement leurs aliments dans les données des sciences naturelles. L'histoire, au contraire, ne livre que peu de matériaux utiles, grâce à l'ambiguïté du sens des phénomènes passés qui fournissent des arguments également beaux aux théories de la vie les plus contradictoires, grâce aussi au changement total que le temps apporte au milieu et qui rend difficile l'application au présent des conclusions tirées d'événements un peu éloignés, même lorsque ces conclusions sont exactes. Inférieures aux recherches du naturaliste aussi bien au point de vue théorique, en valeur scientifique qu'en utilité pratique, les études de l'historien peuvent-elles être mises sur le même plan que les premières ?

Pour éclaircir cette question, il faut d'abord nous entendre sur l'extension que nous donnons aux termes : sciences naturelles. Je n'ai pas l'intention d'établir ici une classification rigoureuse des sciences ni de trancher les problèmes délicats que cette entreprise soulèverait. Il est bien entendu que si l'on considère l'histoire comme un développement naturel, on peut la faire entrer dans le domaine des sciences naturelles. Alors, l'opposition dont nous venons de nous occuper cesserait d'exister. Je comprendrai dans tout ce qui va suivre, sous le terme de *sciences naturelles*, les deux catégories suivantes ; les sciences *phénoménologiques* qui étudient les lois des phénomènes et des processus qui se repètent ; et les sciences *morphologiques* qui s'occupent de la disposition des objets et des formes qui déterminent les phénomènes et les processus observés. Leur but consiste à réduire les formes et les dispositions considérées à certains moments du développement génétique. Laissant de côté la série des sciences morphologiques, je me bornerai à faire remarquer que je classerai parmi les sciences phénoménologiques : la géométrie, la mécanique, le groupe des sciences physicochimiques, la biologie, la psychologie, l'éthique et la sociologie.

Le terme de sciences naturelles étant ainsi défini, je reviens à la question posée plus haut.

Dans les études de mécanique, de physique, de chimie, de physiologie, dans la théorie des sensations en psychologie, la méthode a un caractère indiscutablement scientifique et indépendant. Déjà quand on arrive à la théorie des représentations et des notions individuelles, on se sert très peu des méthodes des sciences précédentes. Quant à la science sociale (sociologie), théorie des phénomènes et des résultats du développement social, presque toutes les armes que le physicien, le chimiste et le physiologiste ont à leur disposition, lui sont interdites. Cette branche des sciences naturelles, la plus importante pour nous et la plus proche, s'appuie sur les lois des domaines précédents, les considère comme des données toutes faites, mais elle se sert d'une méthode différente dans la recherche de ses lois propres. Quelle est donc cette méthode ? Où la phénoménologie de l'esprit et la sociologie puisent-elles leurs matériaux ? Dans les biographies d'individus isolés et dans l'histoire. Si nous admettons que les travaux d'un historien ou d'un biographe n'ont pas de caractère scientifique, nous devons en dire autant des conclusions auxquelles arrive le psychologue dans la partie la plus étendue de sa science, de même que pour les recherches effectuées dans les domaines scientifiques de l'éthique et de la sociologie. Il nous faudra avouer alors que les sciences naturelles n'ont pas de caractère scientifique dans celles de leurs parties qui touchent l'homme de plus près. Ce caractère scientifique s'accroît par le concours que se prêtent réciproquement les deux domaines de la connaissance. Une observation superficielle des faits biographiques et historiques fournit une vérité approximative à la psychologie, à l'éthique, à la sociologie ; cette vérité approchée permet une observation plus judicieuse de ces mêmes faits ; cette observation, à son tour, conduit à une vérité plus approchée encore qui, de son côté, nous donne le moyen de rendre plus parfaite l'observation historique, et ainsi de suite ; un outil meilleur donne un meilleur produit ; celui-ci facilite le perfectionnement ultérieur de l'outil, qui, pour sa part, amène une amélioration plus grande encore du produit. L'histoire offre aux sciences naturelles, entendues dans leur véritable sens, une matière absolument indispensable ; le naturaliste ne peut comprendre les processus et les produits de la vie intellectuelle, morale et sociale de l'homme qu'en s'appuyant sur les travaux historiques. Un chimiste peut croire que l'ordre d'études dont il s'occupe est plus scientifique que l'histoire, et dédaigner les matériaux qu'elle fournit, mais si l'on comprend par « sciences naturelles » la connaissance de tous les processus et de tous les produits naturels, on n'a nullement le droit de donner un rang inférieur à l'histoire ; il faut tenir compte du lien étroit qui unit cette dernière aux premières.

Ce qui précède résout la question d'utilité pratique. Si la psychologie et la sociologie doivent se perfectionner sans cesse à mesure que l'on comprend mieux les faits historiques, l'étude de l'histoire devient indispensable lorsqu'on veut expliquer les lois de l'existence de l'individu et de la société. Ces lois s'appuient sur les données de la mécanique, de la chimie et de la physiologie au même titre que sur celles de l'histoire. L'exactitude moindre des conclusions historiques devrait avoir pour effet, non de nous en faire négliger l'examen, mais, au contraire, de nous inviter à en propager l'étude. Les historiens de profession, en effet, dépassent moins la masse des lecteurs par l'exactitude de leurs conclusions que ne le font les chimistes et les physiologistes. Les questions vitales qui se rattachent de nos jours aux notions du meilleur et du plus juste exigent, pour être résolues par le lecteur, qu'il ait compris les conclusions de la phénoménologie de l'esprit et de la sociologie. Mais on ne peut arriver à ce résultat si l'on accepte de confiance les opinions de telle ou telle école en économie, en politique ou en éthique. Les disputes qui naissent entre elles obligent le lecteur, s'il est consciencieux, à remonter jusqu'aux données elles-mêmes sur lesquelles se fondent les conclusions ; il est forcé d'étudier la genèse de ces écoles ; d'expliquer leurs doctrines par la filiation des dogmes et le moment de leur apparition ; il lui faut enfin examiner les événements qui ont exercé une influence sur leur développement. Mais, sauf les données fournies par les sciences fondamentales, tout cela est du ressort de l'histoire. Négliger son étude, c'est montrer son indifférence vis-à-vis des problèmes les plus importants que soulèvent l'individu et la société ; ou bien encore, c'est déclarer qu'on est prêt à accueillir aveuglément la première théorie venue. Nous nous sommes demandé au début si c'étaient les sciences naturelles ou l'histoire qui intéressaient le plus directement la vie actuelle. Notre réponse est la suivante : Les parties fondamentales des sciences naturelles constituent la base indispensable de la vie contemporaine, mais elles ne présentent pour elle qu'un intérêt relativement éloigné. Pour les sphères supérieures de ces sciences, celles qui étudient sous toutes leurs faces les processus et les produits de la vie individuelle et sociale, elles se trouvent sur le même plan que l'histoire tant pour leur valeur scientifique et théorique que pour leur utilité pratique. Il est incontestable que ces branches des sciences naturelles résolvent des questions qui, pour l'homme, semblent plus ·vivantes que celles dont s'occupe l'histoire ; mais il est absolument impossible d'étudier les premières sans étudier la dernière ; et elles n'ont de sens pour l'homme qu'autant que l'histoire a une signification pour lui.

Aussi la pensée contemporaine est-elle intéressée à l'étude des problèmes historiques, de ceux surtout qui se rapprochent davantage de la sociologie. Dans ces lettres je passerai en revue les questions générales de l'histoire, les éléments qui déterminent le progrès social, la signification du terme de « progrès » dans les différentes sphères de la vie sociale. Les questions sociologiques seront inévitablement mêlées aux questions historiques d'autant plus que, comme nous l'avons vu, ces deux sphères de connaissances dépendent très étroitement l'une de l'autre. Par là même, les considérations qui suivent acquerront un certain caractère de généralité et d'abstraction. Ce que le lecteur rencontrera dans cet ouvrage, ce ne sont pas des tableaux historiques, mais des conclusions et des rapprochements entre des événements appartenant à des périodes différentes. Les récits historiques ne manquent pas et peut-être pourrai-je m'y adonner plus tard. Les faits subsistent, mais la façon de les comprendre en change le caractère, et chaque époque qui aborde l'interprétation du passé y apporte ses propres préoccupations et y traduit son degré de développement. C'est ainsi que pour chaque moment les questions historiques rattachent le présent au passé. Je n'impose pas au lecteur ma façon de voir. Je ne fais que lui exposer les choses telles que je les comprends. J'essaie de lui montrer comment, pour moi, le passé se reflète dans le présent, et le présent dans le passé.

LETTRE II (1)

LE PROCESSUS HISTORIQUE

Examinons un autre sens du terme histoire.

Au cours de la première lettre, nous avons considéré l'histoire comme une des sphères de la connaissance humaine ; nous allons maintenant étudier le processus même qui forme l'objet propre de la science historique. Si l'on envisage l'histoire comme processus, comme phénomène parmi d'autres phénomènes, elle doit posséder et possède, en effet, certains caractères particuliers. Quels sont-ils ? En quoi un fait historique, pour celui qui veut réfléchir, diffère-t-il de la chute d'une pierre, de la fermentation d'un liquide en putréfaction, de l'acte de la digestion, de toutes les diverses manifestations de la vie qu'on peut observer dans un aquarium ?

Ma question peut paraître étrange : le lecteur ne manquera pas de remarquer aussitôt que le processus historique s'accomplit par l'intermédiaire de l'homme, des nations, de l'humanité tout entière et que c'est là un fait suffisant pour caractériser les phénomènes historiques. Mais cette observa-

---

(1) Cette lettre demanderait certaines modifications de détail pour correspondre exactement au point de vue qui me paraît actuellement le plus juste. Les lecteurs qui s'intéressent à cette question peuvent se reporter à l'Introduction de mon « Essai sur l'histoire de la pensée des temps modernes ». (Genève. 1888). (La traduction française est en préparation N. d tr.). Je publie ici ce texte tel qu'il a été publié en 1872.

tion n'est pas tout à fait exacte. Tout d'abord, les géologues parlent avec assez de raison d'une histoire de la terre et les astronomes d'une histoire de l'univers. En second lieu, tout accident qui se produit au cours de l'existence d'un homme ou d'un peuple ne fait pas nécessairement partie du développement historique. L'activité quotidienne des personnages historiques les plus importants renferme beaucoup de faits qui n'ont jamais été retenus et ne le seront jamais, même par le biographe le plus minutieux. D'autre part, des milliers d'êtres humains mènent une existence qui, du premier souffle au dernier, ne présente aucun intérêt historique. Dans la vie des sociétés, l'historien recueille seulement les événements qui varient et néglige les manifestations qui se représentent tous les ans avec une exactitude mathématique. Beaucoup de savants choisissent dans l'ensemble de l'humanité certains peuples et certaines races, les qualifient d'historiques et abandonnent le reste de l'humanité à l'ethnographie, à l'anthropologie, à la linguistique, bref à toute autre science que l'histoire Et, *à un certain point de vue*, ils ont raison. Les questions que se pose la science, au sujet de ces peuples, les méthodes qu'elle emploie pour les résoudre, ressemblent absolument à celles qui se présentent devant le zoologiste lorsqu'il aborde l'étude d'une race d'oiseaux ou de fourmis. Il décrit les caractères anatomiques, les mœurs de ces animaux, la façon dont ils construisent les nids ou les fourmilières, leurs luttes contre leurs ennemis, etc. L'ethnographe rencontre des problèmes analogues. Seulement les fonctions de l'homme sont plus complexes et les sujets de description plus nombreux. Le linguiste étudie non seulement les mots d'une langue mais encore leur sens lui-même ; le zoologiste, lui aussi, s'il pouvait apprendre des oiseaux la signification de leurs différents cris, le ferait très volontiers. L'anthropologiste relève l'état des connaissances, décrit les métiers, dénombre les outils, recueille les mythes, les coutumes, mais sa tâche est cependant la même que celle d

u

zoologiste : décrire les faits *tels qu'ils sont*. Le sujet des études anthropologiques nous intéresse davantage parce que l'homme excite non seulement notre curiosité scientifique mais aussi notre sympathie. Il ne faut pas que, pour cette raison, la méthode employée se voie attribuer une valeur fausse. L'anthropologiste *n'est qu'un naturaliste* qui a pris l'homme pour but de ses recherches. Il se borne à décrire ce qui *existe*.

J'ai fait observer plus haut que la division, établie par les historiens, des peuples et des races en historiques et en non-historiques, était justifiée *en un certain sens*. Mais, si l'on se place *à un autre* point de vue, la justesse de cette distinction peut paraître douteuse. Il est peu probable qu'il existe quelque part une île assez malheureuse pour que sa description faite par deux voyageurs à un siècle de distance reste identique. Les habitants *ont changé* pendant cet intervalle de temps. Ces modifications représentent un phénomène si général que la science est fondée à les supposer là même ou elle ne possède à leur sujet aucun renseignement. Aussi l'anthropologiste joint-il toujours à l'étude d'une race des vues plus ou moins hypothétiques sur l'origine et sur les variations de son état de civilisation. Mais l'histoire peut revendiquer l'étude de tous ces problèmes avec plus de droit encore. A notre époque, on peut déjà parler de l'histoire du monde organique pris dans son ensemble. Au point de vue transformiste, en effet, une forme organique spéciale n'a d'importance que par ce qu'elle représente un des moments de la genèse organique générale, mais cette genèse elle-même n'a, jusqu'à présent, d'autre valeur que celle d'une explication scientifique : ce n'est pas un fait observé. La science ne rencontre que des formes organiques qu'il lui faut grouper ; un cas particulier n'a d'intérêt que pour l'étude du développement général. Il n'est qu'un moyen d'investigation. Seule, la recherche des lois qui régissent la dépendance réciproque des conditions de milieu données et des formes qui y apparaissent donne de l'importance à une forme spéciale née dans certaines circonstances.

De plus, c'est dans l'observation des changements apportés par l'homme aux animaux et aux plantes que l'on a le mieux étudié les modifications subies par des formes organiques. Mais cela appartient déjà au domaine de l'histoire de l'homme.

Sans doute, il se trouve, en zoologie, des phénomènes qui présentent de nombreux rapports avec ceux qui sont l'objet de l'histoire proprement dite : le développement des coutumes animales et leurs modifications, par exemple. Jusqu'à présent, on a dû se borner à conclure que ces phénomènes ont eu lieu, ont lieu, auront lieu, mais jamais les zoologistes n'ont pu réussir à saisir un seul phénomène de ce genre dans le cours même de son accomplissement. Il est très probable que tous les animaux vivant en société *ont eu* quelque chose d'analogue à l'histoire. Au moins, ces formes ont-elles subi autrefois une série de transformations. On peut fort bien imaginer, par exemple, que l'état actuel de société chez les abeilles est dérivé d'un état social plus simple. Chez les Vertébrés, on a même vu les habitudes évoluer, surtout pour mieux s'adapter à de nouvelles conditions de milieu. Mais l' « histoire » des abeilles, ainsi que celle de tous les Invertébrés possédant des coutumes sociales compliquées, dépasse les limites de l'observation scientifique. Quant aux modifications introduites dans les habitudes des Vertébrés par de nouvelles conditions de milieu, elles ne constituent pas plus un phénomène historique que les changements apportés nécessairement par de nouvelles conditions climatériques, dans l'habitation, l'habillement et la nourriture d'une colonie d'émigrants. Au point de vue de la *science*, le monde de la zoologie est un ensemble de phénomènes qui se répètent invariablement. Seule, la spéculation a pu jusqu'à présent établir une analogie entre l'histoire humaine et les faits remarqués chez les animaux. En fait, l'histoire se limite uniquement à l'homme.

Dans tous les autres processus, le savant poursuit la découverte d'une loi qui embrasse toutes les répétitions du même phénomène ; dans le développement historique, au contraire, ce n'est pas la loi de répétition d'un phénomène qui a de l'importance, c'est le changement. La forme d'un cristal, en elle-même, n'attire l'attention que d'un observateur profane ; le minéralogiste, lui, ramène les formes monstrueuses et les déformations à des types invariables, rigoureusement soumis à des lois géométriques. Une anomalie anatomique fournit simplement au savant l'occasion de fixer les limites entre lesquelles peut varier la constitution normale d'un certain organe. Mais les phénomènes de la vie humaine, individuelle ou collective, présentent un intérêt double.

Gaspard Hauser est apparu subitement dans les rues de Nuremberg et a été assassiné cinq ans après (1). Kepler a décou-

(1) Un de mes amis m'a fait remarquer qu'il est peu probable, surtout parmi les lecteurs russes, qu'on se souvienne de Gaspard Hauser ou qu'on connaisse ce personnage. Cette remarque est très juste, et il eût mieux valu prendre un autre exemple ; je vais essayer de réparer le mal par une note. En 1828, on trouva dans une rue de Nuremberg un jeune homme vêtu comme un paysan. Il portait sur lui une lettre expliquant que c'était un enfant trouvé, né le 7 octobre 1812, et qu'il avait appris à lire et à écrire. L'étrangeté de sa conduite provoqua des recherches. On apprit que pendant toute sa vie, il n'avait vu qu'un seul homme, celui qui l'avait élevé. Nourri de pain et d'eau, logé sous terre, il n'avait connu celui qui l'élevait que peu de temps avant sa libération. Avant cette époque, si toutefois le récit de Hauser était exact, l'inconnu qui le soignait changeait ses vêtements et sa nourriture pendant son sommeil (on ajoutait probablement des substances narcotiques aux aliments, et c'est ce qui avait produit chez le prisonnier ce dérangement nerveux, ces mouvements convulsifs de la face et du corps que l'on constatait chez lui). Au commencement, ce malheureux fut en butte à une vaine curiosité des habitants ; on le soumit à des expériences grossières et il eut beaucoup à en souffrir. Puis des esprits remarquables, surtout Anselme Feuerbach (juriste célèbre et père du philosophe) s'intéressèrent à lui. Exemple rare d'un grand enfant élevé en dehors de toute société, Gaspard pouvait donner lieu à des remarques psychologiques intéressantes. Mais son origine excitait encore davantage la curiosité. Toutes les recherches furent vaines. A. Feuerbach, qui a publié sur Hauser un travail spécial, présenta, en 1828, un rapport secret (publié aujourd'hui) à la reine de Bavière, qui appartenait à la maison de Bade. Il y expliquait que Gaspard Hauser était probablement le dernier représentant de la branche masculine de la maison de Bade-Zœhringen. L'épouse morganatique du grand duc Charles-Frédéric, de la famille des Geier von Geirberg, l'aurait écarté pour donner le trône à son fils Léopold Feuerbach attribuait la libération de Hauser à la mort de on ambitieuse persécutrice, survenue en 1824. En 1829, un inconnu tenta d'assassiner Gaspard. Le 29 mai 1833, A. Feuerbach mourut Le 17 décembre de cette même année, Gaspard Hauser fut assassiné. Le meurtrier n'a pas été retrouvé. L'origine de Gaspard est restée inconnue. (1889 — Des recherches ultérieures permettent de croire que cette affaire n'avait rien de politique. Mais j'ai préféré ne rien changer à mon texte primitif.)

vert les lois du mouvement planétaire. La guerre de Sécession a causé, en Amérique, de grandes pertes en hommes et en argent ; en Europe, elle a été l'origine d'une crise économique. Que retenons-nous de ces divers événements ?

Le psychologue voit dans Gaspard Hauser l'exemple rare et intéressant d'un individu jeté dans la société à l'âge adulte ; il trouve plus de commodité à étudier sur lui que sur toute autre personne certaines *lois générales* de psychologie. Pour le biographe et pour l'historien, Gaspard Hauser représente un phénomène particulier d'une époque donnée. Il est l'effet d'une étrange combinaison de circonstances qui ne se sont produites qu'*une fois* et en vertu desquelles cet être énigmatique est resté jusqu'à 17 ans privé de toutes relations sociales et est mort cinq ans après de la main d'un assassin. Lorsqu'Anselme Feuerbach faisait de lui le dernier représentant des Zœhringen, il n'étudiait pas un cas susceptible de se reproduire, mais un phénomène historique *unique*.

Pour un logicien, la marche suivie par Kepler pour arriver à ses découvertes n'est qu'un exemple des *lois générales* de la pensée scientifique. Mill et Whewell ont pu discuter pour savoir si l'ordre suivi procédait bien d'une véritable induction. L'historien, lui, voit dans cette conquête du savant un événement unique, un fait qui n'est pas susceptible de se renouveler parce qu'il a sa source dans une foule de conditions : l'ensemble extrêmement complexe des découvertes scientifiques antérieures, le développement social du début du xviiᵉ siècle, les divers événements dont l'Allemagne était le théâtre à cette époque, et, ce qui est encore plus important, les traits particuliers de la biographie de Kepler. Mais une fois faite, cette découverte devient à son tour un élément d'un nouveau développement intellectuel dont le cours ne peut se répéter : la marche suivie est en effet le résultat de la combinaison d'éléments accidentels de tous ordres ; scientifiques, philosophiques, religieux, politiques, économiques et biographiques.

Il en est de même pour le groupe des phénomènes qui se rattachent à la guerre de Sécession : le sociologue y trouvera une série d'effets des lois *générales* qui régissent les différentes sphères de la vie sociale ; l'historien, de son côté, étudiera ce groupe dans sa complexité, comme un phénomène isolé que l'on n'observe qu'une fois et qui, en vertu de son caractère d'ensemble complexe, ne peut se répéter.

Les phénomènes historiques fournissent des matériaux qui permettent d'établir des principes généraux ; pour l'individu, une loi générale des phénomènes psychiques ; pour les collectivités, une loi générale des phénomènes économiques, de l'évolution nécessaire dans les formes politiques ou dans les tendances idéologiques des peuples. C'est dans cette mesure que les faits de l'histoire présentent un intérêt pour la psychologie, la sociologie, la phénoménologie de l'esprit humain, individuel ou social, en un mot pour une des sphères des sciences naturelles appliquées à l'homme. L'historien, lui, considère les phénomènes historiques non comme les manifestations d'une loi immuable, mais comme les traits caractéristiques d'une combinaison unique.

On peut se placer à deux points de vue pour critiquer ce que je viens de dire. Les théoriciens de l'histoire vont m'accuser de ne pas comprendre les conditions de la science historique. Ils m'assureront que, comme toute science, l'histoire recherche des lois immuables. L'historien n'attribuerait une valeur aux faits que dans la mesure où ils servent à expliquer la loi générale du processus historique. Les faits, en eux-mêmes, n'auraient aucune importance. Leur en accorder une, c'est faire de l'histoire un kaléidoscope où se mêlent à l'envi des tableaux contraires, tragiques et comiques ; c'est se contenter de l'idéal que poursuit l'historien vulgaire. D'un autre côté, certains de mes lecteurs pourront avec quelque raison, reconnaître, au fond de tout ce que je viens de dire, une pensée devenue banale depuis longtemps. Ils observeront que je me borne à répéter que l'homme seul a une histoire et que les événements historiques ne se produisent pas deux fois, mais forment des combinaisons toujours nouvelles.

Je répondrai à cette dernière remarque que je ne donne pas ma pensée pour neuve ; mais je crois qu'il n'est quelquefois pas inutile de rappeler les vérités anciennes. Je tiens d'autant plus à le faire dans le cas actuel qu'il s'est établi, dans ces derniers temps, une confusion sur le sens de l'expression : loi *historique*. Quelques disciples de Buckle, par exemple, prétendent que leur maître a découvert certaines de ces lois. Je ne veux ici ni confirmer ni infirmer l'exactitude de ses découvertes, mais quelle que soit leur valeur, ce ne sont pas des lois *historiques*. Buckle, à vrai dire, a simplement établi *avec l'aide* de l'histoire certaines lois sociologiques. Dans des exemples empruntés à cette science, il a montré quels effets la prédominance de certains éléments avait sur le développement général de la société Il a fait voir *quelle serait constamment leur action* si cette prépondérance venait à se renouveler. Ce n'est pas là une loi historique au sens de Vico, Bossuet, Hegel, Comte, Buchez.

Pour les théoriciens de l'histoire, je pense m'accorder avec eux sur deux points : ils admettront avec moi que tous les penseurs qui, comme Vico, s'efforçaient de réduire l'histoire à la répétition d'une série de phénomènes, n'ont abouti qu'à des insuccès dès qu'ils ont eu à comparer ensemble deux périodes dans leurs détails. Il s'agit donc pour l histoire de déterminer le lien qui unit des phénomènes successifs, phénomènes que l'historien ne peut observer qu'*une fois* dans une combinaison donnée. Les théoriciens m'accorderont que la loi de succession historique n'est pas encore complètement trouvée, qu'elle reste un objet de recherches. Cherchons-là donc.

Expliquons-nous d'abord sur le sens que nous attachons à l'expression ; *loi historique*. Dans les deux catégories de sciences naturelles dont nous avons parlé plus haut, le terme *loi* possède une signification très différente. Dans les sciences phénoménologiques, la loi formule les conditions nécessaires pour que les phénomènes se reproduisent suivant un ordre déterminé. Les phénomènes ne se répètent pas en histoire ; ce sens du mot loi ne convient donc pas à cette branche d'études. Toute autre est la signification de ce même terme dans les sciences morphologiques. Il indique le mode de distribution des formes et des objets dans des groupes plus ou moins étroitement unis. C'est ainsi que l'on emploie le mot *loi* dans l'astronomie sidérale par exemple. Il s'agit alors de la disposition des astres sur la voûte céleste. Il en est de même dans la classification des organismes quand on parle de la loi de leur distribution. Dans ce sens, le terme de loi s'appliquerait à l'histoire : il désignerait alors le groupement des événements dans le temps.

Mais qu'est-ce que *découvrir* ou *comprendre* une loi de répartition de formes ? Parmi les sciences morphologiques, une seule peut nous fournir une réponse. C'est la morphologie des organismes isolés, où la distribution des formes est tout à fait claire pour nous. Nous *comprenons* la structure anatomique, normale ou tératologique, de l'organisme ; il suffit pour cela, que, grâce à l'embryologie et à l'aide de la théorie évolutionniste, nous ayons suivi la genèse des tissus, des organes, des systèmes d'organes depuis la cellule élémentaire qui est l'œuf non fécondé ; que nous ayons accompagné l'embryon, le fœtus, l'enfant dans toutes les phases de leur existence jusqu'au moment considéré. Nous saisissons, de même, la distribution des formes anatomiques parce qu'elle est, à nos yeux, un simple moment dans toute une série de dispositions consécutives déterminées par le développement organique, c'est-à-dire par un ensemble de phénomènes mécaniques, physico-chimiques et biologiques.

Une autre science morphologique est moins avancée ; nous ne la comprenons pas aussi nettement. Mais ce qu'elle nous permet de saisir nous devient accessible par la même voie. Je fais allusion à la géologie. La distribution des formations, des

roches et des minéraux ne prend un sens pour nous que parce
qu'elle est un des vestiges de l'histoire de la terre ; c'est le
résultat de la genèse du globe terrestre ; c'est un des produits
successifs nés de l'action ininterrompue des lois mécaniques
et physico-chimiques dans les limites de notre planète.

Dans d'autres sciences de la même espèce, les lois des différents groupements ne seraient autre chose que l'explication
de la *genèse* des formes, si cette connaissance toutefois nous
était possible. Tant que cette dernière condition n'est pas
remplie, nous devons nous borner à *connaître* de mieux en
mieux la loi de distribution, grâce à des observations minutieuses, en ne lui accordant qu'une valeur purement empirique, mais nous ne pouvons la *comprendre*. A mesure, par
exemple, que les télescopes deviennent plus puissants, de
nouveaux groupes d'astres surgissent ; la loi de leur distribution se modifie ou se complète. Mieux on connaît les faits qui
relèvent de la morphologie des organismes et plus la loi de
leur classification devient précise. Mais pour pouvoir affirmer
que nous *comprenons* la loi de distribution des astres, il nous
faudrait connaître en détail le développement *génétique* de la
matière cosmique et rapporter les groupes d'étoiles observés à
certaines phases de cette évolution. On n'a fait encore aucune
tentative de ce genre en astronomie. Aussi la distribution des
constellations est-elle jusqu'à présent l'objet d'une description
purement empirique ; on n'en a pas une idée scientifique,
claire et distincte. Pour la distribution des organismes, la
période de compréhension scientifique commence avec les
premières tentatives faites pour découvrir la genèse générale
du monde organique. La théorie de Darwin a fait faire un
pas énorme dans cette direction et, actuellement, la loi de
classification des organismes est un problème tout-à-fait
scientifique. Comprendre cette loi ne signifie pas autre chose
que rapporter les formes organiques à leur lien génétique.
Dans les deux cas que nous venons de citer, le mode de groupement paraît au premier abord désordonné, presqu'arbi-

traire. Aussi vient-il facilement à l'esprit de l'homme primitif
l'idée qu'un être, agissant à sa fantaisie, a dispersé les étoiles
dans le ciel et s'est fait un jeu de varier les formes organiques.
Si l'on comprend, au contraire, scientifiquement les choses,
on voit dans cette distribution l'effet des lois phénoménologiques immuables. Les phénomènes se reproduisent
constamment ; mais, en agissant dans un certain milieu, les
lois phénoménologiques provoquent toujours des réparti-
tions nouvelles de la matière dans l'espace, des distributions
nouvelles des formes organiques sur la surface terrestre. La
morphologie de la matière devrait comprendre la loi des modifications successives de sa distribution mécanique dans
l'espace et celle des variations de sa composition chimique.
Telle que la comprend Hæckel, le morphologie des organismes se propose, dès maintenant, de découvrir la loi des
changements successifs de la distribution des organismes, en
s'appuyant sur l'action incessante des lois biologiques.

Il est facile d'imaginer, par analogie avec ces sciences, ce
que nous entendons par découvrir la loi historique et par la
comprendre scientifiquement. En histoire, nous possédons un
avantage : la genèse nous est donnée dès l'origine. Nous avons
vu quelle était l'interprétation qui se présentait naturellement
à l'esprit de celui qui remarque la disposition arbitraire des
constellations et des nébuleuses, ou la variété des formes organiques. Un observateur superficiel est de même attiré tout
d'abord par le désordre des événements historiques. Mais, dans
un cas comme dans l'autre, on commence très rapidement à
grouper les événements suivant leur origine et d'après leur
importance.

Quand nous voulons comprendre la relation qui unit les
phénomènes, ou saisir la distribution des formes, des objets ou
des événements, il est tout d'abord nécessaire de distinguer le
fait plus important de celui qui l'est moins. Dans les sciences
phénoménologiques, le naturaliste y arrive facilement : ce
qui excite l'intérêt, c'est ce qui se répète suivant un ordre

invariable, puisque c'est là l'objet de la loi. Les modifications
accidentelles ont moins de valeur. On ne s'en préoccupe que
pour les utiliser ultérieurement. Il est probable qu'aucun
observateur n'a trouvé pour la lumière, dans un même
milieu, des angles de réfraction *exactement* identiques. On
peut croire que personne n'a obtenu dans une analyse
chimique des résultats *complètement* semblables. Mais chacun,
en mettant de côté les écarts accidentels fournis par l'expérience, a découvert la loi immuable du phénomène qui s'est
répété. C'est ce qui *seul* est important. — Qu'est-ce qui
détermine donc la valeur d'un fait dans les sciences morphologiques ? Nous avons vu plus haut que comprendre la loi de
distribution des formes revient à expliquer l'action ininterrompue des lois phénoménologiques qui régissent la *genèse*
de cette distribution. L'élément le plus précieux sera alors,
évidemment, celui qui permettra le mieux de comprendre la
loi de distribution des formes, ce sera l'élément phénoménologique : les astronomes séparent le système solaire de tous
les autres groupes parce que les astres qui le composent sont
reliés par des phénomènes mécaniques, soumis à la loi de la
gravitation. En vertu du même principe, on fait un objet
d'étude particulier des systèmes d'étoiles doubles ou d'étoiles
triples. Dans la chimie descriptive, nous rapprochons de
même le potassium du sodium, le chlore de l'iode, en raison
de la similitude de leurs réactions. Nous classons aussi les
minéraux en nous fondant sur l'analogie de leur composition
chimique et de leurs caractères cristallographiques. Les lois
des sciences phénoménologiques déterminent ce qui a le plus
d'importance, dans les groupements établis par les sciences
morphologiques. Dans cette appréciation, il est nécessaire de
considérer toutes les lois phénoménologiques qui s'appliquent
au groupement donné, et de s'attacher surtout à celles dont
l'influence est la plus grande sur ce mode de groupement et
sur sa genèse.

Quelles sont les lois phénoménologiques qui ont une action

sur la distribution des événements historiques et sur leur genèse ? Ce sont les lois mécaniques, chimiques, biologiques, psychologiques, éthiques et sociologiques, bref les lois de *toutes*
les sciences phénoménologiques ; elles doivent, *nécessairement,*
scientifiquement, entrer toutes en considération. Lesquelles
aident le plus à l'intelligence de l'histoire ? Pour le savoir il
nous faut rechercher les caractères distinctifs de l'être qui est
à la fois le seul facteur de l'histoire et son unique objet, de
l'homme. Les phénomènes électriques ne distinguent pas un
gymnote de tous les autres membres de son groupe zoologique ; de même, des produits chimiques particuliers ne déterminent pas la classification botanique. Dans les deux cas
les raisons décisives sont fournies par les phénomènes biologiques. Il en sera ainsi dans le groupe des sciences qui ont trait
à l'homme. Le savant jugera de l'importance plus ou moins
grande des phénomènes en se guidant sur les particularités
qui caractérisent l'homme, et c'est évidemment son appréciation *subjective* qui choisira : l'observateur, en effet, est lui-
même un être humain et ne peut un seul instant s'abstraire
de toutes ses qualités *propres.*

Il est possible (et même probable) que, dans l'univers en
général, la conscience n'ait qu'une importance toute secondaire ;
mais, *pour l'homme*, elle a une valeur si éminente qu'il classera
toujours ses propres actions et celles de ses semblables en *cons-*
cientes et en *inconscientes*, et les verra dans les deux cas d'un
œil différent. Les processus psychiques conscients, une activité
consciente conforme ou contraire aux convictions personnelles,
la part consciemment prise à la vie sociale, une lutte consciente dans les rangs d'un certain parti politique pour atteindre une transformation historique déterminée, tout cela a et
aura toujours pour l'homme une tout autre signification
qu'une activité automatique qui se manifesterait dans des
conditions analogues. Aussi doit-on, quand on s'occupe de
grouper les événements historiques, donner la première place
aux influences conscientes ; il faut leur attribuer, de plus,

l'ordre même suivant lequel elles se présentent dans la conscience humaine.

Quels sont, au point de vue de cette conscience, les phénomènes qui exercent une action prépondérante sur la genèse des événements ? Ce sont les besoins et les tendances de l'homme. Comment ces besoins et ces tendances se groupent-ils par rapport à la conscience de l'individu ? On peut les diviser en trois classes : la première, qui comprend les besoins et les tendances qui dérivent *inconsciemment* et nécessairement de la constitution physique et psychique de l'homme ; ils ne deviennent conscients que lorsqu'ils forment déjà un élément de son activité. Une autre classe, acquise par l'individu d'une façon également inconsciente, provient soit du milieu *social* qui l'entoure, soit de ses ancêtres, et lui est transmise sous forme d'habitudes, de traditions, de coutumes, de lois établies, de classements politiques, en général de *formes coutumières* ; l'individu ressent ces besoins et ces tendances habituelles ; sa conscience les perçoit sous la forme de phénomènes *parfaits*, *donnés*, quoique non absolument indispensables. On accorde à ces coutumes une certaine signification qu'elles ont dû avoir à l'origine. Les savants cherchent à en trouver, à en deviner le sens. Mais pour chaque individu vivant à une époque donnée et au milieu de formes coutumières données, cette signification devient quelque chose d'extérieur, d'indépendant de sa conscience. Enfin une troisième classe de besoins et de tendances est caractérisée par une entière *conscience*. Ces phénomènes semblent se produire dans chaque individu sans l'intervention d'aucune force extérieure. Ils paraissent être un produit libre et indépendant de la conscience. Nous rencontrons d'abord toutes les manifestations de l'activité qui ont pour raison le calcul conscient des intérêts égoïstes de l'individu et des intérêts de ses proches. Nous trouvons ensuite un besoin plus important pour le progrès humain, la recherche du mieux, puis le désir d'élargir ses connaissances, de se poser un but plus élevé, de conformer les données du monde extérieur aux tendances personnelles, aux idées, à l'idéal moral, la propension à reconstruire le monde de la pensée suivant la vérité et le monde réel suivant la justice. Une étude scientifique fait voir par la suite à l'homme que ce dernier groupe de besoins ne se développent pas non plus en lui d'une façon libre et indépendante. Elle lui montre, au contraire, que leur apparition est due aux influences complexes du milieu environnant et des caractères spéciaux de son développement personnel. Cependant, bien qu'il en soit convaincu *objectivement*, il ne peut jamais se défaire de l'illusion subjective qui règne dans sa conscience : l'homme établit toujours une énorme différence entre l'activité qu'il exerce en se posant *lui-même* un but, en choisissant *lui-même* ses moyens, en soumettant à sa critique le but qu'il poursuit et les moyens qu'il emploie, et l'activité automatique conduite par la passion ou l'habitude, activité dans laquelle il se sent l'instrument de quelque cause extérieure.

La distinction que l'on établit entre les trois classes de faits dont nous venons de parler, se fonde sur le processus phénoménologique reconnu le plus important pour l'homme dans toutes les sciences qui s'occupent de lui. Ces trois ordres de phénomènes sont donc déterminés *scientifiquement*, et leur importance dans le groupement des événements historiques est donnée nécessairement par la relation qui les lie au phénomène de la conscience. Le groupe où la conscience est le plus développée doit avoir une valeur particulière pour l'histoire de l'homme, en raison de l'essence même de l'histoire ; de même qu'il doit avoir une importance spéciale pour l'historien, en raison de ce fait qu'il est homme. Une activité dépensée consciemment à la recherche d'un certain but forme, dès lors, le centre autour duquel viennent se ranger les autres manifestations humaines. De même, les différentes fins que se proposent les hommes sont subordonnées entre elles ; la majorité n'écoute, pour les classer, que son plus grand intérêt ; les esprits les plus développés les ordonnent d'après l'idée qu'ils ont de la valeur morale. La réunion de deux opérations, également subjectives, mais dont l'une a pour théâtre la pensée de l'historien et dont l'autre réunit les observations faites sur les individus et les groupes historiques, donne à cette construction un caractère scientifique. La loi qui règle le cours des événements historiques forme, à ce point de vue, un objet d'étude bien déterminé : à chaque époque, il faut discerner quels étaient les buts intellectuels et moraux que les personnalités les plus développées de cette période tenaient pour supérieurs parce qu'ils représentaient pour eux la vérité et l'idéal moral ; il faut découvrir les conditions qui ont permis à ces conceptions de naître, déterminer la marche critique et non critique de la pensée qui les a élaborées, suivre les variations successives ; il faut ranger les différentes opinions dans leur ordre historique et dans leur suite logique ; il faut enfin disposer autour d'elles tous les autres événements de l'histoire suivant qu'ils ont agi comme causes ou comme effets, qu'ils ont eu une action favorable ou défavorable, qu'ils ont une valeur d'exemples ou une valeur d'exception. Ceci fait, l'historien est inévitablement conduit à abandonner le chaos bigarré des événements pour s'élever jusqu'à la loi de la succession historique.

Dans cette recherche, tous les principaux objets d'étude, les instruments de travail les plus importants appartiennent au monde subjectif. Les différents buts qu'ont poursuivi les individus et les collectivités à chaque époque donnée sont subjectifs. L'ensemble des conceptions qui ont guidé les contemporains dans l'appréciation de ces différents buts, est subjectif. Le jugement que porte l'historien sur les conceptions d'une époque, le choix qui lui fait considérer, comme essentiels et supérieurs, certains de leurs éléments, tout cela est subjectif. C'est à ce même point de vue qu'il se place pour apprécier toute la série des conceptions et pour déterminer le cours du progrès historique, pour distinguer les périodes de progrès et celles de regrès, pour noter les causes et les effets de ces phases différentes du mouvement de l'histoire, pour indiquer à ses contemporains ce qui, actuellement, est possible et désirable. Mais les raisons de ce caractère subjectif sont ici différentes ; les moyens de prévenir les erreurs provenant de cette méthode sont également divers. Le caractère subjectif des buts particuliers et de leur appréciation morale, à une époque donnée, est un phénomène complètement inévitable, absolument scientifique et que l'on doit observer, étudier sous toutes ses faces. Pour échapper à l'erreur, l'historien doit se borner à s'assimiler, le plus minutieusement possible, la culture de la société et le degré de développement des individus à une époque donnée ; comme tout autre homme de science, il se contente de recueillir les faits, et ses opinions personnelles ne doivent intervenir que pour une part minime. S'il attribue à Sésostris ou à Tamerlan les considérations diplomatiques compliquées de Louis XIV ou de Bismarck, c'est qu'il ne connaît pas l'époque dont il parle. S'il fait passer dans la pensée d'Héraclite la dialectique de Hegel, c'est qu'il n'a pas assez pris garde à la différence des temps. S'il donne aux coutumes, à l'extension territoriale, à la lutte des nationalités, une importance prépondérante en histoire, c'est qu'il n'a pas compris le caractère propre de la nature humaine telle que l'homme la conçoit. Dans tous les cas, l'exactitude, l'étendue et la variété des connaissances sont les moyens les plus sûrs d'éviter les erreurs. Mais il n'en est plus de même lorsqu'il s'agit pour l'historien d'apprécier objectivement les différentes conceptions d'une époque ou d'établir une théorie du progrès. L'érudition la plus complète ne peut alors écarter une erreur si l'idéal que poursuit l'auteur est faux. La personnalité, le développement individuel de l'historien se reflètent ici ; aussi l'unique moyen pour lui de rendre son opinion plus exacte est-il de donner tout son soin à son propre développement. Consciemment ou inconsciemment, l'homme juge toute l'histoire de l'humanité suivant son propre caractère moral. L'un cherche uniquement les conditions qui ont contribué à la constitution ou à la destruction d'Etats puissants. L'autre suit de préférence la lutte des nationalités, leur grandeur et leur décadence Un troisième s'efforce de se persuader à lui-même et de convaincre les autres que le vainqueur avait toujours raison vis-à-vis du vaincu. Un autre encore ne s'intéresse aux faits que s'il ont réalisé une certaine idée qu'il considère comme un bien absolu pour l'humanité. Tous portent sur l'histoire un jugement subjectif conforme à leur idéal moral et il leur est impossible de procéder autrement.

Le lecteur ne doit pas supposer que le nombre des personnes soumises à l'influence d'un événement quelconque puisse fournir à l'historien un critérium objectif de l'importance d'un événement. Saint Augustin et Bossuet concédaient aux faits qui ont agi sur les habitants de la petite Palestine une importance incomparablement plus grande qu'aux campagnes de Gengis-Khan ou d'Alexandre. De même, la conquête de l'énorme Empire Chinois par les Mongols aura, je pense, moins de valeur aux yeux de l'historien contemporain que la lutte de quelques cantons des montagnes suisses contre les Habsbourg. Il est vrai qu'on peut ici se guider sur le nombre si l'on tient compte non seulement des individus directement intéressés à ces événements, mais encore de toute la série des générations dont la vie et la pensée ont subi leur influence. Mais l'historien et le penseur sont alors souvent victimes d'une illusion. Ce qui, à leur point de vue moral personnel, est le plus important, leur paraît avoir eu l'action indirecte la plus grave sur les destinées futures d'une grande partie de l'humanité. L'un retrouvera dans la culture intellectuelle de l'Europe moderne surtout la trace de la parole prêchée jadis en Galilée. Il affirmera, en même temps, que les écoles philosophiques de la Grèce n'ont eu qu'une influence relativement peu considérable. Un autre soutiendra aussi fermement l'opinion diamétralement opposée.

Qu'on le veuille ou non, on est donc contraint d'apporter,

dans l'histoire, une appréciation subjective. Une fois, en effet, qu'on s'est assimilé, proportionnellement au degré de son développement moral, un certain idéal, on en vient, nécessairement, à disposer tous les faits historiques suivant un ordre déterminé par le concours qu'ils ont prêté à la réalisation de cet idéal ou par les obstacles qu'ils y ont apportés. On met au premier plan les événements qui ont le plus favorisé ou le plus empêché cette réalisation. Mais il y a encore deux circonstances importantes à considérer. En premier lieu, si l'on se place à ce point de vue, tous les phénomènes prennent un aspect bienfaisant ou malfaisant; ils semblent tous constituer soit un bien, soit un mal moral. Ensuite, comme c'est notre idéal qui donne au cours de l'histoire sa perspective, nous devenons l'aboutissant de cette évolution et tout le passé n'est plus pour nous qu'une succession de stades de préparation qui mènent nécessairement à un but déterminé. L'histoire se réduit pour nous à la lutte entre le bien et le mal, et, dans ce conflit, le premier de ces facteurs, sous son aspect fixe ou dans son développement progressif, atteint enfin le point où il devient le souverain bien de l'humanité. Cela ne signifie pas que le bien doive nécessairement triompher. Cela ne veut pas dire non plus que chaque stade marque un progrès vers notre idéal vis-à-vis de la période précédente. Non. Beaucoup d'observateurs n'ignorent pas combien sont fréquents en histoire les retours en arrière. D'autres déplorent très volontiers la prédominance du mal dans cette « vallée de larmes », et se plaignent de la démoralisation des générations nouvelles. D'autres encore affirment ouvertement qu'un avenir meilleur est interdit à l'humanité. Cependant, dès que l'on se met à passer en revue les événements historiques, le passé se dispose nécessairement suivant une perspective déterminée par ce que l'on considère comme le *mieux*. Au premier plan se placent les faits qui ont le plus favorisé ou le plus gêné le développement ou la réalisation de l'idéal. Si le penseur croit que ce but peut être atteint ac-

tuellement ou dans l'avenir, toute l'histoire se dispose, à ses
yeux, autour des événements qui ont préparé ce moment. S'il
place son idéal parmi les mythes d'outre-tombe, le rôle de
toute l'histoire est d'amener à la foi qui seule donnera le
bonheur dans un autre monde. S'il est convaincu de l'impossibilité de réaliser le mieux, son idéal n'en reste pas moins
la conviction intime la plus élevée que l'histoire ait élaborée
dans l'esprit humain ; tout le passé, ce qui est important
et ce qui l'est moins, n'est qu'une préparation à cette conviction morale ; elle n'a pas été réalisée dans le passé ; elle
ne peut l'être réellement dans l'avenir, mais elle existe cependant dans la conscience humaine où elle forme le point
extrême, le degré suprême du développement de l'homme.
Rapprocher les faits historiques d'un bien idéal ou réel dont
nous avons conscience, poursuivre cet idéal dans la vie passée
de l'humanité, tel est, pour chacun, l'*unique* sens de l'histoire,
l'*unique* loi suivant laquelle se groupent les phénomènes historiques ; c'est la loi du *progrès*. Il importe peu d'ailleurs
que ce progrès nous paraisse continu, ou soumis à des
fluctuations, que nous croyions à sa réalisation en fait, ou
que nous tenions pour impossible sa réalisation ailleurs que
dans la conscience.

Ainsi, le cours de l'histoire représente nécessairement pour
nous le *progrès*. Si nous donnons notre adhésion aux tendances qui l'emportent actuellement, nous regardons notre
époque comme le couronnement de tout ce qui l'a précédé. Si
nos sympathies vont aux éléments qui déclinent d'une façon
manifeste, nous croyons vivre dans une période critique,
pathologique, nous pensons être arrivés à un moment de transition auquel succèdera l'époque où notre idéal triomphera
soit dans le monde réel, soit dans un avenir mythique, soit
encore dans la conscience des meilleurs représentants de l'humanité. Quand certains croyaient à une fin prochaine du
monde — l'univers, à leur avis, était rempli d'iniquité, —
ils étaient convaincus qu'à cet état misérable succèderait une

période de bonheur pour les justes. D'autres qui proclamaient la perfection primitive de l'homme arrivaient presque aussitôt à une théorie du progrès. Même les partisans de la conception cyclique de l'histoire (nous n'insisterons d'ailleurs pas sur ce point) obéissaient involontairement à cette loi générale de la pensée humaine. Il était d'une nécessité absolue que l'évolution historique prît toujours, pour l'homme, avec plus ou moins de netteté et de régularité, l'aspect d'une lutte en faveur du progrès. Il fallait que le cours de l'histoire parût être le développement, réel ou idéal, des tendances et des idées dans le sens du progrès. Seuls, les phénomènes qui intervenaient dans cette évolution, étaient historiques, au sens strict du mot.

Je sais que ma façon de comprendre le *progrès* est faite pour déplaire à beaucoup. Tous ceux qui veulent conférer à l'histoire cette impassibilité objective qui est le propre des phénomènes naturels vont s'indigner de me voir faire dépendre le progrès des vues personnelles de l'historien. Tous ceux qui accordent une infaillibilité absolue à leurs conceptions morales auraient désiré se convaincre eux-mêmes que ce qui est important en histoire, non seulement *pour eux*, mais *en soi*, est uniquement ce qui se rattache d'une façon directe aux bases de ces conceptions. Mais il est temps que les hommes qui pensent comprennent cette vérité si simple que les distinctions entre le plus et le moins important, entre le bienfaisant et le malfaisant, entre le bien et le mal, ne valent que *pour l'homme* et sont complètement étrangères à la nature et aux choses en soi. Il est aussi nécessaire pour l'homme d'appliquer à tout ce qui l'entoure son point de vue humain (anthropologique), qu'il est inévitable pour les choses, prises dans leur ensemble, d'obéir à des processus qui n'ont rien de commun avec le point de vue humain. *Pour l'homme*, les lois générales seules ont de la valeur, les faits individuels n'en ont pas, parce qu'il ne comprend les choses que grâce à la généralisation. Mais la science, avec ses

lois générales des phénomènes, est toute spéciale à l'homme.
En dehors de lui subsistent *seules* les combinaisons de faits
simultanés ou successifs, faits si petits et si fractionnés que
l'esprit humain peut même difficilement les saisir. L'*homme*
distingue dans les biographies, dans l'histoire, certaines
pensées, certains sentiments, certains actes individuels (ou
collectifs). Ils tranchent, pour lui, sur le cours monotone
et plat de la vie ; ils acquièrent une importance plus
grande, un sens idéal, une valeur historique. Mais c'est
l'*homme* qui fait ce choix. La nature n'établit pas de différence
entre ses opérations inconscientes : elle élabore l'idée de la
gravitation universelle ou de la solidarité humaine comme
elle fait pousser un poil sur la patte d'un insecte ou excite le
marchand à tirer quelques sous de plus de la poche d'un
acheteur. Garibaldi, Varlin, et leurs semblables sont, pour la
nature, des représentants de la race humaine au xix⁰ siècle
au même titre que n'importe quel sénateur de Napoléon III,
qu'un « Bürger » de quelque petite ville allemande ou qu'une
de ces nullités qui se promènent sur les trottoirs de la perspective Nevsky. La science ne fournit à un observateur
impartial aucune donnée qui l'autoriserait à transporter le
jugement qu'il porte sur l'importance d'une loi générale,
sur une personnalité géniale ou héroïque, de la sphère *humaine* de l'intelligence et du désir dans le domaine de la
nature inconsciente et impassible.

Il me faut parler ici de la conception du progrès de deux
penseurs remarquables qui *semblent* en contradiction avec les
idées que j'ai exprimées plus haut. «Le progrès, dit Proudhon
(*Philosophie du Progrès*, p. 20), c'est l'affirmation du mouvement universel, par conséquent la négation de toute forme et
formule immuable.... appliquée à quelque être que ce soit ;
de tout ordre permanent, sans excepter celui même de l'univers ; de tout sujet ou objet, empirique ou transcendantal,
qui ne change point ». Voilà, semble-t-il, un point de vue
parfaitement objectif ; l'auteur sacrifie ses propres convictions

sur l'autel du changement universel. Mais lisez un peu plus
loin et vous apprendrez que, dans tous les domaines, le
progrès est pour le grand penseur synonyme des idées de
liberté, d'individualité, de justice. Il appelle progrès les
changements qui mènent à une *meilleure* intelligence des
choses, à un idéal *supérieur* de l'individu et de la société tel
qu'il a été élaboré par *lui*, Proudhon. Tout esprit développé
conçoit et concevra toujours un bien absolu et il en a été de
même pour Proudhon. Pour lui, ce bien s'appelait vérité,
liberté, justice, et devenait le but et l'essence du progrès avec la
même nécessité subjective que le millenium pour les chiliastes.
D'ailleurs Proudhon lui-même émet une conception différente
du progrès dans d'autres passages, notamment dans la neuvième étude de son grand travail « *De la justice dans la Révolution et dans l'Eglise.* » Ici il se rapproche beaucoup des idées
exprimées dans ces lettres. Il dit en effet (1868. Bruxelles,
III, 244 et seqq.) « Progrès est plus que mouvement et l'on
n'a pas le moins du monde prouvé qu'une chose est en progrès
quand on a montré qu'elle se meut. » Il ne voit aucun
progrès ni dans les « crises déterminées à priori et dans
un certain ordre par la nécessité de notre constitution »
ni dans la « suite des transitions physico-sociales qui ne
dépendent pas de la volonté de l'homme ». Pour lui « le
progrès est la même chose que la justice et la liberté considérées : 1° dans leur mouvement à travers les siècles, 2° dans
leur action sur les facultés qui leur obéissent et qu'elles modifient en raison de leur marche. » Proudhon demande à une
« théorie complète et vraie du progrès » de démontrer qu'il
n'a en lui rien de fatal. Plus loin il dit (III, 270) : « Nous
croyons tous invinciblement au progrès ».

Spencer dit (Œuvres 1, 2) : « Pour bien comprendre le
progrès, nous devons étudier l'essence de ces changements, en
les examinant sans écouter nos intérêts... Laissant de côté les
circonstances secondaires et les bienfaits du progrès » deman-
dons-nous ce qu'il est en soi. Ensuite, il appelle progrès

organique le passage de l'homogène à l'hétérogène et démontre que telle est la loi à laquelle obéit toute marche progressive. Ici, du moins, le phénomène paraît être envisagé à un point de vue tout à fait objectif. Mais observez attentivement la façon dont Spencer aborde sa tâche, et vous verrez qu'il part, au contraire, d'un point de vue absolument subjectif. Il accepte les idées courantes sur le progrès comme des *données ;* ce sont, par exemple, l'augmentation de la population, la quantité des produits matériels, leur amélioration, l'accroissement du nombre des faits connus et des lois découvertes, bref, tout ce qui tend, directement ou indirectement, à élargir le bonheur humain. Seulement il trouve que ces idées manquent de *netteté*, il n'y aperçoit que *l'ombre du progrès* et non le progrès lui-même. Ce sont précisément *ces variations* qu'il veut expliquer : c'est ce processus dont il cherche à trouver *l'essence* ; il s'imagine l'avoir découverte dans la différenciation, grâce à une analogie avec le développement organique qu'il lui plaît de qualifier du nom de *progrès*. Mais ce développement renferme-t-il le caractère distinctif des phénomènes auxquels l'auteur a emprunté son idée sur le progrès? C'est très douteux. L'accroissement de la population, l'augmentation des richesses matérielles ou intellectuelles ont entre eux un trait commun. Nous y voyons un *mieux*, nous y trouvons quelque chose de désirable, de plus conforme à ce que nous *exigeons* de l'homme et de l'humanité. Mais qu'y a-t-il de meilleur dans un animal nouveau-né quand on le compare à l'embryon ou à l'œuf dont il provient ? Que peut-il avoir de meilleur dans un adulte que dans un animal qui vient de naître ? S'il est permis de parler de *progrès* quand il s'agit du développement d'un animal, on peut avec autant de raison discourir sur les *buts* de la nature, sur les désirs des plantes, considérer le système solaire comme un Etat. Il serait, de plus, intéressant de savoir si Spencer lui-même aurait continué à qualifier de progrès le passage de l'homogène à l'hétérogène si cette différenciation était arrivée au point que chaque homme eût un langage particulier et des idées spéciales sur le vrai, le juste et le beau ? La pensée de Spencer est exacte, en général. L'expérience a, en effet, démontré dans un grand nombre de cas que c'était la différenciation qui rapprochait l'individu et la société de l'idéal moral qui est *celui de Spencer*. Mais cette notion ne comprend pas toutes les manifestations du progrès. Parfois même elle ne laisse pas d'être en désaccord avec l'idée de progrès, celui-ci étant compris comme élaboration d'un idéal moral donné. Et même quand cette pensée est juste, elle n'indique jamais que la *cause* du progrès : le progrès lui-même est toujours déterminé par l'opinion subjective du penseur, par ce qu'il croit être plus favorable ou plus nuisible à l'homme et à l'humanité. Remarquons d'ailleurs que, déjà dans la première édition de ses « *Premiers principes* », Spencer se rend compte du manque de précision du terme progrès et de l'usage trop large qu'on en a fait ; il le remplace par le mot *évolution* dont il donne la définition suivante : « L'évolution est le passage de l'homogène indéterminé et instable à l'hétérogène déterminé et stable effectué au moyen de différenciations et d'intégrations ininterrompues. » (Œuvres. I. VII. p. 233). Cette formule donne prise à moins d'objections, d'abord parce qu'elle est, en effet, plus large, puis parce qu'elle n'est pas parfaitement claire, ce qui permet d'y faire entrer des cas très variés que son sens strict semblerait exclure. D'ailleurs, comme ce n'est pas là une formule du *progrès*, mais de *l'évolution*, elle ne se rattache pas directement à notre objet.

Nous voyons ainsi que les deux philosophes que j'ai pris pour exemple, ne s'écartent qu'en paroles de mes opinions sur le progrès. En réalité, il se placent sur le terrain commun à nous tous et qui tient à la nature de la pensée humaine. Ils se posent un certain idéal moral ou l'empruntent à autrui ; ils voient dans les événements historiques une lutte dont ce souverain bien est l'enjeu, une marche qui nous rapproche de ce but, et tous nous faisons de même.

LETTRE III

Après tout ce qui a été dit dans la lettre précédente, le lec‑
teur peut incontestablement exiger de moi un exposé bien net
du but que poursuit, selon moi, l'humanité dans sa marche
progressive. C'est ce que j'ai l'intention de faire. Mais aupa‑
ravant je tiens à écarter une objection qui, de prime abord,
semble détruire dans sa base même le caractère scientifique
de mon raisonnement tout entier.

On pourrait me faire observer que, du moment que l'his‑
toire ne peut être comprise que comme une science du pro‑
grès et que ce progrès lui‑même n'est que la façon purement
subjective d'envisager les événements au point de vue de notre
idéal moral, l'histoire ne peut devenir scientifique qu'à une
condition : c'est qu'on arrive à élaborer, par une méthode
scientifique, un idéal moral déterminé qui vienne *d'une façon
nécessaire* s'établir dans l'humanité comme l'unique vérité
scientifique. Ce raisonnement étant admis (et je l'admets moi‑
même) on pourrait m'objecter — et on l'a fait, du reste —
que les conceptions d'un idéal moral ont été jusqu'à présent
excessivement variées et doivent rester telles grâce à leur na‑
ture purement subjective ; nous nous trouvons ici, pourrait‑on
me dire, non pas dans le domaine scientifique, mais dans
celui des croyances qui peuvent ne pas être obligatoires pour
tous : celle qui inspire l'un n'est pas forcément admise par

l'autre. De même les conceptions de l'idéal moral ne peuvent aucunement avoir un caractère obligatoire : chaque individu a le droit de se créer tel idéal moral qu'il lui plaît, aucun critérium scientifique n'étant possible dans une question d'opinion subjective. Il en résulte qu'aucune appréciation, ni même aucune notion du progrès, ne peut être élaborée scientifiquement et que, par conséquent, une théorie scientifique du progrès et une édification scientifique de l'histoire — et même un certain accord sur ces questions — sont absolument impossibles. Je ne puis pas reconnaître la justesse de ces objections ; je vais m'y arrêter un instant.

Si nous nous basons sur les différences qui existent et ont toujours existé entre les opinions humaines, nous serons amenés à nier non seulement toute unité possible des conceptions morales, mais même toute unité dans les vérités scientifiques. Entre les 1400 millions d'hommes qui constituent l'humanité, l'immense majorité est dépourvue, non seulement des connaissances scientifiques les plus superficielles, mais même de toute aptitude pour l'intelligence de cet ordre de vérités : elle n'a pas dépassé les premiers degrés du développement anthropologique Des peuplades entières sont incapables de se représenter un nombre plus ou moins considérable et ne possèdent dans leur langue aucun terme abstrait. Le fétichisme, la croyance aux amulettes, aux présages et, en général, au merveilleux, domine non seulement chez les sauvages et dans les classes illettrées de la population européenne, mais se manifeste sans cesse même parmi ceux à qui l'on donne le nom de minorité civilisée. Faut-il, cependant, en conclure que la science, en tant que vérité incontestable, n'existe pas *pour l'homme en général* ? Devons-nous considérer les résultats obtenus par les savants européens comme des produits intellectuels n'ayant pas plus de droit à être reconnus que les histoires de revenants et les rêves prophétiques ? Et pourtant, tant que l'état actuel des choses se prolongera, les individus qui pensent d'une façon scientifique seront toujours submergés par la

grande majorité de ceux qui croient aux revenants et aux
rêves prophétiques. Pour ma part, je pense que l'unité des
conceptions morales peut être considérée comme une proposition aussi évidente que l'unité des vérités scientifiques. On
peut, si l'on veut, rejeter *l'une et l'autre*, parce qu'elles exigent
des individus un certain degré de développement et que, pour
la majorité des hommes, elles n'ont pas plus existé dans le passé
qu'elles n'existent actuellement. Mais celui pour qui la science
de la minorité intellectuellement développée est *la seule vérité
obligatoire*, ne me semble pas en droit de rejeter, comme quelque chose de purement individuel, l'idéal de la minorité développée moralement.

Une conquête scientifique ne s'accomplit jamais en une seule
fois : il lui faut une élaboration préalable de la pensée, une
critique préalable des faits. Avant que l'esprit devienne apte
à comprendre et à s'assimiler une vérité scientifique, il doit y
être préparé par un certain exercice ; c'est pour cela que,
même à notre époque, la majorité des hommes reste en dehors
du mouvement scientifique et, parmi ceux-là même qui en
connaissent les résultats, un grand nombre les acceptent sans
contrôle, de même qu'ils accepteraient le récit de quelque
événement merveilleux. Pour le savant, un fait ne devient
scientifiquement établi qu'après avoir été soumis à une série de
vérifications méthodiques ; ne pas renfermer de contradictions,
être conforme à l'observation et n'admettre aucune hypothèse
qui n'ait pour base une analogie réelle, en écartant toutes celles
qui sont inutiles ou inaccessibles à la vérification expérimentale, — telles sont les conditions auxquelles doit satisfaire toute
nouvelle conception qui prétend prendre rang au nombre des
vérités scientifiques. Ces conditions ne se réalisent que difficilement ; aussi l'histoire des connaissances humaines se présente-t-elle comme une longue série d'erreurs au milieu desquelles la science exacte ne s'élabore que petit à petit et par
fragments. La nécessité d'écarter les contradictions était une
cause puissante d'arrêt dans le développement des connais-

sances : toute proposition nouvelle devait, en effet, être comparée à ce qui était jusque-là considéré comme vérité incontestable et ce procédé ne pouvait être efficace que si les points de comparaison eux-mêmes étaient établis par une méthode critique. Il a fallu pour cela que les sciences particulières se dégagent de la masse totale des considérations philosophiques, que les vérités des sciences plus simples devinssent le fondement des sciences plus compliquées. On comprend donc très facilement que des esprits même très puissants aient nié, et nient encore, certaines propositions scientifiques, parce qu'elles sont en contradiction avec des vérités *apparentes*. La conformité avec l'observation était un problème non moins compliqué à résoudre, car il a fallu *apprendre à observer*, ce qui n'est pas chose facile : les plus grands esprits de l'antiquité et de très remarquables savants des temps modernes nous ont laissé des preuves nombreuses d'erreurs très grossières d'observation, et à notre époque même il nous arrive souvent d'assister à des discussions sur l'exactitude de telle ou telle observation. Nous ne nous arrêterons pas aux difficultés que soulève la formation d'hypothèses légitimes, hypothèses dont il est aussi impossible de se passer dans la marche progressive de la science qu'il est difficile d'indiquer la limite où une hypothèse scientifique devient une considération métaphysique ; nous en trouvons des exemples jusque dans les travaux les plus connus et chez les savants les plus estimés.

Toutes ces difficultés expliquent suffisamment la lenteur du développement de la pensée scientifique. Elles auraient dû convaincre tous ceux qui appliquent à l'étude un esprit critique, de cette vérité que l'application de la pensée rigoureusement scientifique à des domaines où règne actuellement le chaos des opinions désordonnées, n'est pas plus impossible qu'elle ne l'était dans l'antiquité à l'égard des branches fondamentales de la connaissance de la nature. Le monde antique a compris la vérité logique et déductive, mathématique et géométrique ; cela n'empêche pas qu'il y ait jusqu'à présent des gens qui cherchent la quadrature du cercle. Le xvii° siècle a établi la méthode de vérification dans les sciences objectives et phénoménologiques ; cependant les spécialistes opposent jusqu'à présent les uns aux autres des expériences sur l'hétérogenèse, qui les amènent à des résultats contradictoires. La signification de l'observation psychologique forme aujourd'hui encore matière à discussion. La sociologie n'a commencé à établir certaines de ses propositions que tout récemment. Dans tous ces domaines, les partisans d'opinions différentes s'opposent les uns aux autres, chacun se refusant obstinément à reconnaître un caractère scientifique au raisonnement de son adversaire et n'arrivant à établir entre eux aucun accord sur les observations vraies et les hypothèses permises, sur la présence ou l'absence de contradictions possibles. Et cependant, partout le savant poursuit la recherche de la vérité scientifique générale et incontestable ; partout la plupart des critiques admettent l'existence de cette vérité qu'on peut et qu'on doit rechercher. Pourquoi alors affirmer pour la sphère des conceptions morales la nécessité des contradictions perpétuelles ? Pourquoi mettre au même niveau l'homme qui n'est guidé que par des instincts et des impulsions momentanées et celui qui s'efforce d'analyser les phénomènes moraux et d'en découvrir les lois ? Pourquoi des discussions *actuelles* sur les questions morales conclure à l'impossibilité d'arriver jamais à des résultats scientifiques ? Celui qui jugerait d'après la théorie du mouvement d'Aristote — incontestablement, un grand penseur, cependant — pourrait de même nier à tout jamais la possibilité de la dynamique.

Il n'est donc pas impossible que, par la méthode scientifique, il s'élabore un idéal moral capable de devenir, avec le développement croissant de l'humanité, une vérité obligatoire pour un nombre de plus en plus considérable d'individus. Et s'il en est ainsi, nous entrevoyons, en même temps, la possibilité d'élaborer une conception scientifique du progrès et de construire l'histoire en tant que science.

Dans tous les cas, si aucune preuve suffisante ne nous est fournie contre la possibilité d'appliquer les méthodes scientifiques au domaine moral, il est loisible — et peut-être même obligatoire — pour tous ceux qui ne passent pas en indifférents à côté des questions qui ont une importance primordiale pour l'humanité, de travailler à l'élaboration critique d'un idéal moral le plus rationnel possible, et à l'édification, sur cet idéal pris comme base, d'une science du progrès, c'est-à-dire de l'histoire. C'est pourquoi je me permettrai de prendre pour base de toutes les considérations qui vont suivre la définition de ce que je considère comme le progrès pour l'humanité.

Le développement physique, intellectuel et moral de l'individu; la réalisation de la vérité et de la justice dans les formes sociales, telle est la formule concise qui, selon moi, embrasse tout ce que nous pouvons considérer comme progrès ; j'ajouterai que dans cette formule je ne considère rien comme m'appartenant en propre : elle se trouve, sous une forme plus ou moins claire ou plus ou moins complète, dans la conscience de tous les penseurs des derniers siècles. Elle est devenue à notre époque une vérité courante, répétée par ceux-là même qui agissent en entière contradiction avec elle et dont les aspirations vont dans un sens complètement différent.

Je considère les notions qui entrent dans cette formule comme parfaitement définies et n'admettant pas d'interprétations différentes pour tous ceux qui les envisagent de bonne foi. Mais même si je me trompe, la définition de ces notions, la preuve des propositions contenues dans cette formule et son développement plus complet, appartiennent à l'éthique et non pas à une théorie du progrès. On ne démontre pas les vérités chimiques dans un traité de physiologie ; on ne développe pas les vérités éthiques lorsqu'il s'agit de leur application au processus historique. La formule proposée, tout en étant concise, est, à ce qu'il me semble, susceptible d'un vaste développement, et, en la développant, nous arrivons à une théorie complète de la morale individuelle et sociale. Ici, je prends cette formule pour base de tout ce qui va suivre, et je passe directement à l'examen de certaines conditions nécessaires à la réalisation du progrès compris dans le sens indiqué plus haut.

Le développement *physique* de l'individu n'est possible que si celui-ci jouit d'un certain minimum de bien-être hygiénique et matériel, au-dessous duquel les chances de souffrances, de maladies et de préoccupations continuelles surpassent de beaucoup celles du développement ; ce dernier ne devient alors possible que pour des individus exceptionnels, tandis que tous les autres se trouvent condamnés à la dégénérescence-suite de la lutte pour l'existence de tous les instants, sans aucun espoir d'amélioration possible.

Le développement *intellectuel* de l'individu ne peut subsister que si celui-ci élabore en lui-même le besoin d'appliquer à tout ce qu'il voit la pensée critique ; il doit, de plus, être sûr de l'immuabilité des lois régissant les phénomènes, et il doit, enfin, comprendre que la justice est, dans ses derniers résultats, identique à la poursuite de l'intérêt personnel (1).

---

(1) Pour prévenir quelques malentendus possibles, je crois nécessaire d'expliquer ces derniers mots — chose que je n'ai pas pu faire dans un livre publié en Russie.

Dans la société actuelle, basée sur la concurrence générale, identifier la justice avec l'intérêt personnel paraît absurde. Ceux qui, à notre époque, profitent des avantages de la civilisation, ne peuvent le faire qu'en s'enrichissant et en augmentant toujours leur richesse. Or, le processus capitaliste de l'enrichissement consiste, par son essence même, à tromper l'ouvrier, à faire des spéculations malhonnêtes à la bourse, à vendre, comme une marchandise, ses facultés intellectuelles ou son influence politique ou sociale. Je doute que le sophiste le plus acharné ose appeler ces procédés *justes*, mais il vous dira que le niveau intellectuel de celui qui cherche à concilier son intérêt personnel avec la justice, doit être considéré comme étant encore très peu élevé. Il vous opposera un autre principe : la vie, dira-t-il, est une lutte, et le véritable développement intellectuel consiste à être bien armé pour cette lutte, de façon à rester toujours vainqueur. Autrefois, on objectait à cette dernière théorie les inconvénients résultant des remords de la conscience, le danger d'être un jour vaincu dans cette lutte incessante et de n'avoir, alors, à côté de soi, personne pour vous soutenir dans un moment pénible, le mépris et la haine publique, etc. Mais tous ces arguments sont facilement réfutés par nos théoriciens actuels des jouissances

Le développement *moral* de l'individu n'est probable que
là où le milieu social permet et favorise en lui la naissance
d'une conviction personnelle indépendante, où les individus

matérielles : les remords sont une affaire d'habitude et il est très facile de
se prémunir contre eux lorsqu'on a la certitude de s'enrichir *légalement*,
lorsqu'aucun juge ne peut appliquer à vos actes aucun article de code ;
d'autre part, si l'immense majorité participe à la concurrence légale pour
l'enrichissement et l'augmentation des jouissances, cette majorité ne ressent, à l'égard du vainqueur habile de cette lutte, ni haine, ni mépris :
elle l'admire, au contraire, elle s'incline devant lui, elle essaye d'apprendre à l'imiter, à suivre son exemple. Quant à la possibilité d'une
défaite dans cette lutte continuelle, on peut dire, d'abord, qu'un certain
degré de richesse garantit, dans une large mesure, contre cette éventualité :
de plus, la vie est courte et il ne s'agit que de s'assurer les moyens d'en
jouir tant qu'elle dure.

Il faut, par conséquent, convenir que dans le régime social actuel non
seulement l'intérêt personnel n'est pas identique à la justice, mais il lui est
même diamétralement opposé. Pour avoir la plus grande somme de jouissances possible, l'individu doit étouffer en lui la notion même de justice ; il
doit appliquer toutes ses facultés critiques à l'exploitation de tout et de tous
ceux qui l'entourent, pour pouvoir jouir le plus possible à leurs dépens ; il
doit se rappeler que s'il cède, ne serait-ce que pour un instant, à des considérations de justice, ou même simplement à un sentiment d'affection sincère,
il deviendra aussitôt, à son tour, un objet d'exploitation de la part de son
entourage. Le patron doit opprimer l'ouvrier, sous peine d'être volé par lui.
Le chef de famille doit surveiller d'un œil soupçonneux sa femme et ses
enfants, sinon il sera trompé par eux. Le gouvernement est obligé d'avoir
une police ayant le don d'ubiquité, car autrement son pouvoir passera aux
mains de ses adversaires Amasse de la richesse, mais fais bien attention :
l'ami qui se sacrifie pour toi ne le fait que dans l'espoir de recevoir un fort
intérêt ; le baiser que te donne une amante est un baiser acheté. La guerre
est partout, et tu dois avoir ton arme prête, à chaque instant et contre
tous.

Alors, de deux choses l'une : *ou bien* l'identification de la justice et de
l'intérêt personnel est un non-sens, *ou bien* le régime social actuel est un
régime pathologique. Si le lecteur trouve que cette dernière supposition est
fausse et que tout, autour de lui, va à souhait, il n'a qu'à fermer ce livre :
il n'est pas écrit pour lui. Mais alors nous aurons à nous demander s'il a
élaboré en lui le besoin d'examiner son entourage au point de vue critique,
s'il a bien compris l'immuabilité de cette loi qu'une société basée sur
la guerre de tous contre tous est une société que nulle légalité, nulle
police ne saurait maintenir, une société qui se décompose et qui exige
une réforme radicale ? Mais si, soit instinctivement, soit consciemment, le
lecteur se révolte contre ce régime social qui condamne fatalement à la méfiance et à l'exploitation réciproques, si, sous le vernis extérieur de notre civilisation moderne, il a reconnu la présence de processus pathologiques, inséparables de ce régime tant qu'il existera sur ses bases actuelles, alors le
besoin qu'il ressent de soumettre à sa pensée critique tout ce qui l'entoure
doit l'amener à une autre série de questions. Devons-nous essayer de guérir
les symptômes de cette maladie, ou devons-nous en rechercher les racines
et réagir contre elle ? Et si la source du mal réside dans les bases mêmes

peuvent librement défendre leurs différentes opinions et sont ainsi amenés à respecter la liberté de celles des autres, où l'individu a compris que sa dignité réside dans ses convictions et que le respect de la dignité d'autrui est en même temps le respect de sa propre dignité.

La réalisation de la vérité et de la justice dans les formes sociales suppose tout d'abord la possibilité, pour le savant et le penseur, d'exposer librement les idées qu'ils croient être l'expression de la vérité et de la justice ; elle suppose, ensuite, dans la société, un certain minimum de culture intellectuelle, permettant à la majorité de comprendre ces idées et d'apprécier les arguments émis en leur faveur ; elle suppose, enfin, des formes sociales telles qu'il soit possible d'y effectuer des modifications aussitôt qu'elles ont cessé d'être l'expression de la justice et de la vérité.

Ce n'est que là où le développement physique de l'individu est possible, où son développement intellectuel est assuré et son développement moral probable, là où l'organisation sociale réunit les conditions d'une liberté de parole suffisante, d'un minimum suffisant d'instruction générale et d'une aptitude suffisante des formes sociales à subir des changements — c'est là seulement que le progrès de la société *tout entière* peut-être considéré comme certain. Là seulement

---

de l'état social actuel, la transformation radicale de tous les rapports économiques, politiques et sociaux entre les hommes ne doit-elle pas exiger une formule nouvelle pour l'expression du principe même de ces rapports ? Ne devons-nous pas, lors de la transformation de l'état pathologique en un état normal, prendre pour base non plus la lutte de tous contre tous, non plus la concurrence générale, mais la *solidarité*, la plus étroite possible et la plus étendue possible, entre les individus ? Une société peut-elle être stable et saine lorsqu'il n'y a pas de solidarité entre ses membres ? Et qu'est-ce que la solidarité sociale si ce n'est la conscience de ce fait que l'intérêt individuel coïncide avec l'intérêt de la communauté et que nous ne protégeons notre dignité personnelle qu'en protégeant celle d'autres individus, solidaires avec nous ? Et si c'est bien là le résultat auquel doit nous amener notre besoin d'appliquer la pensée critique à notre entourage, en quoi ce résultat diffère-t-il de la proposition énoncée plus haut, c'est-à-dire que, dans une société *saine*, la justice, dans ses derniers résultats, s'identifie avec l'intérêt individuel ? (1889)

nous pouvons affirmer que toutes les données nécessaires au progrès sont présentes et que seule quelque catastrophe extérieure peut l'arrêter. Mais tant que ces conditions ne sont pas réalisées, le progrès ne peut être qu'accidentel et partiel, sans aucune garantie, même pour l'avenir le plus proche, et l'on pourra toujours craindre, après une époque de succès apparents, une période d'arrêt ou de régression. Il peut arriver, même dans les circonstances les moins favorables pour la totalité de la société, qu'un individu soit placé, grâce à un certain concours de circonstances, dans une situation telle que son développement surpasse de beaucoup le niveau général du milieu environnant. Ces circonstances favorables peuvent se présenter même pour tout un groupe d'individus ; mais ce ne sera là qu'un phénomène éphémère qui n'empêchera pas la société tout entière d'être une proie à l'immobilisme ou à la réaction. La loi des grands nombres ne tardera pas à nous démontrer de la façon la plus rigoureuse le peu d'importance historique que présente le développement d'un petite poignée d'individus, obtenu par un concours de circonstances exceptionnelles. Pour qu'on puisse dire qu'une société progresse, il est nécessaire que la majorité soit placée dans des conditions telles, que son développement devienne possible, probable et stable.

Je suis beaucoup moins sûr que le lecteur acceptera ces conditions que j'assigne au progrès, que je ne le suis de son acceptation sans réserve de la brève formule que j'ai placée au début de cette lettre ; mais c'est là le sort de toutes les formules. Beaucoup les acceptent tant qu'elles sont vagues, mais, dès qu'on passe à leur interprétation, on commence à se douter qu'on ne se comprenait qu'imparfaitement. Pour ma part, ces conditions me paraissent indispensables, mais si quelqu'un est d'un avis contraire, je lui laisse pleine liberté de poser d'autres conditions, tout en conservant la formule générale.

Mais *ces* conditions posées, je me permettrai de demander

au lecteur, si vraiment nous avons le droit de parler actuellement du progrès de *l'humanité* ? Peut-on dire que, pour la
majorité des 1400 millions d'individus qui constituent l'humanité actuelle, les conditions *primordiales* du progrès sont
réalisées ? Ou *certaines* de ces conditions, sont-elles seulement
présentes ? Et quelle est la fraction de ces 1400 millions pour
qui elles existent ? Peut-on penser sans frémir à tout ce qu'à
coûté aux milliers de générations malheureuses qui ont péri
dans le passé, la réalisation du progrès pour cette poignée
d'individus que l'historien considère comme les représentants
de la civilisation ?

Je croirais faire injure à mon lecteur si je doutais un seul
instant de sa réponse à ma question : les conditions primordiales du progrès sont-elles réalisées ? Il n'y a ici qu'une
seule réponse possible : *aucun* individu ne voit réalisées *toutes*
les conditions du progrès, et *aucune* de ces conditions n'est
réalisée pour la *majorité*. De petits groupes d'individus, ou
des individus isolés, se trouvaient seuls de temps en temps,
par ci par là, dans des circonstances suffisamment favorables
pour conquérir quelque progrès et pour transmettre la tradition de leur lutte pour une vie meilleure à d'autres petits
groupes, également placés dans une situation un peu privilégiée. Toujours et partout, les individus, ayant réalisé
quelques progrès, ont été obligés de lutter contre des obstacles
sans nombre, dépensant dans cette lutte le meilleur de leurs
forces et de leur vie, et tout cela uniquement pour affirmer leur
droit au développement physique et moral. Ce n'est que dans des
circonstances particulièrement propices qu'il y ont réussi. Ce
n'est que pour des individus placés dans des situations exceptionnelles que la lutte pour l'existence n'a pas eu lieu et que
leur temps et leurs forces ont pu être employés à lutter pour
l'augmentation des jouissances. Plus exceptionnelle encore était
la situation de ceux qui ont suffisamment profité de la lutte
menée par d'autres, et qui ont pu s'en servir dans le but de
lutter pour la jouissance morale que donnent à l'individu les

idées humanitaires qu'il développe consciemment en lui-même et pour réaliser ces idées dans les formes sociales. Et toujours la lutte exigeait une si grande part des forces et de la vie qu'il n'en restait que très peu pour la réalisation du but même de cette lutte ; aussi n'est-il pas étonnant que, même dans sa fraction privilégiée, l'humanité ait obtenu si peu de résultats. Ce qui est étonnant, au contraire, c'est qu'au milieu de conditions aussi défavorables, une certaine fraction de l'humanité ait pu malgré tout, arriver à quelque chose qu'on peut appeler non pas la réalisation, mais au moins la préparation d'un progrès régulier. Mais combien petite est la fraction de ceux qui ont *réussi !* Et quel a été le prix de cette réussite pour *tous les autres !*

Là où l'humanité a fait le plus de progrès, c'est dans les conditions du développement physique de l'individu ; et cependant, même sous ce rapport, combien peu considérable est le nombre de ceux qui voient se réaliser pour eux le minimum *nécessaire* du confort hygiénique et matériel ! Combien est infime, dans ces 1400 millions, la minorité qui possède une nourriture saine et suffisante, des vêtements et un logement qui répondent aux exigences fondamentales de l'hygiène, qui, en cas de maladie, peut s'adresser à un médecin et, en cas de famine ou de quelque malheur soudain, à l'assistance sociale ! Combien énorme est, au contraire, la majorité de ceux qui passent presque toute leur vie au milieu de la préoccupation incessante de leur pain quotidien, dans une lutte de tous les jours pour une lamentable existence qu'ils ne réussissent, d'ailleurs, pas toujours à préserver. Comptez toutes les peuplades auxquelles cette lutte n'a pas permis encore de sortir d'un état qui ne diffère presque guère de celui des autres espèces animales. Comptez toutes les victimes des famines et des épidémies chez les nombreuses races qui sont privées de tout le secours d'une civilisation rationnelle. Comptez, au sein de l'Europe civilisée, le nombre de ceux qui sont obligés de combattre toute leur vie pour le pain du len-

demain. Rappelez-vous les récits terrifiants sur les conditions
hygiéniques de la vie de l'ouvrier dans les pays les plus *avancés*
de l'Europe. Voyez dans les tables de mortalité les chiffres qui
correspondent à une petite élévation du prix du pain ; voyez
dans quelles limites varie la probabilité de survivre pour le
pauvre et pour le riche. Rappelez-vous combien peu considérable est le gain moyen de la grande majorité de la population européenne. Et lorsque ces chiffres se dresseront devant
vous dans leur effrayante réalité, alors vous pourrez vous demander quelle est la fraction de l'humanité qui *jouit réellement* de ce confort, de ces conditions nécessaires au développement physique de l'individu élaborées par la civilisation actuelle dans ses usines, dans ses facultés de médecine,
dans ses comités d'assistance pour les pauvres. Quelle est,
à notre époque, l'importance *pratique* de la science et de la
philanthropie humaines pour la vie et le développement de
la majorité des hommes ? Nous n'en devons pas moins constater l'augmentation évidente du confort matériel en Europe ;
nous devons reconnaître que le nombre d'individus ayant la
possibilité de jouir d'une nourriture saine, d'un logement
salubre, du secours médical en cas de maladie et de la
protection policière contre les accidents, s'est considérablement accru pendant les siècles derniers. Et c'est cette petite
fraction de l'humanité garantie contre la misère la plus
pénible qui porte à notre époque le poids de la civilisation humaine *tout entière*.

Le degré auquel se trouve l'humanité sous le rapport des
conditions de son développement intellectuel est beaucoup
plus inférieur encore. Il ne peut être question ni d'une appréciation critique des choses, ni de l'intelligence de l'immuabilité des lois naturelles et du caractère utilitaire de la justice, pour la grande majorité de ceux qui doivent défendre
d'abord *leur propre* existence contre un danger de tous les
instants. Mais même parmi la minorité qui est plus ou moins
garantie contre les soucis les plus pénibles de la vie, on ne

trouve qu'un nombre infime d'individus ayant élaboré en eux l'habitude de la pensée critique, ayant compris le sens de ces mots : loi des phénomènes, ayant pris nettement conscience de leur propre intérêt. On a ri, et on s'est indigné si souvent, tour à tour, des différents exemples du règne de la mode, de l'habitude, de la tradition et d'autorités de toute espèce dans la minorité civilisée, que je n'ai pas besoin de m'étendre davantage sur ce sujet et de répéter cette vérité mille fois établie — que les hommes ayant élaboré en eux l'habitude de la pensée critique *en général*, sont extrêmement rares. Un peu moins rares — quoique encore bien peu nombreux — sont ceux qui ont l'habitude de généraliser les phénomènes appartenant à une catégorie déterminée, plus ou moins vaste, en dehors de laquelle ils se bornent à répéter les opinions d'autrui, tout comme le reste de l'humanité ! Quant à la conscience nette de l'immuabilité des lois naturelles régissant les phénomènes, on ne peut guère la chercher que dans le petit groupe d'hommes ayant fait des études scientifiques sérieuses. Et même parmi eux, tous ceux qui proclament l'immuabilité des lois naturelles, sont loin d'en être pénétrés réellement. Longues sont les listes des personnes entraînées par des magies modernes — ces véritables maladies épidémiques — par des magnétiseurs, des évocateurs d'esprits, des spirites ; et parmi elles, nous trouvons malheureusement même bien des savants. Et, même en dehors de ces épidémies, n'avons-nous pas vu des hommes de science avoir recours plus d'une fois, surtout dans des moments de danger ou de fortes secousses psychiques, à des exorcismes et à des amulettes (naturellement, sous leur forme admise par tous, la forme chrétienne) ? Ils ont montré par là combien peu était stable, dans leur esprit, l'idée de l'immuabilité absolue de la marche des phénomènes, combien peu ils étaient pénétrés de l'impossibilité de détourner les processus naturels de leur inévitable accomplissement. Qu'y a-t-il d'étonnant, dans ces conditions, qu'au sein de la brillante civilisation européenne du xixᵉ siècle, les amulettes et les exorcismes chrétiens jouent un rôle aussi important que celui joué par d'autres rites magiques chez les habitants actuels des déserts d'Afrique ou chez nos ancêtres d'il y a quelques milliers d'années ? La science de la nature n'a fait sur le monde du merveilleux que peu de conquêtes, et notre vie quotidienne offre un mélange bariolé d'actes rationnels et d'actes inspirés par des préjugés; dans la majorité de la classe éclairée, la croyance au merveilleux se réveille au moindre prétexte.

Je n'ose même pas poser la question de la justice envisagée par son côté utilitaire. Dans le régime social actuel, la concurrence amène directement à nier la portée utilitaire des actes conformes à la justice ; dans ces conditions, on ne peut pas s'attendre à voir se développer une notion aussi contraire aux tendances dominantes de la pensée. Ce qui peut, plutôt, nous étonner, c'est que, grâce à ses instincts sains, l'homme continue à s'incliner devant des fictions de la justice, en dépit de la concurrence qui règne partout et qui augmente sans cesse. Et pourtant il en est ainsi. L'exploiteur le plus éhonté tient presque toujours à *paraître* juste, et cela non seulement devant les autres, mais très souvent à ses propres yeux. Ce symptôme nous montre que la proposition énoncée plus haut se trouve reconnue même au milieu d'un régime dont la base est la négation directe de cette proposition. Il n'en est pas moins vrai que le nombre de personnes réellement pénétrées de cette idée en théorie et en pratique, est infiniment petit. — Mais, quelque peu réalisables que soient actuellement les conditions du progrès intellectuel, même pour la minorité qui est dispensée de la lutte directe pour l'existence, ces conditions se réalisent néanmoins en partie. Il existe, malgré tout, un petit groupe d'individus ayant élaboré en eux l'habitude de la pensée critique, ne fût-ce que pour une sphère particulière de connaissances. L'immuabilité des lois des phénomènes, quoique ayant faiblement pénétré dans la conviction personnelle, est, cependant, théoriquement reconnue par la majorité des savants. Seule, la signification utilitaire de la justice n'est reconnue que très peu, même en théorie.

Mais que dire des conditions morales qui entourent le développement de l'individu? La question de convictions ne pouvant être soulevée que pour le petit groupe d'hommes qui ont élaboré en eux l'aptitude à la pensée critique, il en résulte que les conditions nécessaires à ce développement n'existent que pour ce petit groupe. De plus, une fraction de ce groupe seulement habite des pays où la loi ne punit pas la conviction personnelle, où elle la protège, au contraire. Et seule une petite fraction de cette fraction vit dans un milieu social qui ne considère pas toute conviction indépendante comme un manquement moral, qui ne s'efforce pas de la déraciner dès l'enfance par une éducation inspirant le respect des choses admises, qui ne la poursuit pas comme une chose contraire aux convenances et dangereuse pour la tranquillité publique. Et lorsque le petit groupe, à peine perceptible, placé ainsi dans des conditions relativement heureuses du développement moral, arrive à se créer des convictions, un petit nombre seulement, parmi les individus qui le composent, savent demeurer tolérants à l'égard des convictions des autres, et un plus petit nombre encore comprend en même temps que toute la dignité d'un homme réside dans l'existence d'une conviction en lui-même. Ceci vous montre combien est infime, pour chaque génération, la fraction pour laquelle le progrès moral est possible. De plus, la nature de ce progrès est telle que chaque génération doit refaire le travail de la précédente, la force et l'indépendance des convictions, ainsi que l'aptitude à prendre leur défense, ne pouvant pas se transmettre d'un individu à l'autre, mais devant être acquises par chacun individuellement. Le progrès ne réside ici que dans le nombre d'individus possédant des convictions fortes et indépendantes. Mais il n'existe aucun moyen de déterminer si ce progrès a lieu, car le nombre d'individus pour lesquels une telle conviction est *possible* d'une façon générale, est très limité. Nous

avons des raisons de supposer que ce progrès existe, car le
territoire géographique où les lois protègent la liberté de
penser, s'étend toujours de plus en plus ; mais, d'autre part,
les moyens perfectionnés de surveillance administrative la
gênent de plus en plus dans les pays où il existe à cet égard
une législation répressive. Aussi la solution de cette question
appartient-elle à l'avenir. Pour le présent, elle n'a d'ailleurs
que peu d'importance, vu le petit nombre d'hommes qu'elle
concerne. Je ferai remarquer seulement que lorsque Buckle
nie l'existence du progrès moral dans l'humanité, il pense à
tout autre chose.

Passons maintenant aux conditions qu'exige la réalisation
de la vérité et de la justice dans les formes sociales. La première de ces conditions — la possibilité d'exprimer librement
des opinions scientifiques ou philosophiques — est plus ou
moins réalisée dans une partie considérable de l'Europe et
de l'Amérique, ce qui constitue le progrès le plus sensible
de l'histoire humaine. Cependant, là non plus, cela ne va pas
sans inconvénients considérables pour les hommes d'opinions
extrêmes : le sort de Ludwig Feuerbach en Allemagne, de Ro-
chefort (d'antan), de Maroteau et de Humbert en France,
ainsi que les difficultés qu'a rencontrées, même en Angleterre,
Bradlough à son entrée au Parlement, nous montrent que
pour cela également il reste encore beaucoup à faire dans
la voie du progrès. Mais la deuxième condition — un niveau
minimum suffisant de culture générale — n'est réalisée,
comme nous l'avons vu, que pour la très petite minorité de
ceux qui sont protégés contre la lutte la plus rude pour l'existence et qui ont acquis l'habitude de la pensée critique : tous
les autres membres de la société sont ou bien écrasés par les
préoccupations quotidiennes, ou bien habitués à suivre les
opinions de ceux qu'ils considèrent comme des autorités. La
troisième condition — la possibilité de discuter et de modifier les formes sociales vieillies — semble être réalisée partout
où la Constitution établit des Assemblées constituantes et lé-

gislatives. Cependant, les espérances qu'on mettait dans ces organes légaux de l'opinion publique commencent à faiblir à notre époque. Ces organes représentent-ils et peuvent-ils réellement représenter l'opinion *publique*, c'est-à-dire celle de la majorité de toute la population adulte du pays ? Nous avons vu que les conditions du développement physique ne sont que très peu satisfaisantes pour la majorité des hommes, et il en est de même presque pour tous des conditions du développement intellectuel et moral. Peut-on admettre, dans ce cas, que les délibérations et les décisions d'une Assemblée constituante ou législative quelconque expriment réellement l'opinion publique ? Les préoccupations pénibles du pain quotidien rendent la participation à la législation avec ses formes compliquées absolument inaccessible à la majorité ; et si, par accident, quelques individus pris dans son milieu réussissent à se créer une possibilité de développement intellectuel, le régime social existant leur oppose le plus souvent une multitude d'obstacles. Il en résulte que les formes sociales ne sont créées et modifiées que par les représentants de la minorité plus aisée. Le développement de cette minorité au point de vue de la pensée critique étant très faible, surtout lorsqu'il s'agit de comprendre le caractère utilitaire de la justice, une décision juste de sa part forme une exception, tandis que le jugement basé sur les intérêts exclusifs et égoïstes de cette minorité à laquelle les circonstances ont donné la conduite de la machine législative, devient la règle. Suivant que la minorité est plus ou moins instruite, suivant qu'elle comprend plus ou moins bien ses propres intérêts, ces derniers trouvent dans la législation une expression plus ou moins complète. Même dans le cas le plus favorable, cette législation ne peut être qu'une tentative de satisfaire un certain minimum de besoins des masses dans le but d'éviter une explosion révolutionnaire. Mais le plus souvent les classes dominantes ou la minorité placée au gouvernement ne réalisent dans la législation que le principe de cette même lutte sociale, en vertu de laquelle le possesseur du capital ne considère les masses du peuple que comme objet d'exploitation économique, et les individus constituant le gouvernement ne voient dans les citoyens qu'un objet de surveillance policière et de mesures répressives.

Les *intérêts* de la minorité ne sont pas seuls à empêcher l'amélioration des formes sociales : cette dernière est gênée plus encore par les *habitudes* acquises, par les *traditions* consacrées. Aux yeux d'un grand nombre d'individus, même dans les sociétés les plus développées, seules certaines formes politiques et certaines formes économiques, de peu d'importance sont sujettes à la discussion et peuvent être modifiées par la loi. Tout le reste est considéré comme une chose sacrée et *intangible*, même par beaucoup de ceux qui sont plus ou moins lésés par cette intangibilité, sans parler de ceux qui n'en éprouvent aucune gêne. Il fut un temps où aucun orateur d'une république libre n'aurait pu prononcer une parole sur l'abolition de l'esclavage. Il fut un temps où la tolérance à l'égard des hommes d'une autre croyance pouvait conduire au bûcher. Et même à notre époque, on peut tranquillement discuter dans les parlements d'Europe et d'Amérique les questions de tarifs et d'emprunts, mais il est impossible d'examiner d'une façon radicale la question de la répartition des richesses. Les débats sur la responsabilité des ministres sont admis, mais le remplacement d'une dynastie par une autre ou du régime monarchique par le régime républicain ne peuvent être que le résultat d'une révolution. Le côté économique des rapports familiaux peut être révisé, mais la base même de ces rapports doit rester intacte. Souvent, la cause n'en est pas même à la loi qui interdirait de toucher à ces objets sacrés et qui frapperait le criminel de telle ou telle peine déterminée. S'il se trouve parmi les législateurs un homme qui ait assez de pensée critique et assez de courage pour émettre son opinion, il peut parfaitement le faire. Mais l'habitude et la tradition auront pour effet d'empêcher la majorité des législateurs et une portion considérable de la société, d'aborder, même dans la pensée, la discution des raisons qui ont motivé cette opinion. Elle sera rejetée sans avoir été ni écoutée, ni consciemment examinée, et cela non pas que ses adversaires aient trouvé les arguments trop faibles ou qu'ils aient cru que l'opinion elle-même menaçait leurs intérêts, mais simplement parce que, à leurs yeux, elle n'est pas *discutable*. Le manque de développement critique au sein de la minorité aisée qui fournit les législateurs, et le fait que les intérêts de cette minorité ne souffrent que relativement peu de l'existence de ces choses reputées sacrées et intangibles, a cette conséquence que ces dernières conservent ce caractère dans la vie pratique, longtemps après l'avoir perdu dans le domaine de la pensée, lorsque la grande majorité se sent déjà opprimée par ces formes intangibles, sans, cependant, être arrivée à reconnaître la nécessité de les modifier. Le mécontement augmente. Les souffrances s'accroissent. Des révoltes locales surgissent, facilement réprimées. Les gouvernements et les classes dirigeantes ont recours à des palliatifs, à des demi-mesures, tendant à soulager les souffrances trop criardes ; on diminue la surveillance policière et les mesures coercitives. Lorsque c'est la minorité douée de la pensée critique qui demande des réformes, elle rencontre des obstacles insurmontables. Tout demeure tel quel jusqu'à ce qu'un nombre assez considérable d'individus se pénètre de l'idée que les formes actuelles sont mauvaises (opinion adoptée, naturellement, sur la foi des autres) et jusqu'à ce que les mécontents arrivent à comprendre que la voie des réformes pacifiques est fermée pour la société. Alors les formes vieillies sont détruites, non plus par la voie des réformes législatives pacifiques, mais par la voie de la révolution violente qui, de fait, nous apparaît dans le processus historique comme une arme beaucoup plus ordinaire du progrès social qu'une réforme radicale effectuée par la voie pacifique de la législation. Naturelle-

ment, les gouvernements essaient toujours d'empêcher ces révolutions qui, le plus souvent, ne sont pas, non plus, désirées
par les partis d'opposition demandant des réformes, Malgré
cela, le défaut de développement intellectuel et moral parmi
les individus et les groupes qui dominent et dirigent la société, amène presque inévitablement un conflit sanglant. Les
catastrophes qui accompagnent les révolutions sont connues
de tout le monde. La somme énorme de souffrances qu'elles
comportent, précisément pour les masses écrasées par les
soucis quotidiens, en font toujours un triste moyen de progrès
historique. Mais comme, dans la plupart des cas, les défauts
essentiels du régime social existant empêchent ce progrès de
s'effectuer autrement, et comme, d'autre part, un simple
calcul montre quelquefois que les souffrances chroniques
qu'entraînerait la conservation de l'ancien régime, surpasse-
raient toutes celles qu'on peut prévoir en cas de révolution,
les réformateurs pacifiques se voient obligés, s'ils sont sincères, de passer au camp des révolutionnaires. Les souffrances inévitables ne peuvent être atténuées que par la discussion rationnelle des *véritables* changements à opérer pendant la révolution ; mais trop souvent nous voyons dans
l'histoire que la révolution se borne à remplacer un groupe
de dirigeants par un autre, tandis que les masses dont les
révolutionnaires sincères voulaient améliorer la situation et
qui, par leurs efforts, effectuent ces révolutions, ne gagnent
que très peu au changement.

La faible réalisation des conditions du progrès humain
nous fait comprendre l'existence de ce triste chœur d'écrivains qui, dans tous les siècles, ont fait entendre des plaintes
amères sur les malheurs de l'humanité et l'instabilité de
ces civilisations qu'on appelle historiques. De même qu'à
notre époque, l'immense majorité des hommes a toujours été
condamnée à un travail physique incessant qui finissait par
émousser en elle l'intelligence et le sentiment ; elle a été menacée toujours de mourir de faim ou d'être emportée par

quelque épidémie. L'existence de la machine humaine, travaillant sans cesse et constamment préoccupée du lendemain, n'est nullement meilleure actuellement qu'aux époques antérieures. Pour elle, le progrès n'existe pas. Elle n'a que faire de la civilisation qui se trouve au-dessus d'elle, avec ses palais, ses parlements, ses temples, ses académies, ses ateliers d'artistes. Autrefois elle était liée à la minorité dominante par l'inviolabilité des vieilles coutumes, par la vénération d'une religion commune. Plus tard, elle crut à la protection des chefs patriarcaux et des monarques, trônant loin au dessus d'elle. Plus tard encore, elle mit son espoir dans les ministres « populaires » ou les orateurs « radicaux » des parlements et des assemblées populaires, qui parlaient du « peuple » avec tant d'emphase. Mais l'histoire emportait une à une ces illusions, et la civilisation, avec tout son éclat, demeurait, comme auparavant, un moyen de jouissance pour la minorité, tandis que la majorité continuait à souffrir. Et cependant, chaque société voit surgir devant elle ce problème : pour que sa civilisation soit stable, il faut créer entre les classes dominantes et la majorité un lien, une solidarité d'intérêts et de convictions. Faute de ce lien entre la masse déshéritée et la minorité civilisée, la civilisation de cette dernière est toujours fragile. Une invasion étrangère, une nouvelle religion, une révolte momentanée de la masse lasse de souffrir de la faim, peuvent anéantir en peu de temps une civilisation même très brillante, malgré toute sa force apparente, malgré toute sa puissance matérielle, intellectuelle et morale. Pour être stable, la civilisation n'a qu'un moyen : c'est de rattacher constamment à son existence les intérêts matériels, intellectuels et moraux de la majorité dépossédée et d'étendre à un nombre d'individus de plus en plus grand les avantages du confort matériel, l'influence de la science qui développe l'esprit, la conscience de la dignité personnelle et l'attrait des formes sociales plus justes. Ce n'est qu'en répartissant avec plus d'équité ce capital accu-

mulé du bien-être matériel et du développement intellectuel
et moral, que la minorité civilisée peut assurer son propre
développement.

Les anciennes monarchies orientales, comme celle du
Mexique, et du Pérou et, probablement, de cette société au
nom inconnu qui a laissé des traces sous forme de temples et
de palais dans les forêts de Palenqué, ont été emportées, avec
toute leur civilisation, par la première tempête sociale. Et ce
n'était pas l'effet du hasard, c'était une conséquence naturelle
de la forme même de ces civilisations. Lorsque la théocratie
avait le monopole du développement intellectuel, et qu'un
petit nombre de propriétaires héréditaires, où de ceux qui
avaient accès au palais, avaient le monopole de toutes les jouissances, de toutes les améliorations qu'apportait la civilisation, lorsque les palais — qui ne servaient qu'à un seul — et
les temples — qui ne servaient qu'à quelques-uns —
représentaient le fruit d'un travail gigantesque de l'immense majorité du peuple, majorité qui ne pouvait
ni attendre une amélioration notable de la conservation
des formes sociales locales, ni éprouver un préjudice
considérable de l'assujettissement à un envahisseur étranger, où était, dans ces conditions, le lien capable d'attacher sincèrement cette majorité à une civilisation qui n'était
pour elle qu'un spectacle curieux, lointain et inutile ? Un
envahisseur venu du dehors *enlevait* facilement des assises
supérieures de la société la couche légère formée par la minorité civilisée. Les palais et les temples magnifiques de Ninive,
devenus déserts, tombaient en ruines et étaient remplacés par
des forêts, pour s'élever de nouveau ailleurs, à Babylone ;
Babylone tombait à son tour et les capitaux et le travail
affluaient vers Suse et Persepolis. La majorité n'y perdait
qu'un spectacle varié ; elle continuait à travailler aussi inutilement pour Senacherim que pour Nabuchodonosor ; elle
était aussi peu attachée, matériellement et spirituellement, à
Amasis qu'à Darius ; elle périssait aussi automatiquement

dans les armées de Cyrus que dans celles de Crésus.;. Une extrême injustice dans la répartition des conditions du développement physique, intellectuel et moral, rendait toutes ces civilisations éminemment instables.

Le même phénomène s'est reproduit à la chute du monde greco-romain. Ici, cependant, la civilisation s'étendait déjà à un cercle un peu plus large et ses formes étaient un peu plus justes ; aussi la civilisation antique se montra-t-elle plus stable et résista-t-elle mieux aux forces destructrices, extérieures et intérieures, aussi les traces qu'elle laissa dans l'histoire de l'humanité sont-elles plus nombreuses et plus profondes. Un nombre considérable de citoyens y était rattachés par leurs intérêts économiques ; des intérêts intellectuels y rattachaient tous ceux qui avaient pu se défaire des soucis les plus écrasants et venir habiter une de ces villes qui étaient des centres de la pensée et de la vie politique. Le despotisme humiliant d'un seul avait fait place au despotisme idéalisé de l'Etat et de la loi. Le monopole du développement intellectuel avait disparu avec la théocratie. La science exacte, la pensée philosophique indépendante, la participation consciente du citoyen à la vie politique générale, avaient augmenté le degré de réalisation des conditions du développement physique, intellectuel et moral. Mais au-dessous de la couche des citoyens libres il y avait la classe, incomparablement plus nombreuse, d'esclaves, auxquels étaient laissés tous les métiers et que rien ne rattachait à la vie politique des citoyens. Au-delà des murs des villes autonomes s'étendaient de vastes territoires abandonnés à l'arbitraire et à l'exploitation, étrangers au développement scientifique et philosophique des centres. L'influence pédagogique de la pensée scientifique et philosophique était faible, et les philosophes, au lieu d'élargir sa sphère d'action, inscrivaient, aux portes de leurs académies, la défense d'entrer aux ignorants. La pensée grecque se développa rapidement et atteignit une hauteur considérable, mais d'autant plus grand fut à cette hauteur l'isolement de ces savants, incompréhensibles pour le reste de la société, de ces philosophes, étrangers aux intérêts de la vie quotidienne. Ce qui devait arriver ne tarda pas à arriver. Les citoyens qui avaient négligé de rattacher leurs intérêts à ceux des artisans esclaves et de la population des territoires soumis, ne réussirent pas, malgré leur nombre, à défendre leurs cités contre la violence extérieure. Dans la longue lutte qui en résulta, la population des villes qui avait conservé des traditions de la vie civique se trouva mélangée à une majorité venant du dehors, étrangère à ces traditions, et les centres antiques de la vie politique perdirent leur signification essentielle. Les savants et les penseurs avancés qui étaient peu nombreux et dont aucun lien pédagogique ne rattachait la pensée à celle d'un nombre plus ou moins grand d'individus, se montrèrent incapables de protéger les droits et les méthodes de leur critique contre le fétichisme des masses, la paresse et l'inconséquence d'esprit de la minorité aisée. Pendant l'époque troublée des diadoches et de la conquête romaine, la minorité possédant la pensée critique se trouva submergée par la majorité à laquelle toute critique était étrangère ; le besoin de croyances absurdes remplaça celui de croyances réfléchies, de même que le besoin d'aisance matérielle refoula celui de la vie civique. L'idéal hellénique d'une vie juste fit place à l'idéal romain de la forme légale. Le cercle des cités dominatrices se rétrécit pour faire place d'abord au groupe des consulaires d'*une seule* ville, puis au groupe des courtisans d'*un seul* homme régnant sur l'univers entier. Et lorsque les ennemis extérieurs de l'ancienne Rome vinrent la piller, elle tomba aussitôt sous leurs coups, car le fisc impérial, si lourdement oppresseur, n'avait point de défenseurs. Les nouveaux thaumaturges chrétiens exigèrent alors des descendants d'Aristote, d'Archimède et d'Épicure de croire à l'incroyable ; la critique se tut, la science fut enterrée et la philosophie asservie, car leurs représentants étaient isolés ou bien tombaient eux-mêmes sous l'influence de la masse étrangère aux intérêts intellectuels. C'est ainsi que le manque de justice dans la civilisation antique l'a rendue instable malgré les progrès remarquables qu'elle avait réalisés, relativement aux formes antérieures de la vie et de la pensée.

De même, la civilisation moderne de l'Europe ne peut espérer subsister que dans la mesure où les intérêts matériels, intellectuels et moraux de la minorité qui la représente, sont liés au bien-être de la majorité, à sa pensée et à la conviction, présente chez elle, que la dignité personnelle des individus qui la composent est solidaire de la civilisation existante. Celui qui trouve que ces conditions font défaut dans le régime actuel, celui qui voit que ce n'est pas la solidarité, mais, au contraire, la discorde qui règne dans la société, est forcé de chercher les moyens de remplacer cet état pathologique par un état sain et d'établir un régime plus équitable qui rendrait les divers groupes sociaux solidaires entre eux. La civilisation la plus juste à cet égard sera en même temps la plus durable.

Cependant, il arrive quelquefois que la durée d'une civilisation s'achète au prix de son aptitude au développement. Lorsque quelques particularités géographiques protègent une civilisation au dehors, elle peut arriver à se défendre contre des dangers intérieurs en empêchant la pensée critique de naître dans son sein ; les individus qui la possèdent ne sont pas assez nombreux, en effet, pour qu'il soit impossible de les supprimer toutes les fois qu'ils apparaîtront. Dans certaines races humaines, attachées plus que d'autres à leurs coutumes et à leurs traditions, et, peut-être, moins aptes, par la constitution même de leur cerveau, au développement de la pensée critique, il peut se constituer dans une série de générations un certain mode de pensée habituel qui se transmettra ensuite avec la même immuabilité que la forme de la ruche chez les abeilles ou des constructions chez les termites. Là, la société peut voir des révolutions de palais, des guerres sanglantes, des changements de dynasties ; une littérature volumineuse peut même s'y créer, mais sa civilisation ne change pas et la vie historique y cesse. La Chine offre un exemple assez connu d'un semblable état stationnaire ; mais il ne faut pas croire que les races même supérieures soient complètement garanties contre ce danger de stagnation. Byzance se rapprochait assez de cet état et le pays des tzars de Moscou y penchait également. Même des formes plus élevées de l'Etat peuvent arriver à cette sorte d'immobilité.

Ainsi, deux dangers menacent constamment chaque civilisation. Si elle ne s'étend qu'à une minorité trop restreinte placée dans des conditions trop exceptionnelles, elle court le danger de disparaître. Si elle empêche le développement, dans le sein de sa minorité cultivée, d'individus doués de la pensée critique, elle risque d'aboutir à l'immobilisme.

Le fait que les conditions fondamentales du progrès n'ont jamais été réalisées que très insuffisamment, à eu pour conséquence que nulle part le progrès n'a pu s'attacher solidement à une civilisation quelconque qu'il aurait ainsi protégée contre les arrêts, les secousses, les réactions et les révolutions. L'immobilisme menaçait et menace encore toutes les civilisations, et si les exemples en sont rares dans l'histoire c'est parce que la tendance à l'immobilisme n'était même pas capable d'éliminer de la société les causes de l'instabilité ; les ennemis extérieurs et les maladies intérieures ne lui laissaient pas le temps d'arriver à un degré où elle deviendrait une véritable fourmillière. Nous voyons ainsi qu'aucune *probabilité* d'un progrès stable n'a jamais existé dans l'humanité ; cependant, malgré toutes les conditions défavorables, l'improbable se réalisait, et la science du progrès, c'est-à-dire l'histoire, a pu recueillir par ci par là, dans une minorité à peine perceptible de l'humanité, quelques matériaux pour elle. Ça et là des individus et groupes d'individus ont pu arriver à un certain développement physique, intellectuel et moral, acquérir quelques vérités, incarner dans la vie de leurs petits groupes un peu plus de justice et léguer aux générations suivantes des moyens de lutter avec succès pour le progrès. Si les conditions du progrès *social* (c'est-à-dire les conditions nécessaires pour que le progrès s'effectue dans la société donnée sans obstacles et d'une façon durable) n'ont jamais été réalisées nulle part, au contraire les conditions qui rendaient possible l'action progressive de quelques individus isolés se rencontraient fréquemment : on a pu trouver souvent une vue critique de la civilisation contemporaine, des convictions fermes et la résolution de les réaliser dans la vie, malgré tous les dangers. Ces dernières conditions étaient réalisées moins rarement qu'on n'aurait pu le supposer en considérant l'absence totale des conditions nécessaires à la réalisation du progrès *social*. Le développement intellectuel de l'individu, même instable, ne l'a pas toujours empêché d'arriver à la critique de l'état de choses existant et quelquefois même de prendre conscience de l'identité, pour un homme développé, de la justice et de l'intérêt personnel. Le développement moral, quelqu'*improbable* qu'il ait pu être, s'est manifesté pourtant même dans les milieux les plus arriérés. Des penseurs sont arrivés, même dans les circonstances les plus difficiles, à émettre leurs théories de vérité et de justice et à rencontrer des personnes qui les comprenaient et leur montraient de la sympathie. Les formes sociales qui résistaient opiniâtrement au progrès ont été détruites plus d'une fois par des explosions révolutionnaires, quand elles ne voulaient pas céder sous la poussée du développement de la pensée. Au milieu des conditions les plus hostiles, le progrès était donc *possible*. Et il a eu lieu en effet. Lorsque les résultats acquis dans un endroit disparaissaient, en même temps que s'effondrait, grâce à son instabilité, la civilisation elle-même, leur tradition survivait ailleurs, donnait de jeunes pousses et arrivait à conquérir pour l'histoire un peu plus de terrain. Mais jamais, malgré tous les sacrifices et toutes les luttes de son histoire, l'humanité n'a pu conquérir des conditions suffisantes pour un développement progressif *durable*.

Et cependant il ne faut pas oublier que ce ne sont là *que les conditions* du progrès, tandis que ses *buts* supposent des exigences beaucoup plus grandes encore. Pour le voir, nous n'avons qu'à mettre chacune des conditions d'un progrès stable énumérées plus haut, en regard du but final qui y correspond.

Un minimum de confort hygiénique et matériel est une *condition* indispensable du progrès ; un travail assuré et les commodités de la vie accessible pour tous, tel est le *but* final qui correspond à cette condition. Le besoin de la pensée critique, la conviction de l'immuabilité des lois naturelles, l'intelligence de l'identité entre la justice et l'intérêt personnel — sont des *conditions* du développement intellectuel ; une science systématique et un régime social juste en sont le *but* final. Un milieu social favorable à la naissance d'une con-conviction indépendante et l'intelligence de la valeur morale de la conviction sont des *conditions* du progrès moral ; le développement des convictions raisonnées, nettes et fermes, et leur incarnation dans la pratique de la vie en sont le *but*. La liberté de pensée et de parole, un *minimum* de culture générale, des formes sociales *susceptibles* d'un développement progressif, sont des *conditions* du progrès de la vie sociale ; le *maximum* de développement possible pour chaque individu, des formes sociales qui soient le *résultat* du progrès dont chacune d'elles est capable, tel est le *but* du progrès social.

En regard de ces buts, les conditions que nous avons indiquées plus haut nous apparaissent comme dénotant un niveau social très peu élevé. Et cependant elles n'ont jamais et nulle part été réalisées. Les véritables buts du progrès semblent à la plupart des penseurs n'être que des utopies. Et malgré cela, malgré l'absence presque complète des conditions d'un progrès durable, l'histoire s'est quand même déroulée et le progrès s'est trouvé quand même réalisé.

Mais à quel prix ?

LETTRE IV

Pendant sa longue existence, l'humanité a formé dans son sein un certain nombre d'hommes de génie que les historiens appellent orgueilleusement ses réprésentants, ses héros. Pour que ces héros puissent agir, pour qu'ils puissent même surgir dans les sociétés qui ont été assez heureuses pour leur avoir donné naissance, il a fallu qu'il se formât un petit groupe d'individus tendant consciemment à développer en eux leur dignité, à étendre leurs connaissances, à rendre plus nette leur pensée, à fortifier leur caractère, à établir un régime social plus favorable pour eux. Pour que ce petit groupe pût se former, il a été nécessaire qu'au sein de la majorité qui mène pour l'existence une lutte de toutes les heures, il y eût une minorité débarrassée des soucis les plus pénibles de la vie. Pour que cette majorité qui luttait pour avoir le pain quotidien, l'abri et le vêtement nécessaires, ait pu donner naissance à cette *élite de la population*, à ces *uniques représentants de la civilisation*, cette majorité a dû d'abord arriver à subsister, ce qui n'était pas aussi facile que cela peut paraître à première vue.

Dans la lutte primitive pour l'existence, contre ses frères les animaux, la situation de l'homme était désavantageuse. Il ne possède pas de moyens d'attaque et de défense naturels aussi puissants que les autres races qui doivent pré-

cisément à ces armes d'avoir subsisté au milieu de tant d'ennemis ; dans une lutte où seule la simple force physique avait
de l'importance, il était dévoré par les animaux plus forts que
lui. Il n'a d'organes ni pour grimper, ni pour sauter, ni
pour voler, ni pour nager, moyens auxquels doivent, probablement, d'avoir survécu les autres espèces faibles. L'homme
doit tout *apprendre* et s'adapter à tout, sous peine de périr.
Certains auteurs ont calculé que dans l'espèce humaine
les petits sont une charge inutile pour leurs parents
pendant 1/5 de leur vie, tandis que chez les autres animaux
cette durée ne dépasse jamais 1/20. En admettant même que
la différence ait été moins grande dans l'humanité primitive, elle n'a jamais pu être à l'avantage de l'homme. C'était
donc une tâche difficile pour lui que de préserver son existence au milieu du règne animal.

Un seul organe *pouvait*, en se développant de plus en plus,
permettre à l'homme de triompher dans cette lutte, en com-
pensant et même en surpassant les avantages de toutes les
autres espèces. C'était l'organe de la *pensée*. Un nombre immense de bipèdes ont dû périr, probablement, dans la lutte
désespérée contre les animaux ennemis, avant que soient apparus parmi eux les quelques individus, plus heureux, qui
étaient capables de penser *mieux* que leurs ennemis, d'inven-
ter des moyens pour protéger contre eux leur existence. Ceux-là
ont *réussi à sauvegarder leur vie* au prix de la mort de tous les
autres, et c'est cette *première* aristocratie parmi les bipèdes,
absolument *naturelle*, qui *créa* l'humanité. La transmission
héréditaire de cette aptitude, ou l'imitation, firent profiter
de cette invention des premiers génies une petite minorité
placée dans des conditions favorables au développement de
la faculté d'imitation. L'existence de l'humanité était assurée.

Si, à une époque antérieure, l'homme avait dû lutter contre
l'homme au même titre que contre un autre animal, pour lui
enlever la nourriture ou pour le dévorer, maintenant la

seule lutte qui eût de l'importance pour l'avenir était la lutte entre les hommes. Les chances étant ici plus égales, cette lutte devait être plus longue et plus obstinée. Toute amélioration dans l'adresse corporelle, dans l'usage des armes d'attaque et de défense, dans l'imitation des animaux — ces premiers maîtres, — toute invention qu'un individu réussissait à faire, causait la perte d'un grand nombre d'autres. Les petits abandonnés, les femelles enceintes ou venant d'accoucher, les plus faibles, les moins adroits, les moins inventifs, les moins prudents, les moins capables d'imitation, périssaient dans cette lutte. Celui qui survivait, c'était l'enfant qui, grâce à une organisation plus robuste, pouvait se passer des soins plus tôt que les autres, ou, grâce à un entourage favorable, pouvait jouir de ces soins pendant plus longtemps ; c'était le plus apte, comme force corporelle ou comme force de la pensée ; c'était, parmi les égaux, celui qui était le plus heureux. Sa nourriture était meilleure, son sommeil plus tranquille ; il savait plus, il avait le temps nécessaire pour *mieux réfléchir* à ses actes. Ces heureux ont formé la deuxième aristocratie de l'espèce humaine et ont su subsister au prix de la mort de leurs frères. Une union stable des individus pour la défense commune et le travail commun a été probablement le premier acte — et le plus important — du développement moral de l'humanité. Mais l'homme avait conservé la forme de la première et la plus ancienne famille, — celle de l'état zoologique, — qui se groupait autour de la mère laquelle continuait pendant longtemps à allaiter ses enfants. En grandissant, les hommes faisaient connaissance avec une autre forme de la vie sociale : comme les carnassiers, comme certains singes, ils formaient des groupements temporaires pour la défense et l'attaque. La famille maternelle a donné naissance à la première union considérable à caractère purement humain, c'est-à-dire à la *gens* maternelle. C'est dans une pénible lutte pour l'existence que l'homme a élaboré cette forme d'union durable, basée sur la tâche commune et dominant l'égoïsme individuel. Les recherches des savants de notre époque amènent à cette conclusion que la forme la plus ancienne et peut-être universellement répandue, de la société purement humaine, était un groupement humain étroitement uni, avec des femmes communes, des enfants communs, la propriété commune. C'était là le premier lien étroit dans l'humanité — un lien qui, il est vrai, était encore basé sur l'obéissance aveugle à la coutume, mais qui faisait déjà entrevoir, pour l'avenir, la possibilité d'une série d'actions calculées, d'un plan raisonné de la vie. C'était une première leçon par laquelle l'individu apprenait combien il gagnait, au point de vue de la lutte pour l'existence, en s'associant ; il y faisait le sacrifice de son égoïsme exclusif, mais en même temps, il augmentait considérablement sa puissance, il pouvait jouir des résultats de l'expérience générale, du travail intellectuel commun de tous les membres de l'association, des traditions d'une longue série de générations. Ce groupement humain fondamental a donné naissance plus tard à la *gens* patriarcale, à la famille patriarcale, aux différentes formes d'union entre familles, aux tribus et aux nations. Dans la lutte contre ces groupements, les groupements plus faibles devaient périr, ou bien former également entre eux des unions. En face de ces forces unies, les individus qui n'avaient pas su concevoir à temps l'idée de l'union sous une forme quelconque, ou n'avaient pas pu, pour une raison quelconque, imiter cette innovation, devaient disparaître sans aucune possibilité de se défendre. La lutte d'extermination entre les différentes unions de *gens* devait être d'autant plus féroce que les forces dont disposaient les parties en conflit étaient plus grandes, que les besoins économiques des groupements humains devenaient plus considérables par l'augmentation du nombre de groupes réunis, que, conséquemment, ils avaient à se disputer avec plus d'acharnement les misérables moyens de satisfaire ces besoins. Au prix de cette extermination de la majorité, l'humanité a acheté la *possibilité* d'un progrès ininterrompu ; la transmisson de cette possibilité d'une génération à l'autre lui a valu celle des connaissances et des croyances, ainsi que l'habitude de la vie sociale et des affections personnelles.

La lutte entre *gens*, tribus et nations continuait ; les formes de la vie sociale se compliquaient, les différentes formes de propriété — propriété appartenant à la commune, à la *gens*, à la famille, à la tribu, propriété privée, faisaient leur apparition, les rapports liés à l'existence des classes, des castes, de l'Etat, de l'esclavage s'élaboraient. Tant qu'il ne s'agissait que de la lutte pour l'existence, les ennemis vaincus étaient exterminés sans pitié ; mais le premier enseignement sur l'utilité que peut avoir la vie d'un autre au point de vue du *confort*, n'a pas été perdu. Le désir d'accroître sa jouissance faisait naître la question de savoir s'il n'était pas *parfois* plus avantageux de ne pas tuer le vaincu, s'il n'était pas préférable pour le vainqueur de s'adonner exclusivement au développement de son corps et de son esprit, en se déchargeant sur un autre de tout le travail qui a pour but d'assurer l'existence ? Les hommes de génie qui, au sein de l'humanité préhistorique, ont pu arriver à cette conception utilitaire, ont par là préparé le respect de la vie d'autrui et celui de la dignité individuelle. Ils ont ainsi créé inconsciemment, pour eux-mêmes et pour leurs descendants, un devoir et un idéal moral qui exigeaient un développement physique et intellectuel, un effort de culture et de science. Ils ont assuré, pour eux-mêmes et pour leurs descendants, le *loisir* nécessaire au progrès. Ils ont *créé* le progrès au sein de l'humanité, de même que ceux de leurs ancêtres qui étaient plus doués et plus heureux avaient créé l'humanité parmi les animaux, fondé les sociétés humaines au milieu de la lutte entre les individus et les groupements à peine sortis de l'animalité, établi la *possibilité* du progrès dans l'avenir. Mais ce progrès d'une petite minorité a été acheté au prix de l'*asservissement* de la majorité, ainsi privée de la possibilité d'arriver à cette adresse du corps et de la pensée qui faisait la dignité des représentants de la civilisation. Pendant que la minorité développait son cerveau et ses muscles, trouvant un exercice dans l'activité guerrière, temporaire, pleine de variété et interrompue par des périodes de repos et de loisir, la majorité était condamnée au travail pacifique, monotone, fatigant et ininterrompu qui n'avait d'utilité que pour les autres ; elle ne possédait ni le loisir nécessaire au travail de la pensée, ni une adresse égale à celle de ses maîtres ; elle était, par conséquent, incapable d'utiliser ses forces considérables pour la conquête de son droit au développement et à une vie véritablement humaine.

La conscience du rôle important que jouent la culture et la science comme sources de la puissance et de la jouissance, devait amener naturellement le désir de les monopoliser. La contrainte directe, l'organisation sociale, les peines légales, la terreur religieuse, la tradition coutumière inculquée dès le berceau — tout mettait une barrière entre la minorité des hommes de race, des hommes instruits, des hommes qui se développaient, et tous les autres. Au prix du travail sans relâche et de la lutte constante pour l'existence que soutenaient ces *autres*, les membres de la minorité obtenaient la possibilité de choisir les meilleures femmes, d'avoir de meilleurs enfants, de mieux les nourrir et les élever ; ils pouvaient employer leur temps à observer, à réfléchir, à penser, sans se préoccuper ni de la nourriture, ni de l'asile, ni d'autres conditions du confort élémentaire de la vie ; ils pouvaient rechercher la vérité, discuter les questions de justice, poursuivre les améliorations techniques, vouloir un régime social meilleur ; ils pouvaient élaborer en eux-mêmes l'amour passionné de la vérité et de la justice et les propager au prix même du sacrifice de leur vie et de leur bien-être.

La propagande de la vérité et de la justice avait sa source dans les individus intelligents et convaincus ; elle pénétrait ensuite dans le petit groupe d'hommes pour lesquels la cons-

cience de leur développement était une jouissance ; elle trouvait là des partisans qu'elle influençait et autour desquels
venaient se grouper des croyants pris dans la minorité aisée.
La force ou l'entente mutuelle faisaient de temps en temps
pénétrer les idées de vérité et de justice dans les lois et les
habitudes. De même que les individus plus développés ten-
daient à réaliser la justice dans la vie et à répandre la vérité,
parce que cela répondait chez eux à un besoin intérieur, de
même la minorité qui savait raisonner, trouvait utile, dans
son propre intérêt, de partager avec la majorité *une partie* du
confort de l'existence et d'étendre, jusqu'à un certain point,
le cercle des hommes instruits. J'ai déjà dit que la stabilité
de la civilisation dépendait de la conscience que l'on a de la
nécessité de cette extension. Mais cette conscience ne se
frayait le chemin que lentement ; de mesquins calculs inci-
taient toujours les hommes à céder aux autres le moins possible de leurs commodités, à restreindre le plus possible la
sphère des connaissances accessibles à tous. La paresse de la
pensée faisait considérer toutes les nouvelles revendications
comme une chose contraire à l'ordre social, mauvaise et cri-
minelle ; aussi ceux qui avaient le monopole du savoir, fai-
saient-ils, dans la plupart des cas, tout leur possible pour
arrêter le progrès des connaissances. Ils les enfermaient dans
des théories traditionnelles, dans des dogmes autoritaires ; ils
les rattachaient aux légendes sacrées, à la révélation surna-
turelle, essayant ainsi de rendre leur savoir inaccessible à la
critique. Plus tard, quand la science devenue laïque ne pût
plus protéger ceux qui en avaient le monopole par le mystère
qui entoure une chose sacrée, on vit surgir des coteries de
savants officiels, avec des boutons de mandarins et des titres
pompeux de docteurs, de professeurs, d'académiciens. Eux
aussi voulaient se dispenser d'aller plus loin dans le travail
de la pensée, en tenant leurs coteries soigneusement fermées,
ou en repoussant et en étouffant les aspirations nouvelles qui
proclamaient trop hardiment le droit à la critique scienti-

fique ; ces accapareurs s'efforçaient de donner à la science
officielle le caractère habituel et traditionnel qu'avait autrefois la science *sacrée*. Le savoir *admis* ne devenait que
trop souvent l'ennemi de la critique et du progrès scientifique. La lenteur de ce progrès avait pour conséquence
nécessaire une compréhension fausse de la dignité humaine et
des formes de la justice. De là, cette instabilité qui a, pendant
si longtemps, caractérisé les civilisations ; de là leur tendance
à l'immobilisme ; de là, enfin, ce fait que, comme nous
l'avons indiqué dans la lettre précédente, le progrès a toujours été si faible, quoique la naissance de quelques grands
hommes durant des milliers d'années et le progrès d'une minorité à peine perceptible aient été payés par des milliards
de vies, des océans de sang, des souffrances sans nombre et
un travail sans relâche de générations entières.

L'humanité a payé cher la possibilité pour quelques penseurs
de parler de *son progrès* dans leurs cabinets de travail. Elle a
payé cher les quelques petits séminaires où elle a élevé à son
usage quelques pédagogues qui, d'ailleurs, ne lui ont pas été
jusqu'à présent d'une grande utilité. Si l'on pouvait compter
d'une part la minorité cultivée de notre époque, et, de l'autre, le
nombre de vies sacrifiées dans la lutte soutenue dans le passé
pour sauvegarder son existence, si l'on pouvait évaluer le
travail de toutes les générations qui n'ont peiné que pour
maintenir leur vie et fournir aux autres les moyens de se
développer, si l'on pouvait calculer combien chaque individu
qui vit maintenant d'une vie *tant soit peu* humaine représente
d'existences sacrifiées et de travail accompli, nos contemporains seraient probablement effrayés à la pensée de tout ce
capital de sang et de travail qui a été dépensé pour leur
développement. Mais que leur conscience délicate se tran-
quillise : une pareille évaluation est impossible.

D'ailleurs, ce qui doit nous effrayer, ce n'est pas que le progrès de la minorité ait coûté cher, mais qu'il ait coûté *si* cher
et que pour ce prix il ait été fait *si* peu. Si la minorité s'était

préoccupée plus tôt et plus sérieusement de répandre autour
d'elle les résultats du développement qu'elle a pu atteindre
dans la sphère de ses coutumes et de sa pensée, le nombre de
vies et la quantité de travail gaspillés ne seraient pas aussi
considérables ; la part de chacun de nous serait moindre et
n'augmenterait pas avec chaque génération dans des proportions aussi terribles. Les lois de la nécessité sont en dehors
de notre pouvoir ; un homme raisonnable doit en prendre
son parti et se borner à les étudier tranquillement, en
s'efforçant, autant que possible, de les utiliser en vue de ses
fins. Nous n'avons non plus aucun pouvoir sur l'histoire ; le
passé ne nous fournit que des faits qui, quelquefois, peuvent
nous servir à corriger l'avenir. Nous ne sommes responsables des péchés de nos pères que dans la mesure où nous
continuons à les commettre et à en profiter, sans nous
efforcer d'en atténuer les conséquences. Nous n'avons un
certain pouvoir que sur l'avenir, car nos pensées et nos actes
fournissent la matière dont sera faite la future vérité et la
future justice. Chaque génération n'est responsable envers
ses descendants que de ce qu'elle aurait pu faire, mais n'a
pas fait. Et nous aussi, en vue du jugement de la postérité,
nous devons résoudre cette question : quelle est la part du
mal naturel et inévitable dans ce processus auquel nous
donnons le nom pompeux de progrès historique. Dans
quelle mesure nos ancêtres, qui nous ont procuré, à nous,
minorité cultivée, la possibilité de jouir des avantages de ce
progrès, ont-ils augmenté et prolongé sans nécessité les souffrances de la majorité qui, elle, n'a jamais profité de ces
avantages ? Dans quels cas la responsabilité de ce mal peut-
elle retomber sur nous aux yeux des générations à venir ?

La loi de la lutte pour l'existence règne d'une façon si
générale dans le monde animal que nous n'avons aucune
raison de reprocher à l'humanité primitive de l'avoir appliquée à son tour, tant que la conscience de la solidarité mutuelle, le besoin de la vérité et de la justice n'étaient pas nés

en elle. Et comme cette conscience pouvait difficilement naître avant que les hommes fussent arrivés, au cours de leur extermination mutuelle, à remplacer le meurtre par l'exploitation, toute la longue période de luttes entre individus, bandes guerrières, familles, tribus et nations, ne peut être considérée par nous que comme un simple fait zoologique.

Il est difficile également de se représenter la première accumulation de connaissances, le premier développement des notions de droit et de devoir comme ayant eu lieu ailleurs que chez des individus placés dans des circonstances particulièrement favorables, c'est-à-dire chez ceux qui disposaient d'un certain loisir, qui avaient pu se nourrir mieux et recevoir une meilleure éducation, au détriment d'autres qui leur procuraient ce loisir, cette nourriture et cette éducation en augmentant la somme de leur propre travail, sinon en sacrifiant leur vie ou en endurant des souffrances considérables. Avant de pouvoir s'instruire, il faut avoir des maîtres. La majorité ne peut se développer que sous l'action d'une minorité plus cultivée. Deux possibilités se présentaient donc : ou bien aucun développement n'était possible dans l'humanité, ou bien la majorité devait avoir d'abord porté sur ses épaules une minorité plus heureuse pour laquelle elle travaillait, souffrait et périssait. Il semble que ce soit là également une loi naturelle. Dans ces conditions deux solutions se présentent : ou bien nous pouvons dire que nous ne voulons pas d'un développement acheté à ce prix, ou bien nous pouvons considérer ce fait également comme un fait anthropologique. Or, dès le début de la lettre précédente j'ai fait entrer le développement complet de l'individu dans la formule même du progrès ; je me contredirais donc si j'admettais maintenant la possibilité de renoncer à tout développement. Acceptons, par conséquent, tel qu'il est, ce fait que l'humanité a été obligée à ses débuts de payer très cher la création pour elle-même d'un séminaire pédagogique et d'une minorité plus developpée, pour que, plus tard, la science et l'expérience pratique et variée de la vie, la pensée et la technique puissent s'accumuler dans ces centres et de là s'étendre graduellement à un nombre d'hommes de plus en plus considérable.

Mais là se borne la part du mal nécessaire et naturel dans le progrès ; au-delà de ces limites commence la responsabilité des générations humaines, surtout de celles de la minorité cultivée. Tout le sang versé dans l'histoire en dehors de la lutte directe pour l'existence, à une époque où une conscience plus ou moins nette du droit de l'homme à la vie était déjà née, est un sang criminellement répandu, et dont la génération qui l'a versé porte la responsabilité. Toute minorité civilisée qui ne voulait pas être en même temps *civilisatrice*, dans le sens le plus large du mot, est responsable de toutes les souffrances de ses contemporains et de ses descendants qu'elle aurait *pu* éviter si, au lieu de se borner au rôle de *représentante* et de *gardienne* du progrès, elle s'était chargée également de *le faire avancer*.

Si, nous plaçant à ce point de vue, nous jetons un coup d'œil sur le panorama qu'offre l'histoire jusqu'à notre époque, nous serons, probablement, obligés de convenir que toutes les générations historiques ont versé du sang sans même avoir pour excuse la lutte pour l'existence, et que, presque toujours et partout, la minorité, si fière de sa civilisation, a fait très peu d'efforts pour la répandre. Un petit nombre d'individus seulement se sont préoccupés d'étendre le domaine des connaissances humaines ; un plus petit nombre encore — d'augmenter la puissance de la pensée et de rechercher les formes sociales les plus justes ; quant à ceux, parmi la minorité civilisée, qui ont poursuivi la réalisation de ces formes dans la pratique, ils ont toujours été extrêmement peu nombreux. Beaucoup de civilisations brillantes ont payé de leur ruine le tort de n'avoir pas su rattacher à leur existence l'intérêt d'un nombre d'individus plus considérable. Dans toutes les civilisations sans exception, la majorité de ceux qui jouissaient des bienfaits de la culture ne pensaient nullement à ceux qui n'en jouissaient pas et n'en pouvaient pas jouir, et encore moins au prix des commodités de la vie et de la pensée dont ils disposaient. A côté d'eux il y en avait toujours un grand nombre d'autres qui, à chaque degré de la civilisation, considéraient ce degré comme une limite au développement social, s'indignaient contre toute critique dont il aurait pu être l'objet, contre toute tentative qui aurait eu pour but d'étendre les bienfaits de la civilisation à un nombre plus grand de personnes, de diminuer le travail et les souffrances de cette majorité qui n'en profitait pas, d'apporter plus de vérité dans la pensée générale et plus de justice dans les formes sociales. Ces prêcheurs d'immobilisme se trouvaient terrifiés à la pensée que l'histoire tout entière n'est qu'un *steeple chase*, une chasse acharnée vers le mieux, que tout retardataire sort aussitôt du cercle des hommes historiques pour se perdre dans la foule anonyme des indifférents et périr dans l'obscurité d'une existence zoologique. Incapables de participer à cette course, ils essayaient de persuader aux autres de s'arrêter, de se reposer, de jouir du calme, comme si cela était possible pour un homme qui veut rester vraiment homme. Ces prêcheurs d'immobilisme ont réussi très rarement à endiguer complètement le progrès social, mais ils sont souvent arrivés à le ralentir et à augmenter ainsi les souffrances de la majorité.

Aussi sommes-nous obligés de reconnaître que les avantages de la civilisation actuelle ont été acquis non seulement au prix du mal *inévitable*, mais aussi au prix d'un mal absolument superflu, dont la responsabilité retombe sur la minorité civilisée des générations précédentes qui, soit par insouciance, soit par opposition directe, a empêché toute action civilisatrice. Il n'est plus en notre pouvoir de réparer ce mal accompli dans le passé. Les générations de la majorité qui ont souffert sont mortes sans avoir été soulagées dans leur travail. La minorité civilisée actuelle profite de leur labeur et de leurs souffrances. Bien plus : elle profite aussi des souffrances et du labeur d'un nombre immense de ses contemporains et peut exercer son influence sur l'augmentation du labeur et des souffrances de leurs petits enfants. Et comme, pour cette dernière circonstance, nous étions et nous serons encore moralement responsables devant la postérité, l'étude historique du progrès déjà accompli nous amène à cette question pratique : quels sont les moyens dont dispose la génération actuelle pour diminuer sa responsabilité ? Si les individus qui vivent actuellement, à quelque degré de développement qu'ils se trouvent, se demandaient : qu'avons-nous à faire pour ne pas répondre devant la postérité des souffrances nouvelles de l'humanité ? et si, tous, ils *comprenaient clairement leur tâche*, nous aurions évidemment des réponses différentes.

Un membre de la majorité qui entretient tous les jours, pour son existence physique, la même lutte qu'entretenaient ses ancêtres des temps primitifs, se dirait : lutte comme tu pourras, comme tu sauras le faire ! Défends ton droit à la vie et le droit à la vie de ceux qui te sont chers ! C'était là la loi de tes pères ; ta situation n'est pas meilleure que la leur ; c'est donc l'unique loi pour toi aussi.

Un autre, plus malheureux, celui qui, tout en faisant partie de cette même majorité, a déjà senti s'éveiller en lui, sous l'influence de la civilisation, la conscience de sa dignité, mais pour lequel la civilisation n'a fait que cela — se dirait : lutte comme tu pourras et comme tu sauras le faire ; défends ta propre dignité et celle des autres ; meurs pour elle, s'il le faut !

Un membre de la minorité civilisée qui ne tend qu'à augmenter et à assurer ses jouissances, mais qui est plus enclin à les chercher dans le confort matériel que dans le travail de la pensée, se dirait à lui-même : tu ne peux véritablement jouir que dans une société où la solidarité régnerait jusqu'à un certain point ; tu dois donc t'opposer à tout ce qui, dans toi-même et dans les autres, est incompatible avec cette solidarité ; aussitôt que tu as compris que la discorde régnant dans la société actuelle est une maladie sociale, tu commences à en souffrir toi-même ; tâche donc de diminuer tes propres souffrances en t'efforçant d'améliorer la situation de la majorité ; ce que tu auras, dans ce but, sacrifié de tes biens d'aujourd'hui, te reviendra sous la forme de la conscience d'avoir atténué, ne serait-ce que dans une faible mesure, la maladie dont souffre la société et dont tu souffres toi-même. Etudie ton *véritable* bien, diminue les souffrances autour de toi et en toi-même : c'est ce qu'il y a pour toi de plus avantageux..

Un membre de ce petit groupe de la minorité qui voit sa jouissance dans son propre développement, dans la recherche de la vérité et dans la réalisation de la justice, se dirait : tout le confort dont je jouis, toute la pensée que j'ai eu le loisir d'acquérir, est achetée au prix du sang, des souffrances et du travail de millions d'êtres humains. Il n'est pas dans mon pouvoir de refaire le passé et, quelqu'élevé que soit le prix qu'a coûté mon développement, je ne peux pas y renoncer, car c'est précisément lui qui constitue l'idéal qui me fait agir. Seul un homme faible ou peu développé succombe sous le poids de sa responsabilité et se réfugie, pour fuir le mal, dans une Thébaïde ou dans la tombe. Le mal doit, autant que possible, être réparé, et cela ne peut se faire que dans la vie. Il faut le réparer *en vivant*. Je me libérerai de la responsabilité que fait peser sur moi le prix de mon développement en me servant de ce même développement pour diminuer le mal dans le présent et dans l'avenir. Si je suis un homme développé, j'ai le devoir de le faire, et ce devoir est pour moi d'autant moins pénible qu'il coïncide précisément avec ce qui forme ma jouissance : en recherchant et en propageant le plus grand nombre de vérités possible, en me créant un idéal net d'un régime social plus juste et en m'efforçant de l'incarner dans la réalité, j'augmente ma propre jouissance, tout en faisant ce que je peux pour le présent et l'avenir de la majorité souffrante. Ainsi, ma tâche se borne à cette règle si simple : vis conformément à l'idéal que tu t'es créé toi-même et qui est l'idéal d'un homme *développé*.

Tout cela serait très simple et très facile si tous les individus le comprenaient ; mais, malheureusement, ceux qui le comprennent ne sont qu'un très petit nombre. Seuls, une partie des individus appartenant à la première catégorie et un petit nombre parmi ceux de la seconde, suivent les règles que nous venons d'exposer. Parmi ceux qui luttent pour leur existence physique, la plupart ne défendent pas leur vie avec une énergie suffisante, non qu'ils ne sachent pas le faire, mais parce qu'ils manquent de résolution — par apathie. Dans la seconde catégorie, la plupart des personnes sacrifient leur dignité pour leur pain quotidien et s'abaissent à leurs propres yeux, sans, pour cela, arriver à sortir de leur situation. La majorité des individus de la troisième catégorie ne comprend pas son véritable intérêt ; elle agit selon la routine, sans savoir résister, même au moindre degré, à la maladie dont souffre la société et les individus qui la composent, y compris eux-mêmes ; tout en s'efforçant d'éviter les souffrances, ils ne savent pas diminuer, dans leur propre intérêt, celles d'entre elles qu'engendre le manque d'harmonie sociale. Quant à la dernière catégorie, la plupart de ceux qui en font partie mettent des idoles à la place de la justice et de la vérité, ou bien se bornent à proclamer la vérité et la justice dans la pensée, sans les réaliser dans la vie, ou bien encore se refusent à voir combien est petite la minorité qui jouit des avantages du progrès de la civilisation.

Et le prix de ce progrès croît toujours...

LETTRE V

L'ACTION DES INDIVIDUS

Les deux dernières lettres nous ont amenés à un même résultat. La société est menacée de l'immobilisme si elle supprime en elle-même les individus doués de la pensée critique. Sa civilisation est menacée de mort si, quelle qu'elle soit, elle devient l'apanage exclusif d'une petite minorité. Nous pouvons donc dire que, quelque peu considérable que soit le progrès de l'humanité, il dépend exclusivement de ces individus : sans eux il est absolument impossible ; sans leurs efforts pour l'étendre, il est extrêmement instable. Comme, d'ordinaire, ces individus croient avoir le droit de se considérer comme développés et que c'est précisément *leur* développement qui a été acheté à ce prix énorme dont nous avons parlé dans la lettre précédente, c'est à eux qu'incombe le devoir moral d'acquitter cette dette. Or nous avons vu que la rançon consistait à étendre à la majorité, dans la mesure de leurs forces, leur confort matériel, leur développement intellectuel et moral, et à apporter dans les formes sociales plus d'esprit scientifique et de justice.

Parlons maintenant de ces individus, de ces uniques instruments du progrès humain. Quel qu'il soit, c'est d'eux qu'il dépend. Il ne surgit pas tout seul de la terre comme surgissent les mauvaises herbes. Il ne naît pas de germes suspendus en l'air comme naissent les infusoires dans un liquide en décomposition. Il n'apparaît pas subitement dans l'humanité comme le résultat d'une de ces idées mystiques dont on parlait tant il y a une quarantaine d'années et dont beaucoup de personnes parlent encore aujourd'hui. Son germe est en effet une idée, mais non pas une idée présente dans l'humanité d'une façon mystique : c'est une idée qui naît dans le cerveau de l'individu, s'y développe, passe ensuite dans celui d'autres individus, croît qualitativement par l'augmentation de la valeur intellectuelle et morale de ces individus, et quantitativement — par l'accroissement de leur nombre, devenant enfin une force sociale lorsque ces individus arrivent à prendre conscience de leur accord et se décident à une action combinée ; elle triomphe, lorsque ceux qui s'en sont pénétrés parviennent à l'incarner dans les formes sociales. Si quelqu'un proteste de son amour pour le progrès, mais ne veut pas examiner d'une façon critique les conditions de sa réalisation, cela prouve que ce progrès, il ne l'a jamais désiré en réalité, qu'il n'a même jamais été en état de le désirer sincèrement. Si celui qui se rend compte des conditions nécessaires à la réalisation du progrès, attend, les bras croisés, qu'il se réalise de lui-même, sans aucun effort de sa part, il est le pire ennemi du progrès, le plus redoutable des obstacles qui puissent se dresser devant lui. A tous ceux qui se plaignent de la démoralisation de notre époque, de l'indignité des hommes, de l'immobilisme et de la réaction, nous pouvons opposer cette question : et *vous-mêmes* qui voyez clair au milieu d'aveugles, qui êtes les bien portants parmi les malades, qu'avez-vous fait *vous-mêmes* pour venir en aide au progrès ? On allègue généralement le manque de forces, le manque de talent, l'étroitesse du cercle possible d'action, des circonstances adverses, un milieu contraire, des gens réfractaires et ainsi de suite. « Est-ce que vraiment nous sommes des gens capables d'agir ? » nous dit-on, « notre instruction est incomplète, nous ne sommes pas même capables d'écrire un article de journal ; la nature ne nous a pas doués d'une éloquence prophétique ; l'emploi que nous occupons est modeste, si même nous en avons un ; enfin nos parents ne nous ont pas laissé de fortune et nous gagnons juste de quoi vivre tant bien que mal. Si nous avions tout cela — fortune, fonction, talent, alors nous aurions montré ce dont nous sommes capables ! »

Je ne parle pas de ceux qui luttent toute leur vie pour un morceau de pain. J'en ai parlé dans la lettre précédente ; à ceux-là aucun reproche ne peut être adressé. Si le progrès a passé par dessus leurs têtes, sans même leur avoir permis de se déve-lopper, ils n'en sont que les victimes. Et si, malgré tout, ils ont été touchés par le développement intellectuel ; si la notion du mieux possible a allumé en eux la haine du mal et du mensonge, mais que les circonstances environnantes aient étouffé en eux toute manifestation de cette conscience, en les forçant à borner leur existence à la préoccupation du pain quotidien, et si, malgré cela, ils ont conservé leur di-gnité — ils sont, par leur exemple, par le fait même de leur existence, les agents les plus énergiques du progrès. Devant ces héros invisibles de l'humanité n'ayant accompli aucune action d'éclat, pâlissent, au point de vue de leur importance historique, les personnages les plus célèbres de l'histoire. Si les premiers n'avaient pas existé, les seconds n'auraient jamais pu réaliser aucun de leurs projets. Pendant que les héros apparents luttent et souvent périssent dans leur effort pour le mieux, les héros invisibles maintiennent dans la société, malgré toutes les influences défavorables, la tradition de la dignité, la conscience d'un mieux possible ; et, lorsqu'un grand homme parmi cent réussit à réaliser ses idées dans la vie, il se trouve tout d'un coup en face d'un groupe d'hommes énergiques, trempés dans le travail, inébranlables dans leurs convictions, qui lui tendent les bras avec joie. Ce sont ces héros invisibles qui constituent, à tous les grands moments historiques, le terrain des transformations imminentes. Ce sont eux qui détiennent réellement tout l'avenir. Une société où ils feraient défaut verrait tout d'un coup s'arrêter le progrès ; sa vie ultérieure ne se distinguerait en rien, au point de vue moral, de celle des autres animaux sociaux.

Mais ces agents énergiques ne portent en eux que la *possibilité* du progrès. La réalisation du progrès ne leur appartient pas et ne peut pas leur appartenir, et cela pour une raison très simple : celui d'entre eux qui tenterait cette réalisation se verrait obligé soit de mourir de faim, soit de sacrifier sa dignité, disparaissant, dans un cas comme dans l'autre, du nombre des facteurs du progrès. La réalisation du progrès appartient à ceux qui ont pu se débarrasser du souci le plus écrasant du pain quotidien, et parmi ceux là *chacun*, pourvu qu'il soit doué de la pensée critique, peut contribuer à l'avancement du progrès dans l'humanité.

Oui, chacun peut y contribuer. Ne me parlez pas du manque de talent et de savoir. Il ne faut pour cela ni talent exceptionnel, ni savoir très vaste. Si votre talent et votre savoir ont suffi pour vous donner une vue critique de ce qui vous entoure, pour faire naître en vous le besoin du progrès, ils suffisent pour incarner cette critique et ce savoir dans la vie. Veillez seulement à ne laisser échapper aucune des occasions que la vie offre dans ce but. Admettons que votre action soit infime : mais c'est de particules infiniment petites que sont composées toutes les substances, c'est d'impulsions infiniment petites que sont constituées les plus grandes forces. L'effet produit par votre action ne peut être évalué, ni par vous, ni par aucun autre ; il dépend de mille circonstances différentes, de mille coïncidences qu'il est impossible de prévoir. Les meilleures intentions ont souvent amené des résultats détestables et une action apparemment sans importance a produit des effets incalculables. Mais nous pouvons prévoir, avec quelque probabilité, qu'en imprimant une même direction à toute une série d'actes, nous n'obtiendrons que peu de résultats absolument contraires et que, dans quelques cas au moins, nos actes rencontreront des circonstances favorables qui permettront d'espérer des résultats appréciables dans la direction donnée. Il se peut que nous ne les voyions pas, mais *il y en aura* certainement si nous faisons à cet effet tout ce qui est en notre pouvoir. Un agriculteur qui laboure et ensemence la terre sait bien que beaucoup de graines périront, que jamais il ne pourra préserver son champ des dégats causés par le bétail, de la mauvaise récolte, de la visite nocturne d'un animal de proie. Cependant, même après une mauvaise récolte, il retourne au champ avec une nouvelle poignée de semences, dans l'attente de la récolte prochaine. Si chaque individu doué de la pensée critique tend activement vers le bien, il sera, quelque petite que soit la sphère de son activité, quelqu'étroit que soit le cercle de sa vie, un agent influent du progrès, et il aura payé sa part du prix énorme que son développement a coûté.

Et d'ailleurs, y a-t-il vraiment des sphères d'action petites et des sphères d'action importantes ? Quels sont les hommes qui pourraient prétendre avoir le monopole du progrès ? Seraient-ce les écrivains ? les artistes ? les savants ?

Considérez donc cet écrivain progressiste qui parle si éloquemment du bien de la société et qui sait mieux encore exploiter ses confrères, ou bien qui rend, par sa vie, les idées qu'il prétend servir, un objet de raillerie et de mépris pour les adversaires. Et je ne parle même pas de ces « nuées sombres » pour lesquelles la littérature n'est que l'instrument de l'abaissement le plus répugnant de la pensée, de la stagnation et de la démoralisation sociale.

Considérez cet artiste progressiste qui chante la liberté de la parole, tout en étant assez disposé lui-même à accepter une fonction dans la censure, et qui, en dehors de son atelier n'a jamais réfléchi à la différence qu'il y a entre un acte bon et un acte mauvais. Et je ne cite pas tous ceux — dont le nom est légion — qui ne grimpent la modeste échelle de la création artistique — poésie, musique, peinture, sculpture, architecture — que pour acquérir des pensions, des décorations, des fonctions élevées et des biens de toute nature.

Considérez ce professeur progressiste qui est prêt à faire de son érudition une arme pour n'importe quelle opinion, suivant le moment. Et combien d'autres, des machines humaines sans âme, argumentant et expérimentant, qui, en observant toute leur vie les phénomènes chimiques de décomposition et de substitution, la croissance des cellules et la contraction des muscles, en étudiant les déclinaisons et les conjugaisons des mots grecs, l'accentuation des sons dans le sanscrit et le zend, les caractères distinctifs des ustensiles du temps d'Alexandre Nevsky ou de Ivan le terrible, ne se sont jamais douté que leur esprit et leur savoir représentaient une force payée par les souffrances de générations entières, une force dont ils doivent enfin acquitter le prix ; ils n'ont jamais pensé que cette force leur imposait certains devoirs et que l'argumentation et l'expérimentation pouvaient aussi bien abaisser l'homme au niveau d'une araignée qu'elles pouvaient l'élever au point le plus haut de la dignité humaine, accessible à son époque.

Ni la littérature, ni l'art, ni la science ne peuvent préserver de l'indifférence morale. Considérés en eux-mêmes, ils ne contiennent pas le progrès et n'en sont pas les conditions. Ils n'en sont que les instruments ; ils ne font qu'accumuler des forces qu'il pourra utiliser. Celui-là seul parmi les écrivains, les artistes ou les savants, est un véritable homme de progrès qui a fait tout ce qui était en son pouvoir pour employer les forces qu'il avait acquises à l'extension et à l'épanouissement de la civilisation de son époque, qui a lutté contre le mal, qui a incarné son idéal artistique, ses connaissances scientifiques, ses idées philosophiques, ses tendances de publiciste, dans des œuvres qui ont réfété toute la vie de leur temps, dans des actes strictement conformes à l'étendue de ses forces. Mais celui qui a fait moins, celui qui, par calcul

personnel, s'est arrêté à mi-chemin, qui a oublié l'étendue
énorme du mal et de l'ignorance contre lesquels il faut lutter,
pour une belle tête de bacchante, pour des observations intéressantes sur les Infusoires, pour une discussion, toute d'amour
propre, avec un rival littéraire, — celui-là peut être tout ce
qu'il voudra : un élégant artiste, un remarquable savant, un
brillant publiciste, mais il s'est rayé lui-même des rangs des
militants conscients du progrès historique. Au point de vue
de son importance morale, comme homme, il est au-dessous
du misérable écrivassier, qui passe toute sa vie à répéter à
d'aussi misérables lecteurs les anciennes vérités sur la lutte
contre le mal et l'ignorance ; il est au-dessous de l'instituteur
à demi ignorant qui met toute son ardeur à faire pénétrer
des connaissances, à moitié comprises par lui-même, dans
l'esprit de quelques élèves peu développés. Ceux-là ont fait
tout ce qu'ils ont pu, tout ce qu'ils ont su faire ; on ne peut
pas leur en demander davantage. Si, parmi des centaines de
lecteurs, il s'en trouve un ou deux plus doués et plus impres-
sionnables que les autres, et s'ils appliquent à la vie les idées
que leur a enseignées ce pauvre écrivain, il y aura déjà
progrès. Si l'ardeur du maître a fait naître, — ne serait-ce
que dans un petit nombre d'élèves, — le besoin de penser,
de travailler par eux-mêmes, la soif du savoir ou du travail,
il y a encore progrès. Et je ne parle pas même de l'infériorité
que manifestent ces messieurs, malgré leur talent artistique,
leur science et leur renommée de publicistes, vis-à-vis de ces
facteurs invisibles du progrès dont nous avons parlé plus haut
et qui gardent en eux toute la possibilité du progrès pour
l'avenir.

On m'accusera peut-être d'être injuste à l'égard de l'art
comme à l'égard de la science. Une belle œuvre d'art, même
lorsqu'elle ne reflète pas la pensée consciente de l'artiste,
contribue néanmoins à augmenter le capital intellectuel
de l'humanité ; en laissant même de côté toute autre influence
de l'art, ce n'est que le beau qui permet ordinairement à

l'homme de s'échapper du monde de la platitude dans le domaine de la vérité et de la justice. Une belle œuvre attire l'attention, développe l'impressionnabilité et constitue ainsi par elle-même une arme du progrès, indépendamment de la pensée qui a inspiré l'artiste. De même, tout fait nouveau qui entre dans la sphère de nos connaissances, quelque insignifiant qu'il soit au point de vue des questions vitales de notre époque, est une augmentation du capital de la pensée humaine. Ce n'est qu'en classant et en étudiant les êtres de la nature tels qu'ils sont en réalité que nous pouvons arriver à les classer et à les étudier dans leurs rapports avec le bien de l'humanité et dans leur caractère d'utilité ou de nuisance. Aujourd'hui un entomologiste se réjouit de voir sa collection s'enrichir de deux ou trois insectes qui ont jusqu'alors passé inaperçus, mais qui sait si au bout de quelque temps l'étude d'un de ces insectes ne fournira pas à l'industriel un nouveau moyen pour abaisser le prix d'un produit utile et augmenter ainsi dans une certaine mesure le bien-être matériel de la majorité. Un autre de ces insectes peut devenir, pour le savant, le point de départ de recherches sur les lois de l'évolution des formes et des fonctions animales — lois qui ont régi également le développement de l'humanité au sortir de son état zoologique, lequel lui a légué, au détriment de son histoire ultérieure, un grand nombre de survivances regrettables ; lois qui montrent à l'homme que c'est seulement dans la lutte pour son développement qu'il peut, à côté de l'élément zoologique inéluctable de son être, élaborer en lui-même un autre élément — celui qui lui permettra de devenir un agent du progrès. Aujourd'hui, un linguiste note avec enthousiasme quelques particularités dans la conjugaison des verbes d'une langue ancienne ; demain cette particularité servira à rattacher entre elles plusieurs langues jusqu'alors séparées ; après demain ce lien éclaircira toute une série de mythes de la période préhistorique, et plus tard nous arriverons, peut-être, à la possibilité d'analyser l'influence de ces mythes sur les doctrines des églises chrétiennes, de rendre le mode de pensée de la majorité plus compréhensible pour la minorité, de trouver ainsi plus facilement les moyens d'une activité progressive. L'art et la science sont, dans leurs productions, des instruments du progrès indépendamment de l'artiste ou du savant, parfois même contre leurs désirs. Pourvu que l'œuvre d'art soit vraiment artistisque, pourvu que la découverte du savant soit vraiment scientifique, elles font partie du domaine du progrès.

Je n'ai jamais nié que l'art et la science ne soient des *instruments* du progrès, que l'œuvre artistique et la découverte scientifique, comme *faits*, ne servent à son développement. Mais il est incontestable que les métaux enfouis dans la terre ou la soie élaborée par le ver à soie sont, eux aussi, des instruments du progrès, des faits qui ont une utilité pour lui. L'artiste qui ne vise que l'art et n'a jamais réfléchi à son influence humanitaire, peut représenter une puissance esthétique très grande. Son œuvre est belle, son influence peut être énorme et même très utile. Mais au point de vue de son caractère moral, cette force n'est pas supérieure à celle, incontestablement très considérable aussi, qui a répandu sur la terre des minerais de cuivre ou mis du fer dans les marais et les lacs ; quant à l'utilité, celle des métaux pour la civilisation humaine et indiscutable. La force esthétique en elle-même n'est pas encore une force morale. Elle ne devient, indépendamment de la volonté de l'artiste, morale, civilisatrice, progressive, que dans le cerveau de celui qui, inspiré par la belle œuvre, a été poussé vers une bonne action, de celui qui est devenu meilleur, plus sensible, plus développé, plus actif sous l'impression reçue de l'œuvre artistique, de même que le métal n'est devenu une force civilisatrice que dans le cerveau de celui qui le premier a eu l'idée d'en faire un instrument utile. L'artiste comme tel est au même niveau que n'importe quel phénomène naturel puissant, physique ou organique, dépourvu de toute signification humanitaire. Le son, la circulation du sang sont, de même, des sources de la pensée, de la tendance vers le bien, de la résolution d'agir, mais ils ne sont, par eux-mêmes, ni la pensée, ni le bien, ni la résolution. Pour que l'artiste *lui-même* soit une force civilisatrice, il doit donner *lui-même* à ses œuvres un caractère humanitaire ; il doit élaborer en lui-même une source du progrès, avec la volonté de le réaliser ; il doit, en se mettant à son travail, être pénétré d'une pensée progressive. C'est alors qu'il sera, dans le processus même de sa création et sans se faire violence, un facteur conscient de l'histoire, car lui aussi verra resplendir à travers l'idéal de beauté poursuivi, le besoin de la vérité et de la justice. Et il n'oubliera pas la lutte contre le mal, lutte obligatoire pour chacun et d'autant plus obligatoire pour lui que ses facultés naturelles sont plus puissantes.

On peut en dire autant des savants. L'accumulation des connaissances par elle-même n'a pas plus de signification morale que l'accumulation de la cire dans la ruche. Mais cette cire devient un instrument de la civilisation entre les mains de l'apiculteur ou du technicien. Ils en sont très reconnaissants aux abeilles, ils les entourent de beaucoup de soins et savent très bien que sans elles il n'y aurait pas de cire. Et cependant les abeilles ne sont pas des hommes et on ne peut leur appliquer le qualificatif d'agents moraux de la civilisation ; la sécrétion de la cire en vertu de leur besoin interne n'est que la *matière* du progrès. L'entomologiste qui collectionne les insectes où le linguiste qui note les conjugaisons lorsqu'ils ne le font que pour le plaisir qu'ils éprouvent à contempler une collection d'insectes ou à savoir que tel verbe se conjugue de telle façon, ne sont pas inférieurs — ni supérieurs non plus — à l'abeille qui secrète son petit morceau de cire. Si ce fragment tombe entre les mains d'un pharmacien qui en fait un emplâtre ou d'un chimiste qui s'en sert pour découvrir une nouvelle loi générale, il devient matière à civilisation, mais s'il fond au soleil sans aucune

utilité, le travail de l'abeille est perdu pour le progrès. Dans
les deux cas l'abeille elle-même n'y est pour rien ; elle a satisfait un besoin intérieur en transformant sa nourriture en un
morceau de cire ; elle a apporté cette cire à la construction de
sa ruche, comme il lui convenait de le faire : puis elle est
partie à la recherche d'une nouvelle nourriture. De même,
un fait de la connaissance ne devient un instrument de la
civilisation que de deux manières : d'abord dans le cerveau de
celui qui en fera usage dans la technique ou dans la pensée
généralisée ; ensuite, dans le cerveau de celui-là même qui
crée ce fait scientifique, s'il le fait, non pas pour le plaisir de
le contempler, mais dans un but réfléchi, comme matière
ayant une application technique ou devant servir à une généralisation scientifique et philosophique déterminée. La science
et l'art sont des instruments puissants du progrès, mais
celui-ci, comme je l'ai déjà dit au commencement de cette
lettre, ne trouve sa réalisation que dans les individus ; eux
seuls peuvent devenir ses facteurs. A ce point de vue, l'artiste
et le savant peuvent, en tant qu'individus, non seulement
ne pas être des facteurs puissants du progrès mais même,
malgré tout leur talent et tout leur savoir, rester complètement en dehors du mouvement progressif, à l'égal du métal
inconscient ou de l'animal à qui personne n'adresse aucune
exigence morale. D'autres, de *véritables* hommes, peut-être
moins bien doués et moins savants, pourront donner un
sens humanitaire aux matériaux accumulés par les grands
artistes ou les grands travailleurs de la science, mais ils ne
le leur donneront qu'en les comprenant à *leur* façon. Ce
sont *eux* qui en feront une contribution au progrès historique.

Je me suis arrêté à dessein à la science et à l'art — les éléments les plus puissants de la civilisation — pour montrer que
ces sphères-là ne constituent pas nécessairement, par elles-
mêmes, un phénomène progressif, que. ni le talent, ni le
savoir, ne suffisent à eux seuls pour faire d'un homme un

agent du progrès, que, même avec un talent ou un savoir moindre, on peut faire plus, pourvu qu'on fasse tout ce dont on est capable. Oui, je le répète : tout homme possédant la pensée critique et décidé à l'incarner dans la vie, peut être un militant du progrès.

LETTRE VI

Supposons qu'un individu doué de la pensée critique ait pris conscience de lui-même comme d'un facteur possible et nécessaire du progrès humain. Comment doit-il agir, au nom de cette conscience, pour devenir effectivement un organe du progrès ?

Avant tout, il doit, bien entendu, envisager d'une façon critique son propre savoir et ses propres forces. Une sphère d'action pour laquelle son savoir ne suffit pas, doit être étudiée ou bien laissée de côté. Une œuvre pour laquelle on se sent trop faible, doit être mise à l'écart, tant que l'on n'aura pas accumulé assez de forces pour l'accomplir. Cela ne veut pas dire qu'une sphère d'action quelconque doive rester ainsi fermée pour quelqu'un : il faut seulement qu'avant de se tourner vers elle, l'individu commence par se demander : que puis-je faire exactement, étant données mes connaissances et mes forces ? Ce n'est qu'après avoir répondu à cette question qu'il pourra poser d'une façon raisonnable le problème de sa vie.

Mais en l'abordant il rencontre devant lui plusieurs doctrines qui paraissent se contredire, et le lecteur qui se rappelle l'opinion bien connue de Louis Blanc sur l'*individualisme* d'un côté, et le *socialisme* de l'autre, a peut-être déjà soupçonné l'auteur de ces lettres, en le voyant attribuer une importance si considérable à l'individu dans l'histoire, d'être enclin à l'individualisme, au sens même donné à ce mot par le socialiste français autrefois si célèbre. Je ne m'arrêterai pas longtemps à cette question que je considère plutôt comme une question de mots que comme une question d'idées.

Louis Blanc dit (1) que « le principe de l'individualisme est celui qui, prenant l'homme en dehors de la société... lui donne un sentiment exalté de ses droits sans lui indiquer ses devoirs, l'abandonne à ses propres forces, et, pour tout gouvernement, proclame le laisser faire. » Plus bas il affirme que l'individualisme « mène à l'oppression par l'anarchie ». Pour la « fraternité » nous trouvons chez Louis Blanc plus de phrases sonores que de notions claires ; mais la tendance qu'il attribue à ce principe « à organiser un jour les sociétés, œuvre de l'homme, sur le modèle du corps humain, œuvre de Dieu », nous montre que, sous l'empire de la fraternité, l'individu est considéré par Louis Blanc comme un élément aussi soumis à la société qu'un organe inconscient du corps est soumis au *moi* conscient de l'homme. L'individualisme, tel que le comprend Louis Blanc, est une tendance à *subordonner* les intérêts de la société aux intérêts personnels et égoïstes des unités qui la composent ; d'autre part, le socialisme tend, à son point de vue, à *absorber* l'individu, avec ses particularités, au profit des intérêts de la société. Mais l'individu ne peut subordonner les intérêts de la société aux siens propres que dans le cas où il considère lui-même et la société comme deux principes *également réels* et se faisant concurrence dans la poursuite de leurs intérêts. De même, l'absorption de l'individu par la société ne peut avoir lieu qu'en vertu de cette idée que la société peut atteindre ses fins non pas dans les individus, mais dans quelque chose *d'autre*. Mais l'une et l'autre de ces conceptions sont également illusoires. La société n'a rien de

(1) *Histoire de la Révolution française.* Paris, 1847 ; I, 9-10.

réel en dehors des individus qui la composent. Les intérêts bien compris de l'individu exigent qu'il vise à la satisfaction des intérêts communs ; d'autre part, les buts sociaux ne peuvent être atteints que dans les individus. Aussi une véritable théorie sociale demande-t-elle non pas la *subordination* de l'élément social à l'élément individuel, ni *l'absorption* de l'individu par la société, mais la *fusion* des intérêts sociaux et individuels. L'individu doit arriver à comprendre les intérêts *sociaux* qui sont en même temps les *siens* ; il doit appliquer son action à faire pénétrer la vérité et la justice dans les formes sociales, car ce n'est pas là une tendance abstraite quelconque, mais *son* intérêt égoïste le plus direct. L'*individualisme* devient, à ce degré, la réalisation du bien général au moyen des tendances individuelles ; d'ailleurs, le bien général ne peut guère être réalisé autrement. Le socialisme devient la réalisation des fins personnelles dans la vie sociale ; celles-ci ne peuvent, d'ailleurs, être réalisées dans aucun autre milieu.

Il en résulte que lorsque l'individu se pose le problème de sa vie, ses intérêts, pourvu que ce soit un individu doué de la pensée critique, ne s'opposent pas à ceux de la société. Peut-être, cependant, croira-t-on que ces deux catégories des conditions nécessaires du progrès peuvent être réalisées séparément ? Mentalement, on peut séparer le développement de l'individu de ses efforts pour incarner la vérité et la justice dans les formes sociales, et il en résulte un problème auquel les différents penseurs ont donné des solutions différentes. Diverses questions surgissent ici : l'individu doit-il travailler de préférence à sa propre individualité, se proposant comme but son propre perfectionnement, indépendamment des formes sociales qui l'entourent et ne participant à la vie sociale que dans la mesure où les formes de celle-ci satisfont complètement à ses exigences ? Ou bien doit-il diriger de préférence son action vers l'élaboration, au moyen des formes sociales existantes, des résultats qui seraient les meilleurs possibles pour le présent et l'avenir, même si les formes au

milieu desquelles il est obligé d'agir sont extrêmement peu
satisfaisantes, et son action elle-même très peu considérable ?

Prises sous cette forme exclusive, les deux solutions
mènent également à une altération de l'individu et de son
action. Au moment où il crée son idéal moral, l'individu ne
peut jamais prendre en considération toutes les conditions
historiques qui régissent la vie de la société dans toute son
intégralité et dans toute sa variété ; aussi l'idéal de l'individu
sera-t-il et devra-t-il être toujours au-dessus de la réalité
historique, et l'individu pourra-t-il, dans la plupart des cas,
avoir des raisons pour s'écarter de l'action sociale. Plus il sera
développé et parfait, plus rapidement il arrivera à ce résultat et plus vite il sera réduit à regarder, les bras croisés, avec
une ironie inutile, les choses suivre leur cours, c'est-à-dire
se trouver sous la direction d'individus moralement moins
dé veloppés. Un tel perfectionnement de sa propre individualité équivaudrait à l'indifférence sociale. Il serait, d'ailleurs,
contradictoire en lui-même. Celui qui est capable de passer
avec indifférence à côté du mal social lorsqu'il *pourrait* le
soulager, ne serait-ce que partiellement, est incapable de
développer en lui-même autre chose qu'une puissance *apparente* de la pensée, qu'un amas scholastique et parfaitement
inutile de mots sonores, ou une glorification mystique,
entièrement éloignée de la réalité, et de sa propre personne.
D'ailleurs, si le milieu dans lequel vit l'individu considéré lui
a permis, *à lui*, d'arriver à la notion critique de son entourage,
ce milieu n'est pas absolument mauvais ; un deuxième, un
troisième individu peuvent également s'y développer, pourvu
que les mêmes conditions s'y présentent, c'est-à-dire pourvu
qu'on en élimine les éléments les plus gênants, les plus
oppressifs. Une amélioration y est possible ; et si l'individu
ne le voit pas, c'est qu'il ne s'est pas suffisamment développé
lui-même, c'est qu'il *croit* seulement être développé.

Mais, d'autre part, en s'adaptant facilement aux formes
sociales existantes, on risque d'arriver à s'y soumettre com-

plètement. Se contentant d'un résultat toujours moindre de
son activité, on peut enfin être amené à se contenter de
l'absence de tout résultat. Un militant se trouve alors à l'état
peu enviable de l'écureuil qui tourne dans sa cage ou du
tribun qui prononce un discours enflammé dans une chambre
vide. En négligeant les considérations de dignité personnelle
qui exigent qu'il ne s'abaisse pas, dans son activité, au-dessous
d'un niveau déterminé, l'individu fait plus que de se refuser à
tout perfectionnement personnel : il renonce en même temps
à la possibilité de juger s'il est utile ou nuisible à la société,
s'il y vit en qualité de producteur ou en qualité de parasite.

Les deux conditions posées plus haut sont inséparables.
L'individu ne peut recevoir un développement complet qu'en
se basant sur la critique de la réalité. La critique du monde
réel, de la nature, montre à l'homme les limites nécessaires
à sa propre action et à celle des autres, les lois inéluctables
contre lesquelles il serait absurde de vouloir réagir. La critique du passé réel, de l'histoire, lui permet d'apprécier le
terrain nécessaire sur lequel lui et ses contemporains sont
placés, et qui est sujet à des transformations, mais à une seule
condition : c'est qu'il soit tenu compte de ce terrain historique
tel qu'il est. La critique de la société réelle apprend à l'homme
à distinguer ceux qui présentent une tendance spontanée vers
le progrès, de ceux qui ne vivent que par la pensée des autres
ou qui sont des partisans de la réaction ; elle lui apprend à
distinguer le mal principal du mal secondaire, la question
d'aujourd'hui, de celle qu'on peut remettre à demain. La critique de son *moi* réel permet à l'homme de peser ses forces
et de déterminer son action, sans humilité comme sans orgueil. Toutes ces formes de la critique ne sont que le développement de sa propre individualité. Mais en même temps,
elles sont impossibles ou illusoires si l'individu ne prend pas
la part la plus vive aux problèmes sociaux et aux souffrances
sociales, si sa critique est pour lui autre chose que le prélude
d'une action utile.

D'un autre côté, l'action sociale n'a de sens que si l'individu s'applique à son propre développement, s'il se contrôle constamment lui-même, s'il contrôle ses forces, ses connaissances, ses convictions, ses aptitudes, sa résolution de défendre ses idées. L'action exerce et accroît les forces ; l'expérience de la vie et de ses problèmes augmente les connaissances ; la lutte fortifie la conviction et augmente l'aptitude à la défendre. La conscience de la part qu'on prend à l'œuvre sociale est déjà par elle-même un facteur qui élève, qui développe. De même que l'individu ne peut se développer normalement qu'en agissant sur la vie sociale et en subissant, à son tour, l'influence de celle-ci, de même une action sociale utile ne peut avoir lieu que si les individus qui y participent veillent à leur propre développement.

Ceci fixe la limite que l'individu, sous peine de diminuer sa dignité, ne peut franchir dans sa participation à la vie sociale. Là où il existe encore une possibilité de réviviscence, où l'on peut encore élever le niveau des aspirations sociales, où l'on peut espérer donner un caractère humanitaire au mécanisme de la vie, éveiller la pensée, fortifier la conviction, provoquer la haine et la répugnance envers le mal ambiant, — là l'individu peut et doit entrer dans les rangs des militants du progrès social. Mais s'il a vu que la platitude générale a tissé autour de lui une trame qu'un individu isolé est impuissant à déchirer ; si, pour agir, l'homme a besoin du concours d'autrui, et que les autres vivent en parasites sur le corps social sans penser nullement à ses besoins ; si la paperasserie, le formalisme et la servilité ont tué dans le fonctionnaire toute pensée du bien de l'Etat ; si les manœuvres et les revues, le rythme de la marche et le bel alignement, ont fait complètement oublier au militaire sa qualité d'homme et de citoyen ; si une assemblée est sourde à tout ce qui n'est pas hostilité personnelle, liens personnels, intérêts de fourmillière ; si, dans une société. le mal croît, tandis que la peur et la lâcheté ferment les yeux ou applaudissent en esclaves, — alors l'individu qui raisonne, l'individu conscient, mais impuissant, n'a qu'une chose à faire : c'est de s'écarter de ce bourbier... s'il le peut. Ses forces sont insuffisantes pour enrayer, même au moindre degré, le mal social ; au moins, il ne les emploiera pas à le faire durer et à le fortifier. Au milieu de l'abrutissement général, il se joindra à ces gardiens invisibles de la tradition du progrès dont j'ai parlé dans la lettre précédente. Il viendra, peut-être, un moment où sa participation à la vie sociale sera *possible*. Et si ce moment ne vient pas, il transmettra toujours à la génération suivante la tradition de la vérité et de la justice qui n'est restée, pour lui, que dans sa conscience, mais n'a pas pu ou n'a pas su incarner dans la vie. Dans ces conditions, c'est déjà un certain mérite que de ne pas s'être incliné devant le mal régnant, de n'en être pas devenu l'instrument. Un autre, qui comprendrait mieux, qui aurait plus d'énergie, plus de forces, saurait peut-être, même là, être un militant actif, lutter et, sinon vaincre, du moins montrer aux autres l'exemple de la lutte. Mais tous ne possèdent pas des forces égales. A une certaine époque et dans certaines conditions, il arrive que même ceux qui savent *s'écarter* du mal général, le critiquer et l'éviter dans leur vie personnelle, forment une exception.

Mais aussitôt que la possibilité d'agir apparaît, aussitôt qu'il y a dans la société des éléments de lutte et de vie, aucun homme développé n'a le droit de s'éloigner de cette lutte. Quelque répugnant qu'il puisse paraître de chercher son chemin au milieu de la boue, il faut quand même le chercher. Quelque fatigant qu'il puisse être de chercher dans une foule composée d'une centaine de demi-hommes, une ou deux personnes susceptibles de s'éveiller à la vie, on est obligé de le faire. On peut prévoir à l'avance que les déboires seront nombreux. Ceux-là mêmes qui *paraissent* accessibles à une pensée vivante céderont, dans la plupart des cas, à la lâcheté ou à des considérations mesquines, se laisseront attirer par une riche prébende ou sacrifieront l'œuvre à des phrases sonores. Beaucoup resteront en arrière ; d'autres se disperseront ; un plus grand nombre encore abandonneront leur drapeau, quelquefois au plus fort de la lutte, par suite de querelles personnelles. Certains propagandistes d'idées avancées qui préconisent une lutte inexorable pour leur réalisation auront peur, en voyant ces idées dans leur application pratique, dans leur brutal milieu réel, de cela même qui paraissait être si joli, si doux et si inoffensif sur le papier ; ils répudieront leur passé, leurs anciens coreligionnaires et leurs adeptes, pour n'être plus que de doux phraseurs ridicules et isolés, de ternes et peureuses nullités. Il y aura également de véritables traîtres, des impudents qui trahiront leur passé pour des intérêts personnels. Les chances de la lutte varieront souvent ; quelquefois c'est au moment même où les rangs des défenseurs du progrès sembleront les plus impénétrables et les plus invincibles, qu'il apparaîtra brusquement que tout cela est illusoire, qu'il suffit d'écraser deux ou trois militants d'avant-garde pour voir tous ces pseudo-chevaliers du progrès se cacher dans les coins, trahir ou renier leur drapeau. Tout cela est naturellement très indigne et très révoltant, mais si les hommes du progrès devaient continuellement triompher, leur besogne serait trop facile. Pour le succès de la lutte, chacun doit agir dans le milieu qui lui est fourni à chaque moment donné par le processus historique. Il est obligé d'employer les armes qui sont les plus commodes pour *ce* milieu déterminé et pour *cette* sorte de combat. Seul, celui qui se sent impuissant, a le droit de s'écarter de la lutte. Mais celui qui a, ou croit avoir, la force nécessaire, n'a pas moralement le droit de la dépenser dans un cercle d'activité mesquin et étroit lorsqu'il y a possibilité de l'étendre. Un homme développé doit, à mesure que son perfectionnement s'accroît, payer également un prix plus considérable — le prix que l'humanité a dépensé pour lui ; aussi a-t-il le devoir moral de choisir pour son activité sociale le terrain le plus vaste qui lui soit accessible.

De là la nécessité de trouver une réponse à ces questions : quels sont, dans un régime social compliqué, les éléments qui constituent le *terrain* de l'action et quels en sont les *instruments ?* Où en sont les formes, plus ou moins brillantes, mais mortes, et où en sont les forces vives ?

Les processus du monde organique, le développement de la végétation, la reproduction des animaux, sont tous conditionnés par des besoins. Les besoins constituent, de même, une des questions les plus importantes de la physiologie, de la psychologie humaine et de la sociologie. Ils sont également le point de départ nécessaire pour l'explication de tout phénomène historique. Partout où une volonté agit, il y a un besoin au fond de l'acte ; aussi tous les éléments des phénomènes historiques se réduisent-ils aux différents besoins des individus. Les besoins sont des faits communs aux masses, mais la diversité des particularités physiologiques et psychologiques des individus a pour conséquence la diversité des aspirations qui découlent de ces besoins. Ici nous pouvons déjà distinguer deux classes de besoins.

Les uns, communs à tous les êtres vivants, provoquent l'activité reflexe, inconsciente ou très peu consciente, et la technique élémentaire ayant pour but l'adaptation au milieu. Ils développent les divers instincts du monde aminal et se trouvent, dans la société humaine, à la source de tous les actes que nous comprenons sous le nom *d'habitudes*, de tout ce qui, dans la vie de l'homme, appartient à la tradition, de tout ce qu'il fait mécaniquement, sans raisonner ou ne raisonnant que peu sur la question de savoir pourquoi il agit plutôt de telle façon que de telle autre. Il n'aurait pu expliquer son action que par les phrases ordinaires : « j'y suis habitué », « cela se fait ainsi, »'« cela s'est toujours fait ainsi, » « c'est admis » etc... J'ai déjà dit que ce groupe de besoins physiologiques et habituels rapprochait toutes les classes du règne animal, sans faire de distinction entre l'homme et les autres animaux, vertébrés ou invertébrés. C'est même parmi ces derniers, notamment dans les sociétés de fourmis, d'abeilles et d'autres êtres qui s'en rapprochent, qu'il se manifeste de la façon la plus frappante. Ces besoins forment l'élément le plus stable, le plus naturaliste, si l'on peut s'exprimer ainsi, de la vie des sociétés. Ce sont eux qui donnent naissance à ces lois immuables, d'économie et de statistique, à cette dépendance mutuelle entre les conditions physiques d'un pays et sa civilisation, qui sont à la base de l'histoire humaine. Ce sont eux qui font apparaître la première technique et, par conséquent, les premières connaissances ; c'est sous leur influence que s'effectue le rapprochement mutuel des êtres, chez les hommes comme chez les autres animaux. La vie sociale qui provient de cette source est donc une vie qui possède déjà une certaine *culture ;* l'homme que nous ne pouvons pas nous représenter sans besoins, nous apparaît, par là même, comme impossible sans culture. A l'égal de certains de ses confrères, parmi les Insectes et les Vertébrés, l'homme appartient au nombre des animaux susceptibles de culture.

En même temps que les premières aspirations individualisées, nous voyons apparaître dans le monde organique un deuxième groupe de besoins, plus compliqués, plus variés et moins généraux. On ne l'observe, sous une forme quelque peu définie, que dans les classes supérieures des Vertébrés (chez les Oiseaux et les Mammifères), et même là il ne s'élabore complètement que dans certaines familles, certains genres, certaines espèces. Ce groupe de besoins se manifeste dans l'existence du *choix* qui semble être volontaire ; dans les sentiments variés d'attachement et de répugnance, qu'il est impossible de réduire à un besoin général ; dans la variété des aspirations qui, dans des circonstances exactement semblables, peuvent passer de l'indifférence complète à la passion irrésistible, capable de faire oublier la conservation de soi-même, d'imposer silence aux autres besoins, de provoquer des actes parfois insensés, parfois au contraire, très bien calculés, en prenant chez l'homme, la forme de l'héroïsme ou du crime. Ce deuxième groupe de besoins, les besoins *affectifs*, jouent un rôle très considérable dans la biographie intime des individus, mais n'ont qu'une signification bien petite dans l'histoire de l'humanité si nous prenons cette histoire dans son ensemble, car le peu de durée de l'existence individuelle empêche les individus, même ceux qui occupent une situation très influente, de laisser dans la vie de la société une trace visible de leurs états affectifs. De plus, les sentiments sont, par leur nature même, variables dans chaque individu, et cette variété dans des individus existant côte à côte fait que leurs influences arrivent à se contrebalancer,

Les besoins physiologiques et les besoins coutumiers auraient, par eux-mêmes, amené toute culture, aux formes, éternellement les mêmes, d'une ruche ou d'une fourmillière· Les besoins affectifs auraient provoqué des drames personnels, mais seraient incapables de créer l'histoire. Celle-ci n'a lieu que sous l'influence du travail de la *pensée*. Elle est sous la dépendance d'une nouvelle catégorie de besoins qu'on n'observe que chez l'homme, et même uniquement dans les petits groupements d'individus auxquels les souffrances de générations entières ont permis d'atteindre un développement exceptionnel. Ce sont des besoins progressifs, des besoins historiques, des besoins de *développement*.

Déjà la première technique et le premier calcul sont un produit du travail de la *pensée*. La culture des sociétés devient ensuite d'autant plus variée que leur pensée se développe davantage. Sous son influence, les besoins se multiplient, les aspirations changent ; le calcul provoque toute une série d'actes réfléchis qui dominent les impulsions immédiates ; ces impulsions elles-mêmes deviennent, sous forme d'états affectifs et de passions, des sources d'une activité calculée en vue de leur donner la meilleure satisfaction possible. Enfin, il arrive un moment où la pensée soumet à sa critique non plus la satisfaction de l'aspiration immédiate, mais cette aspiration elle-même. La pensée compare alors les différentes aspirations et les classe d'après la *valeur* que la critique leur a reconnue. D'un autre côté, la pensée devient par elle-même un but favori, source d'un état affectif ; la satisfaction de cet état constitue un nouveau besoin, un besoin supérieur, purement humain. L'élaboration d'une pensée considérée comme un but attrayant, comme la recherche de la *vérité*, comme la poursuite du *bien moral*, devient un besoin pour l'individu développé. Sous l'influence du travail incessant de la critique ayant le *développement* pour but, les besoins et les aspirations se disposent en une sorte de perspective : en aspirations meilleures ou pires, en besoins supérieurs ou inférieurs. Un besoin nouveau apparaît : celui de vérité et de justice, indépendamment de l'utilité ; les éléments de la science et de l'art sont ainsi créés. Il naît un besoin de se former un idéal et de le réaliser par l'exemple. L'homme devient capable de résister à ses aspirations et à ses besoins, de se dévouer sans partage à une idée, à un but, illusoire quelquefois, et d'y sacrifier tout, souvent même sans songer à exercer son esprit critique. Aussitôt que le travail de la pensée, opérant sur le terrain fourni par la culture, a soumis la vie de la société aux exigences de la science, de l'art, de la morale, la culture est devenue la civilisation, et l'histoire de l'humanité a commencé.

Les résultats du travail de la pensée d'une génération ne demeurent pas, pour la génération qui suit, cantonnés dans le domaine de la pensée. Ils se transforment en habitudes de la vie, en traditions sociales. Pour ceux qui les ont reçus sous cette forme, leur origine importe peu ; la pensée la plus profonde, lorsqu'elle est répétée par habitude ou par tradition, n'est pas, pour l'humanité, un phénomène supérieur à celui que présentent les actes habituels d'un castor ou d'une abeille pour les castors et les abeilles. L'invention de la première hache ou du premier pot en argile représentait un travail énorme de la pensée technique primitive ; mais l'humanité actuelle se sert de haches ou d'argile avec la même inconscience qu'un oiseau qui bâtit instinctivement son nid. Les premiers protestants qui fuyaient le faste bariolé des temples catholiques et venaient se réunir autour de leur prédicateur, agissaient sous l'influence d'une pensée nettement réfléchie ; mais leurs descendants actuels ne vont, dans la plupart des cas, dans un temple plutôt que dans l'autre, pour entendre le prêche du dimanche, que parce que leurs pères et leurs grands-pères allaient dans un temple semblable, de même qu'une cigogne vient au retour du printemps s'installer sur le même toit qu'elle a habité l'année précédente. Ce phénomène se produit jusque dans la sphère supérieure de la pensée humaine : les professeurs et les élèves d'aujourd'hui répètent la pensée d'Archimède sur les lois de l'équilibre et du levier, celle de Newton sur la gravitation universelle, celle de Proust sur la loi des proportions chimiques, celle d'Adam Smith sur la loi de l'offre et de la demande ; mais cela se fait bien plus souvent en vertu de la tradition pédagogique, parce qu'on l'a enseigné, qu'on l'enseigne et qu'on doit l'enseigner ainsi, qu'en vertu d'un besoin intellectuel vivant et spontané qui amènerait inévitablement l'homme à poser à un moment donné une question donnée et à fournir à cette question précisément telle réponse plutôt que telle autre. On peut supposer que les castors renversent les arbres, enlèvent l'écorce, font flotter les troncs sur l'eau et élèvent leurs constructions en vertu d'une tradition pédagogique et technique analogue. En général, une partie de la civilisation des parents devient chez les enfants, sous forme d'habitudes et de traditions, un élément zoologique faisant partie de la culture, de la civilisation coutumière. C'est sur cette culture de deuxième formation que doit opérer la pensée critique de la nouvelle génération pour que la société ne tombe pas dans l'immobilisme, pour que, parmi les habitudes et les traditions héritées, elle puisse distinguer celles qui rendent possible le travail ultérieur de la pensée dans la voie de la vérité, de la beauté et de la justice, pour qu'elle puisse rejeter

le reste comme suranné et créer une civilisation nouvelle,
c'est-à-dire une nouvelle culture, animée par le travail de la
pensée.

La même chose se répète dans chaque génération humaine.
Elle reçoit de la nature et de l'histoire un ensemble de besoins et d'aspirations qui dépendent, pour une partie considérable, des habitudes et des traditions appartenant à la civilisation coutumière. Elle satisfait à ces besoins et à ces
aspirations par ses habitudes de vie, par ses institutions
sociales, héritées du passé, par l'habileté dans les différents
métiers et par la technique traditionnelle. Tout cela constitue
sa civilisation coutumière, l'élément zoologique de la vie de
l'humanité. Mais parmi les habitudes héritées par chaque civilisation se trouve également l'habitude de la critique ; c'est
elle qui fait naître ce qui constitue l'élément humain de
l'histoire : le *besoin de développement* et le *travail de la pensée*
en vue de ce besoin. La critique scientifique apporte plus de
vérité aux conceptions ; la critique morale étend l'application,
à la vie, de la science et de la justice ; la critique artistique
aide à mieux comprendre la vérité et la justice, à donner
à la vie plus d'harmonie et à la culture plus d'élégance
purement humaine. Dans la mesure où la civilisation coutumière domine dans l'humanité et où le travail de la
pensée y est étouffé, la société se rapproche de celle des
fourmis et des guêpes, quelque brillante que soit, d'ailleurs,
cette civilisation ; la différence n'est qu'une différence de
degré, une différence dans la forme des besoins et des
aspirations. Dans la mesure, au contraire, où le travail de la pensée et la critique de la civilisation coutumière
prédominent dans la société, celle-ci est plus humaine et se
distingue davantage du monde animal inférieur. Il en est
ainsi même lorsque la lutte, provoquée par le travail de la
pensée et par la critique de ce qui existe, a pour conséquence
quelques événements tristes, lorsqu'elle a recours à l'arme d une
révolution, dans l'état social ou dans les esprits, et arrive ainsi

à troubler l'ordre et la tranquillité de la société. Très souvent ce n'est qu'au prix d'agitation et de désordre temporaire, au prix d'une révolution, qu'on peut acheter une meilleure garantie d'ordre et de tranquillité pour l'avenir. Lorsque Thrasybule accompagné de proscrits athéniens vint à Athènes pour soulever sa patrie contre l'oligarchie des trente tyrans, il provoqua, certainement, de l'agitation et du désordre. Lorsque les humanistes du xvᵉ et les réalistes du xviiiᵉ siècle commencèrent leur guerre contre la scholastique, ils causèrent une agitation extrême dans les écoles et un désordre épouvantable dans les esprits. Lorsque les colonies anglaises de l'Amérique du Nord se séparèrent de la métropole, ce fut une révolte ouverte. Lorsque Garibaldi débarqua, avec ses Mille, sur les rivages de la Sicile, il n'y eut là aucune trace de respect pour l'ordre. Lorsque Darwin renversa l'idole de l'espèce invariable, il brouilla toutes les classifications botaniques et zoologiques en en détruisant la base. Mais la liberté d'Athènes, la nouvelle science européenne, l'idéal politique de la république nord-américaine, la destitution des Bourbons napolitains, la grandiose généralisation embrassant le développement du monde organique, valaient bien qu'on les payât de quelque agitation et de quelque désordre.

La civilisation coutumière de la société est un milieu que l'histoire fournit au travail de la pensée ; il détermine ce qui est *possible* à cette dernière d'accomplir, avec autant de nécessité qu'une loi immuable de la nature qui, pose également, à chaque moment donné, des limites à ce travail. La pensée est le seul facteur qui donne à la culture de la société une valeur *humaine*. L'histoire de la pensée conditionnée par la civilisation coutumière, et l'histoire de celle-ci variant sous l'influence de la pensée — telle est l'histoire de la civilisation tout entière. Une histoire rationnelle de l'humanité ne doit englober que les événements expliquant l'action réciproque de ces deux facteurs.

Les besoins et les aspirations, naturels ou provoqués par la civilisation, donnent naissance aux formes sociales. La pensée a pour tâche d'apporter à ces formes la vérité et la justice. Elle est impuissante à changer ce qui, dans les formes sociales, vient de la *nature*, et ne peut qu'en tenir compte. Elle ne peut pas débarrasser l'homme de son besoin de nourriture et d'air ; elle ne peut pas supprimer l'attraction sexuelle ; elle ne peut pas empêcher qu'il existe des enfants à côté des adultes ; elle ne peut pas changer la marche de son propre développement de façon à ce que l'individu ne soit plus son organe nécessaire. Mais tout ce qui a été apporté aux formes sociales par la *civilisation coutumière* est soumis à la critique de la pensée. Cette civilisation doit être prise en considération, dans le travail de la pensée, comme un milieu donné historiquement, mais non pas comme une loi immuable. Il suffit de comparer les civilisations coutumières des différentes époques pour voir jusqu'à quel point sont variables leurs éléments, même les plus fondamentaux. Et cependant, pour les hommes qui vivaient sous le règne de telle ou telle civilisation, elle constituait un milieu au sein duquel l'individu était obligé d'agir, car il ne pouvait pas changer le milieu dans lequel se déroule son action. Les besoins naturels et les aspirations naturelles doivent, sous la critique de la pensée, élaborer des formes sociales qui réaliseraient la plus grande somme de vérité et de justice compatible avec l'état donné de la civilisation coutumière.

Nous voyons ainsi que le progrès a devant lui une tâche bien déterminée : la *civilisation coutumière* doit être transformée par le travail de la *pensée*. Nous voyons de même un facteur bien déterminé, le seul facteur réel du progrès : l'individu qui estime les forces qu'il possède et l'œuvre qui lui est accessible. La pensée ne se réalise que dans les individus. La civilisation coutumière se réalise dans les formes sociales. *L'individu* se trouve donc, avec ses forces et ses exigences, en face des *formes sociales*.

LETTRE VII

LES INDIVIDUS ET LES FORMES SOCIALES

Supposons que l'individu ait résolu la plus importante des questions de sa vie : il a estimé ses forces et déterminé sa tâche.

Différentes formes sociales se dressent devant lui. Il peut arriver que ces formes correspondent, par leur essence comme par leur étendue, aux idées qu'il possède sur la vérité et la justice. Alors il est heureux : il peut agir dans les limites de ces formes sans les combattre et sans être gêné par elles. Il est heureux ; mais alors il n'a plus à se considérer comme un facteur *actif* du progrès. Lui qui est doué de la pensée critique n'est alors, au point de vue de son utilité, nullement supérieur aux autres individus dépourvus de cette pensée. Tous, ils sont emportés par la vague du progrès dont ils ne font que subir le rythme. Sa seule supériorité sur les autres, c'est qu'il est plus *conscient* à l'égard de ce qui se passe.

Mais, en fait, tout cela n'est qu'un conte de Chekherazade ! Où et quand les formes sociales arrivaient-elles à satisfaire, ne serait-ce qu'à un degré très modéré, aux exigences de la science et de la justice ? Si l'individu ne voit partout autour de lui que bien, bien-être, raison, il peut être sûr qu'il y a beaucoup de choses auxquelles il n'a pas appliqué sa pensée critique, qu'il a omises par manque d'attention ou par une myopie morale innée. Il lui manque la résolution ou les forces nécessaires pour devenir un individu vraiment doué de la pensée critique.

Car celui qui la possède, cherche invinciblement, non plus à jouir de la contemplation du bien existant, mais à trouver la limite où le bien finit et où le mal commence, que celui-ci se manifeste comme résistance hostile au progrès, comme trivialité, ou comme simple routine. Que ceux qui ne sont pas arrivés à élaborer en eux une individualité se réjouissent de l'existence de gens excellents — dans la mesure où ces gens sont excellents — des coins agréables de la vie sociale — dans la mesure où ces coins sont agréables — de la gaîté de petites fêtes de la vie — autant qu'il y a de la gaîté dans ces fêtes ! Les hommes qui ne sont pas en même temps des individus développés ne peuvent pas faire autrement : ils sont incapables de lutter par eux-mêmes.

Mais celui qui possède la pensée critique pénètre dans la profondeur des idées et des actes de l'homme excellent, pour chercher la limite où celui-ci cesse d'être excellent et pour l'apprécier selon l'ensemble de ses défauts et de ses qualités. A l'un, on peut franchement montrer ses faiblesses, en espérant qu'il les verra lui-même, les comprendra et s'en corrigera. Un autre — fatigué et découragé — pourra être soutenu ; on peut lui donner une nouvelle énergie pour continuer et accélérer sa marche en avant. Un troisième, qui s'écarte de son chemin, peut y être ramené. A un quatrième on peut pardonner ses faiblesses pour son action — lorsque, tout en n'étant pas assez fort pour arracher de lui-même ce qui lui enlève une partie de sa puissance, il met tout le reste au service du progrès. A un cinquième on peut résolument arracher son masque, en dévoilant sa platitude ou son action antiprogressiste. Mais tout cela exige une étude, l'étude du mal qui est dans l'homme, de ses faiblesses comme de ses forces, de ses côtés mesquins plus encore que de ses brillantes qualités.

De même, la pensée critique ne peut se reposer que pour un instant sur les coins familiers et agréables, sur les paisibles refuges de la vie. Une femme docile et des enfants caressants, une existence assurée et une bonne situation, une comptabilité irréprochable et une conscience tranquille, une vaste érudition et la renommée du savant, un talent artistique incontestable et une bonne rémunération des œuvres d'art — tout cela est très beau, tout cela est un bien, mais tout cela n'est que le mécanisme de la vie des hommes cultivés. Cette enveloppe bariolée, cette agitation constante peuvent faire que l'homme passera toute sa vie sans être un homme, mais simplement une fourmi qui raisonne, sans contribuer à autre chose qu'à faire naître, une année après l'autre, une génération après l'autre, des pères et des mères qui donneront naissance à des enfants, des capitalistes qui dépenseront leurs revenus, des fonctionnaires qui rendront des comptes, des savants qui écriront des thèses, des artistes qui flatteront le goût esthétique des générations.

La fourmilière humaine ne devient une société qu'à partir du moment où la critique commence, par ces questions inexorables, à troubler la béatitude paisible de la routine endormie. Est-ce bien sincèrement, d'un amour humain et conscient, que vous vous aimez, fidèles époux ? Développez-vous vraiment vos enfants et ne vous bornez-vous pas à leur donner naissance ? Est-ce vraiment en travaillant que tu as gagné ton capital et ta situation, heureux spéculateur ? As-tu vraiment travaillé pour le bien de la société, honnête fonctionnaire ? Et toi, savant qui as tant écrit, as-tu vraiment fait faire un pas en avant à la science ? Artiste, as-tu vraiment créé des œuvres poétiques modernes ? Est-il vrai que ces formes dont vous vous drapez, dont vous vous couvrez comme d'un objet sacré, qui vous font vivre et que vous passez toute votre vie à élaborer, renferment, telles qu'elles sont et telles que vous les avez faites, un contenu humain rationnel ? Est-il vrai qu'elles ne devraient pas être autres, au nom de la vérité et de la justice ? Est-il vrai qu'on ne doive pas les combattre pour les ranimer ? Est-il vrai qu'elles sont autre chose que des idoles dans lesquelles vous adorez votre propre routine, votre peur de la pensée, votre égoïsme, dans le sens étroit du mot ? Est-il vrai qu'on ne doive pas jeter bas ces idoles pour mettre à leur place une chose véritablement sacrée ?

- Mais ici je sens des objections s'élever de toute part. Comment ! un individu ! un individu isolé, nul, impuissant, se proposer de critiquer les formes sociales élaborées par l'histoire des peuples, par l'histoire de l'humanité ! L'individu s'attribuer le droit et la force de jeter bas, comme une idole, ce que le reste de la société vénère comme une chose sacrée ! Ceci est *criminel*, car en face de la masse, un individu n'a pas de droits. Ceci est *nuisible*, parce que le bonheur de la masse qui est contente des formes sociales actuelles importe plus que les souffrances de l'individu qui les réprouve comme un mal. Ceci est *absurde*, car la série des générations qui ont élaboré les formes sociales données, possède, somme toute, plus d'esprit qu'un individu pris séparément. Ceci est *insensé*, car l'individu est impuissant devant la société et son histoire. — Examinons ces objections une à une.

D'abord, le *droit*. Ou bien le progrès n'existe pas, ou bien il est l'incarnation dans les formes sociales de la conscience qu'ont les hommes du mensonge et de l'injustice existants. Je conçois la vérité et la justice sous des formes différentes de celles qui m'entourent, je montre aux autres le mensonge et l'injustice de ce qui est et je veux combattre ce mensonge et cette injustice dont j'ai conscience. Où est le droit qui dénierait *mon* droit de le faire ? Dans les autres individus vivants ? Qu'ils me prouvent alors que je me trompe, qu'ils discutent, qu'ils me combattent ; c'est *leur* droit et je ne le leur dénie pas. Mais *moi*, j'ai aussi le droit de leur démontrer qu'ils se trompent, de discuter avec eux, de les combattre. Dans la société prise dans son ensemble ? Mais c'est une abstraction qui, comme telle, n'a absolument aucun droit vis-à-vis de moi, être réel, une abstraction qui, dans son existence réelle, se décompose en individus n'ayant pas plus de droit que moi. Dans l'histoire ? Mais tout le contenu réel de l'histoire se résume encore dans l'action des individus. Parmi eux, les uns sont morts, et ces morts n'ont aucun droit vis-à-vis de moi qui vis ; d'autres vivent encore et ont autant de droits que moi-même. Personne ne peut donc m'enlever le *droit* de lutter pour la vérité et la justice, à moins que je ne me l'en-lève moi-même, soit en considération de l'*effet nuisible* que mon action peut produire, soit par méfiance à l'égard de ma *raison* personnelle en face de la raison historique de la société, soit par conscience de mon *impuissance* en face des forces énormes de la société organisée. L'individu a déjà gagné le premier point ; restent les trois autres.

Quel est l'*effet nuisible* qui peut se produire si je montre à la société le mensonge et l'injustice de ses formes et si je m'efforce d'incarner dans la vie la vérité et la justice ? Si je parle sans qu'on m'écoute, si mon action reste sans résultat, moi seul en souffrirai. Si, au contraire, on m'écoute, et si la société apporte à son organisation plus de vérité et de justice, ce sera non pas un mal, mais un bien, car la vérité et la jus-tice dans les formes sociales sont des conditions nécessaires pour permettre aux individus d'éprouver le plus de jouis-sances possible et pour rendre ces jouissances accessibles à un nombre d'individus de plus en plus grand. Certes, si une partie seulement de la société m'écoute et me suit et que l'autre, au contraire, résiste, il en résultera une lutte qui troublera pour quelque temps la tranquillité de tous ceux qui jouissent des avantages du régime social existant. Les uns ne pourront plus jouir, car désormais leur conscience leur dira toujours que leurs jouissances ont leur source dans des formes sociales injustes. D'autres ne pourront pas jouir parce que leurs adversaires les en empêcheront, et surtout parce qu'ils auront peur de voir, d'un moment à l'autre, la fin de leur béatitude. Je ne conteste pas que ce soit là une situation désagréable pour tous ceux qui profitent des avantages de la civilisation existante. Mais peut-on la considérer comme absolument nuisible ? J'en doute. Nous avons donné dans la lettre précédente quelques exemples d'effets bienfaisants ayant résulté d'un certain trouble apporté au train de vie établi. Dans la troisième et la quatrième lettres, j'ai déjà dit qu'une très petite minorité seulement jouissait jusqu'à présent des avantages du progrès, que le développement de cette minorité avait été acheté à un prix incalculable, que ce prix ne pouvait être payé que par un effort en vue de répandre la vérité dans la société et d'y réaliser plus de justice. S'il en est ainsi, la lutte menée pour cette réalisation non seulement n'est pas un mal, mais elle est le seul moyen de rendre durable la civilisation établie. A toutes les époques, la majorité a souffert ; la souffrance n'est donc pas quelque chose de nouveau pour l'humanité. Il faut tâcher seulement de rendre les souffrances le moins inutiles possible pour l'histoire, et peut-il y en avoir de plus utiles que celles qui mènent à la réalisation de la vérité et de la justice ? D'abord, si même les heureux qui jouissent des avantages d'une civilisation donnée les payent d'une certaine souffrance, ils n'auront pas payé la plus petite partie de ce que des millions d'hommes ont souffert pour eux dans le passé. Ensuite, si l'on veut évaluer les effets nuisibles, il faut se rappeler que l'histoire ne finit pas avec la génération présente, que d'autres générations la suivront, que la quantité absolue du mal produit par une action quelconque se mesure par le mal que cette action aura apporté en plus à l'avenir tout entier. Si je réussis vraiment à contribuer à la réalisation d'une somme plus grande de vérité et de justice dans les formes sociales, la quantité de mal en sera diminuée pour toutes les générations à venir qui profiteront de la part du bien ainsi apportée à la vie. Si j'y renonce, leurs souffrances augmenteront, quoique dans la société présente — ou, plus exactement, dans la minorité qui jouit des avantages du régime social actuel — elles seront, en effet, un peu moindres. En réalité, cependant, cela même est douteux, car moins il y a dans la société de vérité et de justice réalisées, plus il y a de souffrances pour les uns et d'abaissement de leur dignité pour les autres. Ainsi, nous avons d'un côté un effet nuisible incontestable pour une série plus ou moins longue de générations, de l'autre — un avantage douteux pour la génération actuelle ; pouvons-nous encore hésiter dans notre choix ? D'ailleurs, où sont, en somme, les effets désagréables ? Supposons que plusieurs personnes arrivent à comprendre qu'une forme qui, hier, représentait pour eux la vérité, ne la représente pas en réalité, et qu'un homme développé ne peut pas y trouver sa jouissance ? Est-ce que le désagrément que procure la conscience de son erreur serait un mal ? Supposons que la fourmilière sociale fasse un pas en avant dans la voie qui la conduit à devenir une société humaine. Est-ce que l'*humanisation* des hommes serait un mal ? L'utilité d'une lutte pour la vérité et la justice est donc incontestable dans tous les cas, pourvu qu'il s'agisse réellement de la vérité et de la justice et pourvu que le succès soit possible. Je n'aurai conscience de l'influence nuisible de ma lutte et, par conséquent, je ne me priverai du droit de combattre que lorsque j'aurai commencé à douter de ma *façon de comprendre* la vérité et la justice, lorsque je me serai assuré de mon *impuissance* à réaliser ma conviction dans la vie. L'individu a gagné deux points ; occupons-nous du troisième. Voyons dans quelle mesure la lutte de l'individu contre les formes sociales peut être reconnue pour *absurde*.

Supposons qu'après avoir fait l'examen critique de ses connaissances et de ses forces intellectuelles, l'individu ait complété son savoir dans un ordre de connaissances donné, y ait dirigé sa pensée et soit arrivé à se faire une conviction déterminée. Il arrive que cette conviction est en désaccord avec la forme élaborée historiquement. On lui dit alors : soumets-toi, car tu as contre toi l'esprit national, l'expérience de l'humanité, la raison de l'histoire. Ces arguments sont-ils suffisants pour que l'individu renonce à sa conviction, qu'il la reconnaisse pour *déraisonnable* ?

Qu'est-ce que l'esprit national ? Est-ce la réunion des particularités physiques qui ont fourni à la série des générations ayant vécu sous l'influence d'un certain milieu, la base naturelle *nécessaire* de la nationalité ? La petite minorité qui vivait d'une vie historique a créé une civilisation coutumière qui s'est étendue, à des degrés variables et sous des formes variables, aux différentes couches de la population et, dans sa variété, est entrée dans les *habitudes* et les traditions populaires. De temps à autre il surgissait des individus qui pouvaient agir sur la minorité et, par son intermédiaire, sur la majorité. Ces individus apportaient aux anciennes formes de la civilisation coutumière une *pensée* nouvelle, ou bien arrivaient à modifier certaines de ses formes au nom d'une civilisation coutumière différente ; quelquefois aussi c'est une nouvelle pensée qui servait de base à ces modifications. A chaque moment de son histoire, la vie d'un peuple est le résultat de ces trois éléments : l'élément naturel et nécessaire, l'élément historique et habituel, l'élément individuel et réfléchi. C'est leur combinaison qui a formé et qui forme l'esprit du peuple. Seul ce qui découle des particularités physiques et des conditions du climat, est invariable ; tout le reste est une habitude qui change constamment sous l'influence de la pensée et des actes individuels. Si les individus pensent peu et agissent peu, l'habitude demeure invariable dans une longue série de générations ; la culture conserve ses particularités ; la civilisation se rapproche de plus en plus de l'état stationnaire ; l'esprit du peuple prend des formes de plus en plus déterminées qu'on peut décrire à peu près de même qu'on décrit les mœurs des animaux. Au contraire, si les individus sont actifs et si leur pensée, loin de se cantonner dans le cercle étroit de la minorité, tend à pénétrer également dans la majorité, les habitudes ont à peine le temps de s'établir, les civilisations coutumières se succèdent rapidement dans la

minorité et se répandent, quoiqu'un peu plus lentement,
dans la majorité ; la civilisation risque plutôt de devenir
instable que de se pétrifier. Il est alors extrêmement difficile
de définir l'esprit du peuple, et la plupart des auteurs qui
en parlent ne se comprennent pas entre eux. Sur un fond
naturel et nécessaire, la société comprend plusieurs · couches
de civilisations coutumières historiques — résultats de
changements, plus rapides dans la minorité et s'étendant
plus lentement à la majorité. Suivant son acquis personnel, l'écrivain place l'esprit du peuple dans telle ou telle
de ces couches et trouve, suivant ses préférences, la
marche véritablement normale et nationale de l'histoire
à telle ou telle époque. Demandez aux Français : où est la
France normale, exprimant le véritable caractère du peuple?
Après la chute de toutes les monarchies, légales et basées sur
l'élection ou conquises par la force, après la chute honteuse
du césarisme, après tant d'essais de république étouffée
dans le sang ou vendue et trahie par ses défenseurs officiels
vous trouverez dans les écrits, dans la société, dans la
chambre souveraine actuelle, des représentants de tous les
partis qui vont vous prouver que la *véritable* France, avec
son esprit national, est incarnée précisément dans la période
historique dont ils soutiennent la tradition. L'un vous indi-
quera l'ancien régime et Louis XIV avec son fervent catholicisme, avec ses Racine et ses Boileau ; l'autre — 1789 avec
ses « Droits de l'homme » ; le troisième Robespierre ou
Babœuf ; le quatrième — le petit caporal ; le cinquième —
l'époque bruyante du parlementarisme sous Louis-Philippe ;
un sixième n'aura pas honte, même maintenant, de vous parler de l'époque « de calme, de richesse et de gloire » sous
le second empire, et il s'en trouvera même qui remon-
teront à l'époque de Saint-Louis et de l'inquisition. Et chacun
vous prouvera avec des arguments en main que c'est précisément *là* l'époque où régnait le *véritable* esprit national de la
France. Demandez à nos compatriotes : où est le véritable

esprit national de la Russie ? L'un vous citera Moscou de Ivan
le Terrible, avec le « Stoglav » et le « Domostroï » (1), l'autre,
Novgorod avec son beffroi communal; un troisième, Vladimir
le soleil, le mythique Sviatogoz; d'autres se mettront à citer
Pierre le Grand, Catherine la Grande, ou Speransky le réfor-
mateur. L'un s'arrêtera à 1854, un autre à 1861, un autre
encore à 1863, ou même à 1889. Et tous vont discuter, tous
vont s'efforcer de démontrer que c'est précisément ici que se
trouve saisi, deviné, incarné dans le mythe, dans l'existence,
dans un décret ou dans une parole, le véritable esprit national
russe. Qui, parmi eux, a raison ? A quoi s'est arrêté le développement de l'esprit national russe ? Est-ce à la vie préhistorique des Slaves ? Est-ce à la couche qui correspond à la civilisation byzantine ? Est-ce à celle de la civilisation de Pierre
le Grand et de son fonctionnarisme ? Ou bien cet esprit
est-il capable, tout en restant lui-même, d'accueillir et de
s'assimiler des éléments toujours nouveaux ? Si d'autres ne
le pensent pas, permettez-moi au moins, en présence de la
variété des opinions, de penser ainsi et d'agir conformément
à cette conviction. Permettez-moi de croire que l'esprit national a une aptitude plus grande à s'assimiler de nouveaux éléments que les races zoologiques de bœufs ou d'hyènes. Au
milieu de la variété sans bornes des idées relatives à l'esprit
national, ou, plus exactement, à ce qui est le plus vrai et le
plus juste pour le peuple considéré, permettez à un homme
qui pense d'une façon critique d'exprimer et de faire pénétrer
dans la vie *son* opinion sur la vérité et la justice, dans l'espoir
qu'elle aussi pourrait entrer dans l'esprit national, comme
un élément constituant, à l'égal des forces qui y sont déjà
entrées auparavant. Pourquoi l'auteur du « Domostroï »
aurait-il plus de droits que moi à l'expression de l'esprit national ? Pourquoi une certaine disposition législative pourrait-

(1) Deux monuments littéraires de l'ancienne Russie.

elle apporter à cet esprit un nouvel élément vivant et pourquoi une autre ne le pourrait-elle pas ?

Seule, la critique de l histoire, la critique de l'esprit national,
la critique de la vérité, la critique de la justice peut en être
juge. Et cette critique n'a lieu et ne peut avoir lieu que dans
l'individu. Au nom, précisément, de l'esprit du peuple —
non pas d'un esprit zoologiquement invariable mais d'un esprit
qui se développe d'une façon humaine, l'individu doit soumettre cet esprit à sa critique, examiner ce qui en lui est un
élément naturel et nécessaire, quels sont les points où les
éléments de la civilisation coutumière sont incapables de se
modifier pour le moment et ce qui, au contraire, doit subir
une transformation, au point de vue d'une vérité plus exacte
et d'une justice plus large. Pour chaque époque considérée,
l'esprit national est l'esprit de ceux, parmi les individus
vivant à cette époque, qui possèdent la pensée critique, qui
comprennent l'histoire du peuple et désirent apporter à sa vie
présente le plus de vérité et le plus de justice possible. De
même, l'expérience de l'humanité n'est rien autre que la
façon dont son histoire est comprise par les individus qui
sont doués de pensée critique et de volonté énergique. Quant
à « la raison de l'histoire », elle n'est — si même elle est
quelque chose de plus qu'une formule — qu'un mot, une illusion pour les rêveurs, un épouvantail pour les poltrons. La
majorité s'est toujours soumise à la nécessité ; la minorité a
toujours eu le désir de jouir ; un petit nombre d'individus ont
voulu comprendre et réaliser dans la vie la vérité et la justice.
Un individu qui comprend clairement le passé et qui désire
énergiquement la vérité est, par sa nature même, un juge qui
possède pleinement le droit de juger la véritable expérience
de l'humanité, d'interpréter la véritable raison de l'histoire.

Par conséquent, si un homme a conscience d'avoir clairement compris le passé et d'aspirer énergiquement à la vérité,
il ne peut pas, il ne doit pas renoncer en considération des
formes historiques de la société, à une conviction qu'il s'est faite,

car la *raison*, l'*utilité*, le *droit* sont pour lui. Il doit seulement peser ses *forces* en vue de la lutte qu'il aura à soutenir, ne pas dépenser inutilement celles dont il dispose, les augmenter autant qu'il le peut, apprécier ce qui est possible et accessible, calculer ses actes — et ensuite se décider. Il nous reste maintenant à examiner un dernier point.

La lutte des individus contre les formes sociales défendues par l'habitude, la tradition, la loi, l'organisation de la société, la force physique, l'ascendant moral, est *insensée*, nous dit-on. Que peut faire un seul individu contre une masse d'autres, bien unis et dont beaucoup sont, même pris séparément, aussi forts que cet individu isolé qui lutte contre eux ?

Mais quel a été le cours de l'histoire ? Par qui était-elle mue ? Par des individus luttant isolément. Comment y arrivaient-ils ? Ils devenaient et devaient devenir une force. Le quatrième point demande, par conséquent, une réponse plus détaillée. En face des formes sociales l'individu est, en effet, impuissant, mais sa lutte contre ces formes n'est insensée que lorsqu'il ne peut pas devenir lui-même une force L'histoire nous montre, au contraire, que c'est possible et que c'est même l'*unique* voie par laquelle le progrès historique a jamais été réalisé. Nous devons donc poser et résoudre la question : comment de faibles individus se sont-ils transformés en force sociale ?

LETTRE VIII

LA FORCE SOCIALE CROISSANTE

« Un homme en campagne ne constitue pas une armée », dit un vieux dicton ; et, en effet, l'individu qui se dresse en face de la société avec sa critique des formes sociales et son désir d'y incarner la justice, est impuissant en tant que faible unité. Et cependant ce sont ces individus qui, en devenant une force, en se transformant en moteurs de la société, ont créé l'histoire. Comment y sont-ils arrivés ?

Il faut, d'abord, reconnaître ce fait que si l'individu envisagé est vraiment doué de la pensée critique, il n'est jamais seul. En quoi consiste sa critique des formes sociales ? En ce qu'il a compris plus nettement et plus profondément que les autres, les défauts de ces formes, le manque, en elles, de justice conforme à l'idéal de l'époque présente. Mais s'il en est ainsi, un grand nombre d'autres individus souffrent et se plaignent, s'agitent et périssent sous le poids de ces formes. Ils n'ont peut-être pas suffisamment de pensée critique pour comprendre les causes qui rendent leur vie si malheureuse ; mais si on les leur explique, ils pourront les comprendre, et, ceux qui auront compris, l'auront compris aussi bien que celui qui le premier a exprimé la pensée, et même mieux peut-être, car il se peut qu'ils aient éprouvé sur eux-mêmes la vérité de cette pensée d'une façon plus complète que lui. Pour n'être pas complètement seul, l'homme qui entre en lutte avec les formes sociales n'a qu'à exprimer sa pensée de façon à la faire connaître : si elle est juste, il ne restera pas seul. Il aura des camarades, des coreligionnaires parmi ceux dont la pensée est la plus vivante et la plus impressionnable. Ils lui sont inconnus ; ils sont dispersés sans rien savoir les uns des autres ; ils sont seuls et impuissants devant le mal qui les opprime ; peut-être sont-ils devenus plus malheureux encore depuis qu'est arrivée jusqu'à eux la parole qui expliquait ce mal. Mais on les trouve par-ci par-là, et ils sont d'autant plus nombreux que la pensée est plus vraie et plus juste. C'est une force invisible, insensible, qui ne s'est encore manifestée par aucune action, mais c'est déjà une force.

Pour que l'action de la force se manifeste, il faut un exemple. Pour que l'individu cesse de se sentir seul, il faut qu'il apprenne l'existence d'un autre individu qui ne se borne pas à sentir que son existence est pénible et à comprendre pourquoi elle l'est, mais qui réagit contre ce mal. Il faut non seulement la parole, mais l'acte. Il faut des hommes énergiques et fanatiques qui risquent tout et sont prêts à tout sacrifier. Il faut des martyrs dont la légende dépassera de beaucoup leur valeur réelle, leur véritable mérite. On leur attribuera une énergie qu'ils n'avaient pas. On mettra dans leur bouche la meilleure pensée, le meilleur sentiment auxquels sauront arriver leurs disciples. Ils deviendront pour la foule un idéal inaccessible et irréalisable. Mais leur légende inspirera à des milliers d'hommes l'énergie nécessaire à la lutte. Des paroles qui n'ont jamais été prononcées se répéteront, d'abord à moitié comprises, puis comprises de mieux en mieux, et la pensée qui n'a jamais inspiré le personnage historique idéal, se trouvera incarnée dans l'œuvre des générations suivantes comme inspirée par lui. Le nombre de ceux qui périssent est ici sans importance. La légende les multipliera toujours jusqu'à l'extrême. Et d'ailleurs l'histoire nous montre que les conservateurs des formes sociales se sont toujours appliqués, avec une abnégation louable, à fournir à la vénération de la foule un nombre suffisant de militants sacrifiés, pour que l'opposition contre telle ou telle forme sociale puisse dresser un long martyrologe de ses héros. Dans cette phase de la lutte, les individus doués de la pensée critique ont déjà devant eux une véritable force, mais une force désordonnée. Elle est le plus souvent dépensée inutilement, pour des raisons insignifiantes, uniquement parce qu'elles sautent aux yeux les premières. Les hommes périssent en luttant contre une manifestation du mal, tandis que son essence reste intacte. Les souffrances ne diminuent pas ; elles peuvent même augmenter parce que, à mesure que la lutte devient plus intense, l'irritation des adversaires augmente. Parmi les militants eux-mêmes, il se produit des discordes et des scissions, car plus ils combattent ardemment, plus jalousement ils se surveillent les uns les autres. Malgré toute leur énergie, malgré tous leurs sacrifices, le résultat est peu considérable. La force s'est manifestée, mais elle se dépense en vain. Elle n'en est pas moins une force qui a déjà pris conscience d'elle-même.

Pour que la force ne soit pas dépensée inutilement, il faut l'organiser. Les individus qui possèdent la pensée critique et une volonté énergique doivent désirer non seulement la lutte, mais la victoire ; pour cela il faut comprendre non seulement le but proposé, mais aussi les moyens qui peuvent servir à l'atteindre. Si la lutte a été sérieuse, il y a, parmi les adversaires des formes sociales surannées, non seulement des personnes qui luttent au nom de leur propre souffrance n'ayant compris cette souffrance que sur la foi de la parole, de la pensée d'un autre, mais il y a également des individus qui ont examiné la situation à un point de vue critique. Ils sont obligés de se chercher ; ils doivent s'unir pour rendre harmoniques et concordants les éléments désordonnés de la force historique qui vient de naître. Alors, la force est organisée ; son action peut être dirigée vers un point donné, concentrée en vue d'un but défini ; sa tâche est désormais toute technique : accomplir le plus grand travail possible avec la moindre dépense de forces possible. Le temps des souffrances inconscientes et des rêves est passé ; le temps des lutteurs héroïques et des martyrs fanatiques, d'une dépense de forces sans calcul et de sacrifices inutiles, est passé. L'époque qui vient est une époque de travail calme et conscient, de coups bien calculés, de pensée rigoureuse, d'activité patiente et inébranlable.

Cette phase est la plus difficile de toutes. Les deux premières se déroulent d'une façon naturelle. La souffrance fait naître la pensée dans un individu isolé ; cette pensée s'exprime et se répand ; la souffrance devient consciente ; çà et là des individus plus énergiques apparaissent : il y a des martyrs ; leur mort augmente l'énergie des militants ; leur énergie rend la lutte plus intense ; tout cela se suit dans un ordre nécessaire, comme tout phénomène naturel. Il n'existe pas d'époque où ce phénomène ne se soit pas produit dans une mesure plus ou moins grande ; parfois même il a atteint une extension très considérable. Mais parmi tous les partis qui ont lutté contre les formes vieillies, pour la justice et la vérité, peu nombreux sont ceux qui ont triomphé. Les autres ont péri, se sont dispersés ou se sont pétrifiés ; ils ont disparu lorsqu'une nouvelle époque eût fait naître de nouvelles protestations, de nouveaux partis, et que le temps des premiers était irrévocablement passé. La victoire n'a échappé à ces partis que parce que, après avoir traversé tout naturellement les deux premières phases, ils n'ont pas su arriver à la troisième qui, elle, ne se crée pas toute seule. On doit se la représenter dans tous ses détails : dans ses causes et dans ses effets, dans ses fins et dans ses moyens. Il faut la vouloir et la vouloir fermement, malgré une multitude d'ennuis personnels, malgré le caractère fatigant et monotone de l'action qui, dans la plupart des cas, passe sans être aperçue ni appréciée. Cette phase, on doit la préparer, la soutenir et la défendre de toutes ses forces, en supportant avec patience les insuccès, en profitant de chaque occasion favorable, sans jamais perdre de vue personne ni rien. C'est une phase créée par la pensée humaine, provoquée artificiellement, et qu'il est désirable de traverser le plus vite possible, car, pendant toute sa durée, les partis sont exposés, au plus haut point, aux dangers qui menacent tout ce qui vit et dont nous avons déjà parlé lorsqu'il s'est agi du progrès des civilisations : celui de disparaître par la fragilité des liens ou de se pétrifier dans l'immobilisme d'une tendance exclusive. C'est à cette phase qu'un parti est le plus menacé par ces dangers, car c'est à cette phase seulement qu'il vit de la vie d'un organisme, que tous ses organes concourent à une même action. La dissolution ou la pétrification ne sont funestes que pour un organisme. Jusqu'alors, les individus n'obéissaient qu'à leurs impulsions, et les impulsions sont stables, car elles découlent directement des circonstances. Maintenant, ils doivent obéir à la pensée, laquelle n'est stable que si elle est nette, et cette netteté est constamment menacée par les impulsions les plus variées. Voyons donc en quoi consistent les principales difficultés de cette phase, car ce n'est qu'à condition de les surmonter que les individus deviennent une véritable force organique luttant dans la société pour la vérité et la justice.

Les individus doués de la pensée critique qui doivent s'unir pour former un parti possèdent, par cela même qu'ils sont plus capables et plus énergiques, une individualité plus marquée. Il ont élaboré une habitude de penser à eux, et il leur est plus difficile qu'aux autres de se placer au point de vue qui n'est pas le leur et de s'y soumettre. Ils se sont créé un mode d'action à eux, et il leur est plus difficile qu'à n'importe qui de s'astreindre à agir d'une façon différente de celle qui leur paraît la meilleure. Mieux que les autres, ils ont su préserver leur indépendance au milieu de la routine sociale ; aussi une action isolée est-elle plus commode pour eux. Et cependant, ces mêmes individus qui pensent d'une façon indépendante, qui agissent d'une façon indépendante, qui ont l'habitude de l'isolement moral, doivent maintenant se rapprocher, s'unir, penser en commun, agir en commun, organiser quelque chose qui sera fort, mais d'une force collective, qui sera uni, mais d'un unité abstraite ; quant à leur individualité qu'ils ont su préserver contre l'influence enlisante de la routine, à laquelle ils se sont si bien habitués et qu'ils estimaient si haut, elle doit disparaître dans une tendance générale de la pensée, dans un plan général d'action. Ils créent l'organisme, mais descendent eux-mêmes au rang d'organes. Et ils le font volontairement.

Tout cela est très pénible. Le danger de discorde, la scission entre ces individus énergiques menace continuellement de se produire. Et cette discorde a maintenant une signification tout à fait autre que dans la phase précédente. Là, pendant la prédominance de l'action individuelle, dans la période de la propagande par l'exemple et par l'énergie individuelle, l'objet pour lequel l'énergie est dépensée importe peu : pourvu que cette énergie existe, pourvu qu'il y ait un héros qu'on puisse élever sur un piédestal et dont le nom et l'exemple puissent inspirer les hommes pour une nouvelle action. Deux adversaires qui ont dépensé leurs forces dans une lutte inutile entre eux peuvent, comme Voltaire et Rousseau, se placer côte à côte dans le Panthéon de la postérité. Mais maintenant, la scission c'est la mort, c'est le renoncement à la victoire de la cause commune, à l'avenir du parti. Et nous voyons des individus indépendants se rapprocher avec l'intention ferme de céder une partie des opinions qui leur sont familières, de renoncer à une partie de leurs actes familiers, pour assurer le triomphe dans l'avenir de leurs convictions les plus intimes, les plus profondes. Toute la force de leur pensée est encore une fois dirigée vers la critique de leur propre esprit, de leur propre action, non pour savoir si c'est vraiment dans cette direction que résident la vérité

et la justice, mais pour résoudre cette question : telle ou telle
vue particulière est-elle vraiment liée d'une façon si étroite
à l'essence même de mes tendances, de ma conviction, que je
ne puisse y renoncer sans diminuer ma dignité, sans sacrifier
tout ce qui m'est cher en moi-même ? Ce renoncement
m'est-il impossible même s'il s'agissait du triomphe de mes
idées, car alors seuls les noms de mes idées triompheraient,
et sous ces noms il se cacherait quelque chose de si avili, de
si défiguré que je n'y aurais plus reconnu mes idées ? C'est
seulement après avoir bien établi la limite des concessions,
au delà de laquelle commence la trahison envers la cause
commune, que les individus qui se réunissent au nom de
cette cause peuvent constituer un parti fort et énergique.
S'ils se rapprochent avec l'idée ferme de ne pas céder
un iota, il est inutile qu'ils s'unissent. La cause commune
n'existe pas pour eux. Chacun d'eux ferait volontiers des
autres un instrument de sa pensée sous la forme où elle
s'est élaborée en lui dans sa totalité, avec tous les éléments,
essentiels aussi bien qu'accidentels, de ses convictions et
de ses habitudes. Mais ces rencontres dans lesquelles on
tend mutuellement à se réduire les uns les autres à l'état
d'esclavage moral, représentent non pas l'organisation d'un
parti, mais des tentatives de tout ramener à un mécanisme
qui ne servirait qu'aux tendances et aux fins d'une seule personne. Chacun doit, dans ses opinions, faire la part de ce qui
n'est qu'un effet de l'habitude ; chacun doit entrer dans
l'union avec la résolution de sacrifier ce qui n'est qu'une
habitude — même très chère — dans l'intérêt de ce qui est essentiel ; chacun doit se considérer comme un organe dans
l'organisme ; il n'est pas un instrument mort, un outil
inconscient, mais, cependant, il est *seulement* un organe ; il a
sa structure à lui, ses fonctions à lui, mais il est *soumis* à
l'unité du tout. C'est une condition, et une condition nécessaire, de la vie de l'organisme. C'est une condition de l'action
concordante, une condition de la victoire.

Mais si la discorde est nuisible, si la concession de ce qui n'est qu'une *habitude* est nécessaire, si les individus doivent se soumettre à la cause commune, il serait aussi funeste d'abandonner ce qui est *essentiel* qu'il est nécessaire aux individus de rester des individus *pensants* et de ne pas devenir des machines, des instruments de la pensée d'autrui. Celui qui a concédé une partie essentielle de sa conviction, ne possède aucune conviction sérieuse. Ce qu'il sert, ce n'est pas une cause réfléchie et désirée, mais un mot dénué de sens, un son vide. Certes, sans union étroite, sans unité d'action, la victoire est impossible. Mais la victoire *en elle-même* ne peut pas être le but d'un individu qui pense. Il faut qu'elle ait aussi un sens intérieur. Ce qui importe, ce n'est pas de savoir *qui* a vaincu, mais de savoir *ce qui* a vaincu. Ce qui importe, c'est l'idée qui triomphe. Et si les concessions ont fait perdre à l'idée tout son contenu, le parti n'a plus aucune raison d'être, il n'a plus rien à faire, et la discussion tout entière ne porte plus que sur la prédominance de telle ou telle personne. Alors rien ne distingue le parti des défenseurs de la vérité et de la justice du parti routinier de l'ordre social existant, contre lequel ils luttent. Leur drapeau porte des mots qui autrefois signifiaient la justice et la vérité et qui, maintenant, ne signifient plus rien. Et ces mots sonores, ils iront les répéter des milliers de fois. Et la jeunesse les croira — la jeunesse qui met dans ces mots son intelligence, son âme, sa vie. Et elle perdra confiance en ses chefs et en ses drapeaux. Et l'idée sacrée d'hier sera traînée dans la boue par les rénégats. Et les réactionnaires riront de ces drapeaux, souillés par ceux-là même qui les portent. Et les grands mots immortels attendront des hommes nouveaux qui leur rendront leur sens, qui les incarneront dans les actes. Quant à l'ancien parti qui a tout sacrifié à la victoire, il ne triomphera peut-être même pas ; il sera, dans tous les cas, pétrifié dans son immobilisme et vide de tout contenu.

Ainsi, l'organisation du parti est indispensable à la victoire, mais pour que le parti soit un organisme vivant, la soumission des organes au tout et la vitalité de ces organes sont également nécessaires. Un parti est formé d'alliés pensants, convaincus et énergiques ; ils comprennent nettement ce qu'ils veulent ; ils tiennent fermement à leurs convictions personnelles ; ils sont fermement résolus à faire tout ce qu'ils peuvent pour amener le triomphe de ces convictions. C'est à ces conditions seulement que le parti a des chances d'éviter les deux dangers qui le menacent : la dissolution et l'immobilisme.

Supposons ces conditions réalisées. Des individus doués de la pensée critique et d'une volonté énergique s'unissent pour constituer un parti. Mais les circonstances qui ont présidé à la naissance d'une telle organisation font que les personnes pouvant satisfaire aux conditions qu'on leur pose en leur qualité d'organisateurs d'un parti, seront extrêmement peu nombreuses, même parmi les individus possédant la pensée critique. Cependant ils ont, d'abord, des alliés *possibles* dans d'autres individus, ayant également une pensée critique : ils ont, ensuite, des alliés *sûrs* dans les masses qui ne sont pas arrivées à la pensée critique, mais souffrent du même vice social contre lequel lutte le parti en formation.

Parlons d'abord des premiers. Ce sont, comme nous l'avons dit, des hommes animés de la pensée critique, des intellectuels auxquels, cependant, dans le cas présent, il manque quelque chose pour devenir les organisateurs d'un parti puissant. Les uns ne sont pas arrivés, malgré toute la vigueur de leur pensée, à comprendre que, seule, l'organisation peut donner la victoire, et n'ont pas dépassé le point de vue des militants isolés et héroïques de la phase précédente. D'autres l'ont fait, mais n'ont pu se décider à sacrifier à la cause commune leur amour-propre ou une certaine façon d'agir à laquelle ils étaient habitués. Les troisièmes n'ont pas su assez bien séparer l'essentiel de ce qui ne l'était pas. Les quatrièmes, emportés par le désir passionné de la victoire, sont au contraire prêts à se soumettre *absolument*, à sacrifier même l'essentiel, à devenir l'instrument d'autrui et à blâmer tous ceux qui n'en sont pas capables. D'autres catégories encore se présenteront. Il est clair que les organisateurs d'un parti qui lutte pour la vérité et la justice doivent, avant tout, augmenter leurs forces de tous les éléments qui sont épars autour d'eux et qui peuvent entrer dans l'organisation. Ce qui importe ici, c'est moins le nombre que la valeur des membres, leur pensée indépendante et leur volonté énergique. Ceux-là surtout importent qui peuvent devenir à leur tour des centres indépendants et actifs, qui porteront toujours plus loin la vie du nouvel organisme. Parmi les personnes qui ne sont pas encore entrées dans le mouvement, ce sont donc les trois premières catégories qui sont les plus intéressantes. Aux premières il faut expliquer l'importance pratique de l'affaire, aux dernières sa signification théorique ; quant à la deuxième catégorie, il faut simplement l'amener au parti. Tous, ils peuvent être dans l'avenir des militants très utiles ; tous, ils sont des alliés *possibles*, et c'est bien ainsi que doivent les considérer ceux qui comprennent l'utilité commune. C'est ce point de vue qui doit régler la conduite du parti qui s'organise, aussi bien à l'égard des éléments qui y sont déjà entrés qu'à l'égard de ceux qui peuvent y entrer dans l'avenir.

Mais un parti social n'est pas un parti de théoriciens. Il lutte pour la vérité et la justice sous une forme concrète. Il vise un mal déterminé existant dans la société. Si ce mal est réel, un très grand nombre de personnes en souffrent ; elles en sentent toute l'étendue, mais ne comprennent nettement ni ses causes, ni les moyens de le combattre. Ce sont là ces héros inconnus dont j'ai parlé plus haut et qui assurent la possibilité du progrès. C'est là le terrain réel du parti qui s'organise. Car s'il s'organise, c'est précisément parce qu'il connaît l'existence d'un grand nombre de personnes *devant* soutenir ses revendications, *devant* lui tendre la main, car elles souffrent elles-mêmes de ce mal qu'il combat. Peut-être ces masses souffrantes, dépositaires d'un avenir meilleur, ne reconnaîtront-elles pas immédiatement leurs partisans ; peut-être même sentiront-elles à leur égard une certaine défiance ; peut-être ne pourront-elles pas reconnaître dans une lutte engagée sur le terrain de la pensée critique consciente, la lutte qu'elles-mêmes appellent instinctivement en raison de tendances et de croyances obscures. Mais peu importe. Le parti doit quand même s'organiser en vue d'une union avec ces forces sociales, union qui est nécessaire et qui se réalisera demain, sinon aujourd'hui. Les militants, d'abord incompris et méconnus, de la lutte pour un avenir meilleur doivent, dans toutes leurs paroles, dans tous leurs actes, avoir en vue ces alliés non seulement possibles, mais nécessaires.

Voilà donc le parti organisé. Son noyau est formé par un petit nombre d'hommes faits, réfléchis, énergiques, pour lesquels la pensée critique est inséparable de l'action. Autour d'eux se groupent des intellectuels moins bien développés. Quant au terrain réel du parti, il est dans ses alliés nécessaires, dans les groupes sociaux qui souffrent du mal qu'il veut combattre. La distinction établie entre ce qui, dans les opinions individuelles, est essentiel et ce qui ne l'est pas, détermine en même temps la liberté d'action à l'intérieur du parti et sa tolérance au dehors. Quelles que soient les divergences entre ses membres, relativement aux points reconnus comme non essentiels, ils sont néanmoins ses alliés utiles et nécessaires dans l'avenir. Tous les membres du parti — actuels et possibles — se trouvent sous sa garde. Tout homme pensant qui entre dans l'organisme du parti devient l'avocat naturel non seulement de celui qui y appartient déjà, mais également de celui qui peut y entrer demain. Un avocat ne doit pas défigurer la cause de son client ; il ne doit que mettre en vue ce qui, réellement, peut parler en sa faveur, en taisant tout ce qui peut lui nuire. Ce silence n'est pas un mensonge, car les partis adverses ont également leurs avocats qui ne ménagent pas et ne doivent pas ménager leurs adversaires. L'avocat qui défigurerait la vérité d'une façon évidente nuirait ainsi et à son drapeau, et à son autorité, et à sa réputation d'avocat intelligent et consciencieux. Mais l'avocat qui suggèrerait à l'adversaire les meilleurs arguments ne serait pas un avocat du tout. La défense mutuelle des membres d'un parti est le lien le plus puissant, l'arme de défense la plus efficace contre les adversaires ; c'est, en même temps, un des meilleurs moyens pour un parti organisé d'attirer vers lui les personnes qui n'y sont pas encore entrées. De même que l'unité de la pensée et l'unité du but constituent la force intérieure d'un parti, de même la défense mutuelle en constitue la force extérieure.

Au delà des limites de ce qui n'est pas essentiel, cesse la liberté d'action des membres du parti, de même que sa tolérance à l'égard des personnes qui sont en dehors de lui. Un membre du parti qui a dépassé cette limite n'est plus son membre, mais son ennemi. Parmi les personnes placées en dehors, celui qui est en désaccord avec le parti dans les questions importantes est également son ennemi. Contre ces ennemis, le parti agit et doit agir par toute la force de son organisation, luttant comme un seul homme, par tous les moyens, en dirigeant bien ses coups. Tout membre du parti est l'avocat naturel de ses alliés réels ou possibles, de même qu'il est un procureur, un accusateur naturel pour tous ses ennemis reconnus. Là non plus, ce n'est pas une altération de la vérité qui est nécessaire : tel n'est pas du tout le devoir d'un procureur consciencieux. Ce qu'il faut, c'est surveiller avec attention les actes réels des adversaires et mettre en avant toutes les circonstances qui peuvent les accuser. Défendre l'accusé, c'est l'affaire des avocats. Une accusation trop mesquine tourne, aux yeux d'un public attentif, en faveur de l'accusé et nuit au crédit de l'accusateur, de même qu'une défense trop évidemment partiale de l'avocat produit une action contraire à son but. Mais négliger les fautes des adversaires et leur fournir les moyens de cacher leurs actes, est tout aussi peu conforme au but d'un homme de parti. Une lutte attentive et incessante contre les ennemis est une manifestation de la vie du parti, de même que l'unité de la pensée est la base de cette vie et la défense mutuelle des membres — le lien du parti.

C'est ainsi que croît la force sociale, en partant d'un individu faible et isolé, se manifestant ensuite dans la sympathie d'autres individus, puis dans leur concours désordonné, jusqu'à ce qu'enfin il se forme un parti qui unifiera la lutte et lui donnera une direction. A ce moment, le parti en rencontre naturellement d'autres, et la victoire devient une question de nombre et de mesure. De quel côté se trouve une force plus grande ? Où sont les individus qui comprennent mieux, qui sont plus énergiques et plus habiles ? Lequel des deux partis est le mieux organisé ? Lequel saura mieux profiter des circonstances, protéger les siens, attaquer les adversaires ? Ici nous trouvons en lutte des forces déjà organisées et l'intérêt de l'histoire se concentre dès lors sur les principes qui sont inscrits sur leurs drapeaux.

— Il n'y a là rien de nouveau ; tout cela, je le savais déjà, dira le lecteur.

Tant mieux, lui répondrai-je. Il ne faut pas chercher dans l'histoire des fables ou des contes de fées, mais on peut y apprendre comment les choses se sont passées, comment elles se passent et comment elles se passeront. La lutte de l'individu contre les formes sociales et la lutte des partis dans la société sont aussi vieilles que la première organisation sociale historique. Je voulais seulement rappeler au lecteur de vieilles vérités sur les conditions de lutte des faibles individus contre la force immense des formes sociales, sur celles du travail de la pensée qui influence les habitudes et les traditions de la civilisation coutumière, sur celles de la victoire pour les partis du progrès, et sur celles du développement de la vie des civilisations. Les individus qui ont élaboré en eux la pensée critique ont acquis, par là même, le *droit* de lutter pour le progrès, contre les formes sociales vieillies. Cette lutte est *utile* et *raisonnable*. Les individus ne sont cependant que des militants *possibles* du progrès. Ils ne deviennent militants *réels* qu'à partir du moment où ils *savent* mener la lutte, où ils savent devenir, de négligeables individus qu'ils étaient, une *force* collective, représentante de la pensée. Un seul chemin peut y conduire, et ce chemin nous est indiqué par le témoignage indiscutable de l'histoire.

LETTRE IX

LES DRAPEAUX DES PARTIS SOCIAUX

J'ai exprimé, dans mes dernières lettres, l'idée que tout progrès social dépendait nécessairement de l'action des individus; qu'eux seuls pouvaient rendre une civilisation stable et la préserver de l'immobilisme; qu'ils avaient le droit et la possibilité de soumettre à leur critique les formes sociales au milieu desquelles ils vivent; que la lutte pour le nouveau contre l'ancien, pour ce qui se développe contre ce qui a fait son temps, amenait nécessairement le groupement des partis sous le drapeau des différentes idées et provoquait entre eux un conflit au nom de ces idées.

Mais comment distinguer dans ce combat des partis quel est celui qui défend un passé suranné et quel est celui qui lutte pour ce qui vit et se développe? La question peut paraître étrange, parce qu'en pratique il semble extrêmement facile de distinguer si l'on nous prêche des idées qui avaient cours il y a deux, trois, quatre ans, il y a une vingtaine d'années ou il y a un siècle, ou bien des idées de formation toute récente et dont on se serait détourné avec sourire, effroi ou répugnance à l'époque précédente. La dernière mode intellectuelle, le dernier article d'une revue influente, la dernière parole d'un propagandiste favori — voilà l'élément vivant, l'élément qui se développe. Le parti dont les rangs sont volontairement ou involontairement abandonnés par ses adhérents — voilà le parti de la réaction. C'est là le critérium le plus facile, celui que suivent avec la constance la plus stupide tous les moutons des troupeaux humains ; c'est le critérium qu'adoptent avec une malléabilité remarquable tous les beaux parleurs dépourvus de convictions. Les chances que possède tel ou tel parti de prendre place au banquet social — voilà ce qu'ils appellent le désir d'aller en avant, de suivre son époque. S'ils avaient raison, le mot progrès n'aurait aucun sens et l'histoire serait quelque chose comme une table météorologique à l'aide de laquelle on peut noter les jours pluvieux et les jours ensoleillés, les jours où le vent souffle du sud-ouest et ceux où il souffle du nord-est, mais qui peut difficilement donner autre chose que des chiffres statistiques. Alors les lettres que j'écris en ce moment n'auraient aucune raison d'être à mes yeux, car la météorologie sociale m'intéresse aussi peu que la météorologie physique. C'est seulement dans des cas exceptionnels et dans des pays exceptionnels, que les pluies et les sécheresses se suivent régulièrement. Quant à nous, nous habitons une zone de climat variable et il nous est assez difficile de prédire la direction qu'aura le vent demain d'après celle qu'il a eu hier et avant hier. Nous subissons les changements de temps, mais nous ne les comprenons pas. Préparez, si vous le voulez, des caoutchoucs, des parapluies et des vêtements chauds, calfeutrez bien les fenêtres de vos maisons ; mais vous occuperez-vous jamais d'étudier la dépendance dans laquelle se trouve la pluie d'aujourd'hui vis-à-vis de celle qui est tombée jeudi dernier ? Dans l'état actuel de nos connaissances, ce serait là un travail ingrat, aussi bien en météorologie physique qu'en météorologie sociale. Tout ce que la science peut faire c'est établir des stations météorologiques pour les hommes qui sont le plus exposés au danger et les prévenir quelques heures à l'avance de l'ouragan qui approche.

Malheureusement, je ne peux pas admettre un moyen aussi simple de distinguer les progressistes des réactionnaires. Ayant indiqué au commencement de ma troisième lettre les conditions nécessaires du progrès, je dois admettre, pour être logique, qu'elles déterminent également les différences qui séparent les partis. Un parti vaincu peut-être un parti de progrès. Un livre peu lu, écrit il y a dix, cinquante, cent ans, peut renfermer plus d'éléments historiques vivants que l'article de revue le plus récent. La mode d'hier peut être animée d'un meilleur instinct de l'avenir que celle d'aujourd'hui. Oui, imaginez-vous que je préfère nos revues de 1861 à celles de 1867 ou même de 1890. Je préfère Kant à Schelling, Voltaire à Cousin, et je trouve qu'il y a beaucoup plus d'éléments vivants de progrès chez Lucien que chez Katkoff. Cela ne manquera certainement pas d'indigner certains progressistes qui se sentent chaque jour au niveau de la tendance la plus à la mode. Cela ne manquera pas de provoquer un sourire méprisant chez ces hommes éternellement calmes pour qui « jouer aux opinions » paraît un jeu enfantin. Cela réjouira peut être les admirateurs bornés du « Domostroï » et de Byzance qui s'imagineront qu'à ce point de vue eux aussi peuvent être compris aux nombre des véritables hommes du progrès. Je les laisse tous s'indigner, sourire ou se réjouir.

Si nous admettons que le progrès réside dans le développement de l'individu et la réalisation de la vérité et de la justice dans les formes sociales, la question posée plus haut — celle des caractères distinctifs d'un parti de progrès et d'un parti de réaction — devient beaucoup plus difficile à résoudre, car aucun indice extérieur ne nous guide plus. Hélas ! il en est ainsi. Parmi tous les mots de la civilisation humaine il n'y en a pas un seul qui se trouve inscrit d'une façon absolue, toujours et partout, sur le drapeau des progressistes seuls ou des réactionnaires seuls. Les plus grandes idées qui, dans la plupart des cas, étaient aux yeux de la meilleure fraction des hommes pensants, l'élément le plus vivifiant de la société, sont devenues, à certaines périodes historiques, un appât destiné à attirer des adhérents dans les rangs des partis qui étaient un obstacle au développement de la société. Les éléments les plus réactionnaires sont devenus, à certaines époques, des instruments du progrès.

Pour l'expliquer, examinons séparément les idées qu'on peut appeler les *principes généraux* de la vie individuelle et sociale, et celles qui correspondent aux *formes particulières* de cette dernière. Les unes comme les autres forment, dans leurs différentes combinaisons, les drapeaux des partis en lutte, que ces partis ne poursuivent en réalité que des calculs égoïstes ou qu'ils croient, en fanatiques, que leurs adhérents, et leurs adhérents seuls, sont des représentants de la vérité et de la justice absolues. Les deux groupes d'idées peuvent devenir aussi bien une source de développement qu'un instrument de l'immobilisme, et en effet, tous deux ont joué, tour à tour, ces deux rôles dans l'histoire, quoique pour des raison différentes.

En ce qui concerne les principes généraux : développement, liberté, raison, etc., ils ont subi ce sort précisément parce que, grâce à leur sens très large, ils restaient extrêmement vagues pour la plupart des hommes ; les uns pouvaient les répéter sans leur attribuer aucune signification déterminée, d'autres pouvaient en faire usage pour des fins très mesquines et très réactionnaires. Le mot *développement* pouvait être interprété d'une façon fataliste, dans le sens d'une nécessité qu'on doit non seulement constater comme un fait existant, mais considérer comme un principe légitime qui a droit à être reconnu intellectuellement et admiré moralement dans toutes ses manifestations. Pour les fétichistes du processus historique, les cellules pathologiques du cancer social sont des éléments d'un développement aussi humain que les cellules normales des muscles et des nerfs sociaux. Mais il en est autrement pour celui aux yeux de qui l'histoire a un sens humain : il sait que les unes comme les autres sont des conséquences nécessaires et naturelles des processus antérieurs, mais que seules les dernières fournissent des points de départ au développement, tandis que les premières sont des éléments de destruction et de mort. Dans le premier cas, le développement (si l'on peut employer ce mot ici) doit être empêché autant que possible dans le présent comme dans l'avenir. Dans le second (seul cas d'un véritable développement) il doit être favorisé. — L'usage absurde du mot *liberté* est si bien connu de tous ceux qui se sont donné la peine de réfléchir sur l'histoire qu'il est inutile, je crois, d'en parler : la liberté pour le plus fort de faire souffrir le plus faible, la liberté pour le pauvre de mourir de faim, la liberté pour les parents de mutiler les facultés physiques, intellectuelles et morales de leurs enfants, sont des formes très connues de ce principe. — Au nom de la *raison* on se plongeait dans la contemplation de l'absolu, en répudiant toute critique du fait existant ; on reconnaissait comme raisonnable tout ce qui existe, en se refusant à toute critique des formes sociales. — La *justice* était confondue avec la légalité, fût-ce même celle des lois de Dracon. — Sous le nom de *vérité* on entendait des affirmations mystiques, inaccessibles à l'intelligence et exigeant seulement une répétition inconsciente. — La *vertu*, c'était le sacrifice du meilleur individu au profit du pire, des biens réels pour les biens imaginaires ; c'était non pas la lutte contre le mal, mais la non-résistance au mal. — L'accomplissement du *devoir* était dans l'espionnage et la barbarie, dans la dénonciation d'un camarade par un séminariste jésuite, dans l'extermination de peuples entiers — Madianites, Amalécites, Amonnites, dans la violation de la parole donnée à un homme d'une autre croyance, dans l'auto-da-fé de l'Inquisition et dans les massacres de la Saint Barthélemy. — La *sainteté* de la vie résidait dans la négation du développement de l'individu, dans la négation de la vérité réelle et de la justice humaine, dans les tortures absurdes auxquelles se soumet lui-même le fakir, dans l'état bestial de l'ermite, dans la folie du saint, dans la croyance à l'absurde, dans les poursuites contre les mécréants ou contre les hommes d'une croyance différente. En un mot, tous les côtés les plus bas, les plus anti-sociaux, les plus humiliants, les plus anti-humains de l'homme, ont trouvé leurs défenseurs sous le masque de développement, de liberté, de raison, de vertu, de devoir, de sainteté. Seule, la critique, une critique constante et impitoyable, pouvait empêcher l'individu d'être entraîné par un mot sonore dans les rangs d'un parti complètement étranger à ses désirs, à ses instincts, à sa nature tout entière. Les principes généraux n'étaient ici qu'une simple enseigne ; très souvent deux partis essentiellement opposés, se déclaraient défenseurs d'un même grand principe. Tous les membres des sectes dissidentes se croyaient eux-mêmes de véritables orthodoxes et considéraient les adeptes de toutes les autres comme des hérétiques. Tous les philosophes affirmaient que seul leur système exprimait la façon exacte et raisonnable de comprendre les choses. César et Caton semblent avoir défendu tous les deux le bien de Rome. Les possesseurs d'esclaves comme les adversaires de l'esclavage, se réclamaient également de la justice. Les hommes pensants devaient chercher quel est le parti où le grand mot à son véritable sens. En revendiquant la liberté, ne revendique-t-on pas simplement, comme c'est le cas du clergé français, le droit d'opprimer les autres ? L'appel à la justice n'est-il pas (comme chez les possesseurs de serfs, les proprié-priétaires d'esclaves et les capitalistes) simplement un désir de légitimer un fait historique immoral, même à une époque où son immoralité a déjà été reconnue ?

Il semblerait que ce caractère qu'ont les principes généraux de servir de drapeau aux partis opposés, caractère qui tient à leur sens très large, n'existe pas pour les formes sociales particulières. La famille, la loi, la nationalité, l'état, l'église, l'association fondée dans un but d'études scientifiques ou dans un but d'ordre économique ou artistique, se proposent une tâche bien déterminée et assez facile à comprendre ; il n'est donc pas difficile, semble-t-il, de dire laquelle de ces formes représente un principe conduisant au développement, au progrès, et laquelle est, au contraire, un élément de mort et de réaction. Malheureusement, il en est tout autrement en réalité, pour une raison, d'ailleurs, bien différente de celle qui transforme quelquefois, en phrases creuses. les grands principes généraux. Ces principes, grâce précisément à leur caractère de généralité, ne prennent une signification déterminée que lorsqu'on se rend nettement compte de leur contenu réel. Au contraire, les formes sociales particulières, précisément à cause de leur caractère particulier, ne sont en elles-mêmes ni progressives, ni réactionnaires : elles peuvent toutes exercer une influence sur l'individu dans le sens du progrès, comme elles peuvent toutes devenir pour l'individu l'obstacle le plus pénible à son développement. La signification historique de chacune de ces formes est déterminée par la combinaison de toutes les circonstances qui l'entourent et de toutes les formes sociales existant à cette époque. A une époque déterminée, les conditions du développement social amènent nécessairement au premier plan, comme instrument du progrès, telle forme déterminée ; la société ne peut alors se développer qu'à condition que toutes les autres formes sociales se soumettent à cette forme directrice. Mais les conditions changent ; ce qui était hier le besoin fondamental, dominant, devient aujourd'hui *un des besoins*, parmi beaucoup d'autres, de l'individu et de la société. Telles formes d'union sociale qui, hier, étaient subordonnées, réclament aujourd'hui l'égalité et demain la prédominance ; la société doit alors passer à une nouvelle combinaison, si elle veut continuer à marcher dans la voie du progrès. La forme qui prédominait hier et dont la prédominance était à bon droit revendiquée par les hommes de progrès d'hier, doit aujourd'hui céder sa place, et celui qui continuera à la défendre sera dès lors un réactionnaire... Les nouvelles combinaisons auront fait leur temps, elles aussi, et seront remplacées par d'autres, plus nouvelles. Celui qui adorera, comme un fétiche, une combinaison passagère de formes sociales, risquera inévitablement

de devenir un allié de la réaction, car il n'existe aucune
combinaison qui réponde définitivement à toutes les exigences du progrès. Les formes sociales ne doivent être pour
un homme pensant qu'un vêtement historique peu durable,
sans importance par lui-même et qui ne prend un sens
que dans la mesure où ces formes, dans telle ou telle de
leurs combinaisons, satisfont aux exigences de l'époque donnée, c'est-à-dire dans la mesure où elles contribuent au libre
développement des individus, à l'établissement de rapports
plus justes entre eux, à la participation plus grande de l'individu aux bienfaits de la civilisation, à l'augmentation de la
stabilité de ces bienfaits, à la disparition du danger de l'immobilisme.

Le lien de parenté entre les hommes, qui a donné naissance à la *gens* et à la famille, semble avoir changé plusieurs
fois sa signification au point de vue du progrès. Il est difficile
de se faire une idée de la forme sociale dans laquelle vivait le
primate, ancêtre de l'homme, et même l'homme primitif
dont les archéologues devinent, plutôt qu'ils n'observent, les
traces dans les couches tertiaires de l'écorce terrestre. Mais
cette forme zoologique de la société était nécessairement une
forme sociale, moins avancée que la *gens* formée autour de la
mère — cette *gens* que nos embryologistes sociaux actuels
ressuscitent devant notre imagination et représentent, toujours
avec plus de probabilité, comme étant le premier groupement
véritablement humain (j'en ai déjà parlé plus haut, dans ma
quatrième lettre). Cette *gens* maternelle a presque partout
cédé la place à la *gens* patriarcale et plus tard à la famille
patriarcale à laquelle celle-ci avait donné naissance. La lutte
entre ces deux formes, au point de vue de son influence sur le
progrès, est loin d'être claire pour nous. Il est possible — et
même probable — que le triomphe de la *gens* patriarcale
et de la famille patriarcale sur la *gens* maternelle ait été celui
du principe égoïste sur le principe social, car une sécurité
plus grande, un certain affaiblissement de la lutte pour l'exis

tence au sein des groupements humains, facilitait aux passions égoïstes la poursuite de leurs fins particulières. Mais peut-être aussi la critique individuelle d'une minorité placée dans une situation plus avantageuse et jouissant de plus de loisir, ne pouvait-elle pas s'élaborer autrement qu'en passant par la forme patriarcale, avec sa situation exceptionnelle pour les patriarches et les hommes de bonne naissance. Peut-être y a-t-il eu vraiment un temps pour l'humanité où le patriarcat a été le principe fondamental de l'union, un principe favorable au développement, et où les problèmes économiques, politiques, religieux et, dans une certaine mesure, scientifiques de l'humanité, ont été résolus de la meilleure façon possible par la domination absolue d'un patriarche sur sa descendance, en présence du lien hiérarchique extrêmement solide entre les générations. D'ailleurs, laissons de côté la question, très difficilement soluble maintenant, de savoir si la vie patriarcale a été un progrès relativement à la période maternelle et réunissons sous un même concept toutes les formes du groupement primitif, dans lesquelles l'œuvre commune était indissolublement liée aux rapports de parenté à l'intérieur du groupement. Ce concept comprendra alors et la *gens* maternelle avec les femmes communes et les enfants communs, et la famille patriarcale telle que nous l'a conservée la tradition sémitique et à laquelle la législation du monde antique a donné un forme nouvelle, et les différentes formes de passage, avec la polyandrie et d'autres, plus rares, qui se sont conservées çà et là dans l'humanité. Dans toutes ces formes, qui constituaient le premier lien ayant groupé les hommes entre eux et les ayant forcés à s'unir étroitement pour la défense mutuelle, il y avait un élément fondamental du progrès. Le despotisme de la coutume, la haine de l'étranger, un orgueil généalogique méticuleux, la superstition touchant les rapports avec les ancêtres défunts, l'hostilité mutuelle des peuplades, étaient, certes, des conséquences de ce principe et causaient beaucoup de souffrances. Néanmoins, cette force pouvait être utile, soit pour réduire ces souffrances à leur minimum, soit, au moins, pour garantir à la pensée la seule possibilité d'un travail plus étendu dans l'avenir, lequel devait servir à diminuer, sous l'action de cette pensée s'exerçant dans la direction de la vérité et de la justice, les souffrances des générations futures. Dans tous les cas, nous sommes obligés de reconnaître que la forme d'union présentée par la *gens* a été, à cette époque, un progrès. Quelqu'acharnée que fût la lutte que menaient entre elles les peuplades à cause de la vengeance entre les *gens*, il périssait cependant dans cette lutte moins de personnes qu'il n'en aurait péri en l'absence de ce lien protégeant l'individu. Quelque lourd que fût le poids que la coutume faisait peser sur les individus isolés, quelqu'impudente que fût, plus tard, l'exploitation à laquelle le patriarche soumettait le travail et la vie des membres de sa tribu, l'unité d'action, basée sur la coutume commune ou sur l'autorité du patriarche, permettait à la tribu de protéger contre la faim et les dangers un nombre plus grand d'individus que cela n'aurait été possible dans une action isolée. Quelque cruel que fût le traitement infligé par les membres de ces groupements aux étrangers dont ils faisaient leurs esclaves, qu'ils exterminaient ou mangeaient, il n'en est pas moins vrai que cette forme d'union habituait l'homme à la pensée qu'il devait défendre non seulement sa vie, son bien-être, sa dignité à lui, ou ceux des êtres qui lui étaient personnellement chers, mais aussi la vie, le bien être, la dignité de ceux qui lui étaient unis par un lien idéal, parce qu'ils avaient les mêmes droits et les mêmes devoirs que lui, parce que leur bien être donnait en même temps une satisfaction à sa dignité ; une insulte qui leur était faite était une insulte à lui-même. Dès que la loi se fut dressée pour la protection de l'individu, l'idée de vengeance héréditaire devint un préjugé social funeste, et d'élément de progrès passa au rang d'élément réactionnaire. Aussitôt que l'association libre pût assurer à l'individu plus de sécurité et plus de profit que la *gens* et la commune, la défense du régime économique caractérisant la *gens* prit un caractère rétrograde. Aussitôt que l'homme eût conçu cette idée que la dignité de *tout* homme est solidaire de sa propre dignité, qu'une insulte faite a *tout* homme est une insulte faite à lui-même, l'idée d'un lien plus solide entre les hommes de même origine devint un obstacle à la civilisation.

A une autre époque de la vie de l'humanité, la *loi* devint un élément prédominant et un élément à bon droit progressif. Elle garantit la vie du faible contre l'arbitraire du fort. En protégeant les contrats, elle donna à la commune la possibilité d'un développement libre et large. Elle fut un des instruments les plus puissants qui aient servi à développer dans les hommes l'idée de leur égalité morale, de leur dignité, en dehors de toute condition accidentelle d'origine, de propriété etc. Mais la loi ne fut pas et n'est pas toujours un élément de progrès. J'examinerai dans une autre lettre la tendance à l'immobilisme qui s'accroît nécessairement à mesure que le côté formel de la loi devient plus puissant dans la société ; pour le moment je me contenterai de quelques considérations seulement. La loi représente toujours la lettre ; la vie sociale, dans son développement organique ininterrompu, s'étend nécessairement en catégories infiniment plus variées que le législateur ne pouvait le prévoir et dépasse rapidement les conditions dans lesquelles le législateur, même le plus prévoyant, a rédigé sa formule. Celui qui voudra, coûte que coûte, faire entrer toute la diversité de la vie dans les formules établies par le code, ne sera pas un homme de progrès. Celui qui se mettra du côté de la loi surannée en présence de besoins historiques nouveaux, sera un réactionnaire. Il est vrai que presque toutes les sociétés un peu perfectionnées permettent d'abolir les lois caduques, mais il arrive quelquefois que l'intérêt égoïste du gouvernement ou d'une minorité influente soutient l'existence formelle d'une

loi contraire à toutes les tendances naturelles de la conscience
collective de la société. Si la terrible guerre de 1870 n'avait
pas sapé toutes les bases du Second Empire, celui-ci aurait
été, peut-être, pendant longtemps encore la forme politique
de la France ; cependant le nombre de ses véritables partisans
était si peu considérable qu'il n'a pas trouvé *un seul* défenseur
le 4 septembre, quoique le gouvernement qui l'a remplacé
n'ait été doué ni de qualités politiques, ni de qualités intellectuelles, ni de qualités morales remarquables (1). Dans
des cas semblables, la lettre de la loi peut continuer à
figurer dans le code et quelquefois même à trouver des défenseurs énergiques ; mais la vie, le progrès, ne sont plus avec
elle. Alors, quelque fondée que soit, au point de vue juridique, la revendication du procureur qui accuse, la vérité se
trouve du côté des jurés qui prononcent l'acquittement malgré l'évidence. Alors, quelque légalement qu'agisse le bourreau qui met un criminel sur la roue ou la police qui protège
les instruments de torture, le progrès se trouve du côté de la
foule qui agit illégalement en arrachant le martyr des mains
du bourreau et en détruisant les instruments ignobles d'exécution. Alors, quelque légalement institué que soit le décret
du Sénat proclamant que César-Auguste-Domitien est un
dieu et qu'il faut offrir des sacrifices sur son autel, quelque
légale que soit l'exigence de Gessler qui ordonne de saluer
son chapeau, il est douteux que l'histoire ne donne pas raison au prédicateur déguenillé qui dit : non, Domitien n'est
pas dieu et il ne faut pas lui offrir des sacrifices, ou à ce ti-
reur à moitié légendaire qui, au lieu de saluer le chapeau de
Gessler, frappe mortellement ce dernier (2).

(1) De même, pour la Russie actuelle. Malgré le mécontentement général
que cause le gouvernement d'Alexandre III, il est impossible de dire pendant
combien de temps encore il pourra durer dans ses formes révoltantes, si toutes
les classes qui en souffrent n'arrivent pas à organiser une opposition aussi
énergique, mais plus étendue que celle faite jusqu'à présent par les socialistes (1890).

(2) Je laisse intact le texte tel qu'il a été publié en Russie il y a 20 ans.
Le lecteur en fera lui-même l'application à la Russie actuelle (1890).

A l'époque des derniers Césars de l'Empire romain et des premiers rois barbares, l'*Eglise*, en tant que forme sociale, prit à bon droit une importance prédominante, et tous les autres éléments sociaux se soumirent à elle. Lorsque, le fisc romain d'un côté et les invasions des barbares de l'autre privèrent la majorité de tout moyen d'existence, lorsque, ni le droit ancien, ni les nouveaux besoins sociaux, ne furent assez forts pour protéger l'individu, alors l'évêque, agissant au nom du lien créé par l'autorité spirituelle, devint un agent du progrès social. Ses soins étaient exclusifs, mais ils étaient utiles aux populations souffrantes. Ses jugements étaient faux, mais c'était quand même un pas vers la justice. Il pouvait, quelquefois, condamner publiquement un acte sauvage, même s'il était commis par l'empereur que personne n'osait juger. Il pouvait, par la peur des tourments de l'enfer et de la vengeance de Dieu, arrêter, ne fût-ce que dans quelque cas, les élans destructeurs des barbares que rien ne pouvait arrêter. Quelque barbares que fussent les réglements des Cassiodore et des Benedict, ils permettaient seuls, dans les conditions données, de sauvegarder la tradition du savoir, même celle de la simple connaissance de la lecture et de l'écriture et de la culture élémentaire. C'étaient donc, pour cette époque, dans l'histoire de l'Europe occidentale, des éléments positifs de progrès. Mais au bout d'un temps, du reste assez court, cette idée du rôle social des évêques et des monastères devint, pour les pays de l'Occident, un élément réactionnaire. Le tribunal patrimonial le plus grossier se montra, dans les affaires civiles, plus juste que le tribunal de l'Eglise. Tous les abus de la féodalité, de l'administration centrale, du droit formel, n'étaient rien à côté de ceux qu'apportait l'intervention du prêtre catholique dans les affaires de la société. L'idée de l'indépendance de l'Eglise, en tant qu'élément hiérarchique, à l'égard de l'Etat devint l'apanage des rétrogrades. La domination de la théologie sur les autres branches de connaissances devint l'obstacle le plus dangereux au développement intellectuel. L'organisation hiérarchique n'était un auxiliaire du progrès que là où, au lieu de diriger la société, elle participait à la lutte en faveur d autres principes directeurs, tels que la nationalité, l'extension de la culture d'une race supérieure au milieu de races inférieures, etc.

Prenons encore un exemple que j'ai déjà signalé dans ma cinquième lettre. La science, dans son extension, est, certainement, un élément du progrès, mais une association scientifique, en tant qu'institution sociale, peut, dans certains cas, devenir facilement un élément d'arrêt dans le développement de la société. Il en est ainsi dans les moments où toutes les forces de cette dernière doivent être dirigées vers quelque question vitale, où tout membre de la société qui se montre indifférent vis-à-vis de cette question est son ennemi, où personne n'a le droit de se considérer comme un homme de progrès s'il regarde avec un dédain olympien la polémique éphémère des publicistes, les débats bruyants des meetings, les conflits sanglants des partis. Dans ces moments, une association scientifique qui comprend son rôle humain imprime à ses travaux une direction correspondante aux besoins de la société, ou bien ses membres, repoussant au second plan leurs recherches sur les nouvelles formes d'Infusoires, sur la coupe du vêtement de Clovis ou sur la conjugaison des verbes celtiques, consacrent leurs facultés, leur temps, leur vie aux questions vitales. C'est alors que Monge, le créateur d'une branche nouvelle de géométrie, passe des journées entières dans des ateliers, se nourrit de pain sec et écrit des conseils aux ouvriers. C'est alors que deux des créateurs de la chimie scientifique, Berthollet et Fourcroy, se consacrent à la préparation du salpêtre et à l'instruction des hommes arrachés à leur charrue. C'est alors que Guillaume de Humboldt, le créateur de la linguistique comparée, concentre toute la force de son esprit sur la renaissance de la Prusse. L'astronome Arago siège dans le conseil qui fonde la république. Le fondateur de la pathologie cellulaire, Virchow, lance ses foudres contre Bismarck au Parlement. Mais une association scientifique peut aussi agir autrement. Elle peut, fière de l'impassibilité supraterrestre de ses recherches, employer son influence à répandre l'indifférence à l'égard des souffrances des masses, préconiser le respect pour le statu quo officiel, ou, au moins, considérer comme au-dessous de sa dignité la participation aux questions éphémères du jour. Dans ce cas, tout le mérite scientifique de ses travaux ne la garantit pas contre le verdict inévitable de l'histoire. Une association scientifique qui préconise au nom de la science — une science mal comprise, naturellement, — l'indifférence à l'égard des questions vitales et qui néglige elle-même de s'en occuper, est un élément de réaction et non pas un élément de progrès.

Contentons-nous, pour le moment, de ces exemples. Tous, ils démontrent une chose : c'est qu'aucune des formes sociales mentionnées n'a possédé et ne possède le privilège absolu de servir au développement, mais que chacune d'elles peut devenir un instrument plus ou moins puissant de progrès à une époque donnée et dans des conditions déterminées. Les défenseurs absolus de telle ou telle de ces formes pour toutes les circonstances possibles, préconisent un principe essentiellement réactionnaire, car une même forme ou une même combinaison de formes ne peut dominer avec profit pour l'humanité dans toutes les conditions possibles. Pour la marche régulière de l'histoire, les différentes formes doivent dominer chacune à son tour et céder la place l'une à l'autre.

Mais comment savoir, à un moment quelconque de l'histoire, de quel côté se trouve le progrès ? Lequel des partis en est le représentant ? De grands mots sont inscrits sur tous les drapeaux. Tous les partis préconisent des principes qui, dans des conditions déterminées, étaient et peuvent devenir des agents du progrès. Si ceci est bien, cela non plus n'est pas mal. Comment choisir alors ?

Celui qui ne sait pas, qui ne réfléchit pas, qui est prêt à

suivre l'autorité d'un autre, se trompera nécessairement. Aucun mot n'a eu le privilège du progrès ; celui-ci ne s'est laissé emprisonner dans aucun cadre formel. Derrière le mot, cherchez le contenu. Etudiez les conditions de l'époque donnée et de la forme sociale donnée. Elaborez en vous des connaissances et des convictions. C'est indispensable. Seule, une intelligence indépendante, une conviction indépendante, une résolution indépendante, font d'un homme un véritable individu ; et en dehors de l'individu il n'existe ni grands principes, ni formes progressives, ni progrès en général. Ce qui importe, ce n'est pas le drapeau, ce n'est pas le mot qui y est inscrit : c'est la pensée du porte-drapeau.

Pour mieux pouvoir discerner cette pensée, il faut s'expliquer en quoi consiste le procédé à l'aide duquel les hommes arrivent à cacher sous de grands mots de très mauvaises choses.

LETTRE X

L'IDÉALISATION

Parcelle de l'univers et esclave de la nature, l'homme n'a jamais voulu convenir de son esclavage. Obéissant constamment à des impulsions irraisonnées et à des circonstances fortuites, il n'a jamais voulu appeler ses impulsions — impulsions irraisonnées, et ses actes — résultats d'influences accidentelles. Dans la profondeur la plus intime de son âme il tend à se dissimuler à lui-même la dépendance où il se trouve vis-à-vis des lois immuables de la matière inconsciente, à embellir, d'une façon ou d'une autre, l'incertitude et l'inconséquence de ses actes. Ce résultat est atteint au moyen de l'idéalisation.

Voici comment ce processus s'opère. Je viens d'accomplir quelque bonne action sous l'influence d'une impression momentanée, sans même avoir réfléchi si cette action était bonne ou mauvaise. Après l'acte, vient l'appréciation. Si je le trouve bon, j'en suis très content. Mais si je m'avoue à moi-même que j'ai accompli cette bonne action sans m'être demandé si elle était bonne, cela ne m'élèvera pas beaucoup à mes propres yeux. Peut-être y ai-je réfléchi, mais sans m'en souvenir. Oui, maintenant je m'en souviens : j'ai eu l'intuition que l'acte était bon, et cela ne fait qu'augmenter mon mérite : en même temps qu'un homme moral, je suis un homme qui a la pensée rapide. Mais supposons que je sois doué d'une mémoire assez bonne pour ne pas me tromper à ce sujet. Très bien. J'ai accompli une bonne action sans calculer, en vertu d'un penchant interne, propre à ma nature. Cela démontre que, par ma nature même, je suis si profondément pénétré de bonnes tendances que j'accomplis les bonnes actions sans même que ma raison ait besoin de comprendre si elles sont bonnes. Je suis un homme moral non pas parce que je suis intellectuellement développé, mais par nature. J'appartiens donc au nombre de gens exceptionnellement moraux. A côté de cela, il existe encore un autre procédé qui convient aux habitudes religieuses de la pensée La bonne action accomplie l'a été non par moi-même, mais parce qu'elle m'a été inspirée d'en haut par une divinité qui dirige la volonté et les actes des hommes sans le secours de leur raison Dieu m'a choisi pour instrument, dans son dessein d'accomplir une bonne action. La modestie apparente de ce raisonnement cache en réalité un orgueil plus grand encore que les procédés examinés plus haut. — Dans tous ces cas, l'idéalisation a fait déduire plusieurs conclusions d'un acte absolument irraisonné qui, par ses résultats, est apparu accidentellement comme un acte bon : je suis un homme très moral et en même temps doué d'une pensée remarquablement rapide ; je suis un homme exceptionnellement moral par ma nature même ; je suis une personne que Dieu a élue pour accomplir de bonnes actions.

Lorsque l'acte accompli est mauvais, les procédés d'idéalisation sont un peu différents, mais se rangent dans les mêmes catégories. D'abord, le dernier moyen peut s'appliquer ici sans aucun changement. J'ai fait telle action non par moi-même, mais parce que j'ai été l'instrument de la colère et du jugement divins. Dieu m'a élu pour un acte qui *paraît* mauvais à la faible raison humaine ; mais la raison supérieure en juge autrement, et si elle a décidé que son élu devait accomplir cet acte, c'est qu'en réalité il n'est pas mauvais. Un rationaliste parlera non plus de Dieu, mais de la loi supé-

rieure qui régit les événements et fait découler des mauvaises actions de bonnes conséquences : il parlera de l'harmonie supérieure de tout ce qui existe, dans laquelle les
actes des individus sont des notes détachées dont le son
choque les oreilles quand on les entend séparément, mais qui
sont nécessaires à l'ensemble. La mauvaise action, constituant l'élément nécessaire de l'harmonie générale, n'est donc
nullement une mauvaise action et devait nécessairement être
accomplie : en même temps, moi, au lieu d'être un homme
qui a fait une mauvaise action, je suis un participant utile
du concert universel. Mais le procédé que les hommes
emploient le plus volontiers, c'est l'hypothèse d'un calcul
supérieur. Pris en lui-même, l'acte est mauvais, c'est vrai ;
mais la mémoire fait aussitôt dérouler devant moi toute
une longue série de *grands principes* pouvant s'appliquer
à mon cas, et si l'un d'eux paraît y convenir, ne serait-ce
que de très loin, mon imagination me suggère l'idée que
c'est précisément ce principe qui m'a guidé dans mon acte.
Je me suis querellé avec un ami et je l'ai tué en duel :
j'ai défendu le grand principe de l'honneur. J'ai séduit
une femme et je l'ai abandonnée avec un enfant, dans
la rue, sans aucun moyen d'existence : j'ai obéi au grand
principe de la liberté des affections. J'ai conclu avec des
paysans un traité désavantageux pour eux et je les ai réduits
à la misère par les procès que je leur ai faits : j'ai agi
au nom du grand principe de la légalité. J'ai dénoncé un
conspirateur : j'ai soutenu le grand principe de l'Etat. Dans
un moment difficile pour les écrivains, je piétine dans la
boue, par irritation personnelle, les derniers organes de
mon propre parti : je lutte pour le grand principe de
l'indépendance des opinions et de la pureté des mœurs
littéraires. Il n'existe peut-être pas une mauvaise action
qu'on ne puisse couvrir de quelque grand principe. Il en
résulte, qu'à un point de vue supérieur, mon acte, non
seulement n'est pas mauvais, mais se trouve même être

bon. — Ici encore, un acte irraisonné, tout en apparaissant comme mauvais par ses conséquences, a fait de moi un défenseur des grands principes, un participant utile de l'harmonie universelle, un instrument élu de la volonté supérieure,

Le domaine de l'idéalisation est très vaste. Elle s'appuie, dans tous les éléments de son développement, sur la tendance qui nous est propre à attribuer, dans notre imagination, un caractère conscient aux actes inconscients, ou à moitié conscients et à faire passer les actes conscients d'un degré inférieur a un degré supérieur de la conscience. Mais nous devons d'abord distinguer les cas d'idéalisation *inévitable*, dépendant de la nature même de la pensée humaine, de l'immense domaine de cette *fausse* idéalisation contre laquelle la critique doit réagir au nom de la vérité et de la justice : nous trouvons ensuite certains cas d'une idéalisation *véritable* où la même critique doit prendre la défense des besoins réels et légitimes de l'homme contre ceux qui les méconnaissent.

La seule idéalisation absolument *inévitable* pour l'homme est cette idée du *libre arbitre* en vertu de laquelle il possède nécessairement la certitude subjective de pouvoir se proposer arbitrairement certaines fins et choisir les moyens propres à les atteindre. Quelque probant que soit le témoignage de la *connaissance* objective qui lui démontre que tous ses actes et toutes ses pensées arbitraires ne sont que des conséquences nécessaires d'une série antérieure d'événements, extérieurs et intérieurs, physiques et psychiques, — la *conscience* subjective du caractère arbitraire de ces actes et de ces pensées reste une illusion nécessaire de tous les instants, jusque dans la démonstration même du déterminisme général qui régit le monde extérieur comme l'esprit de l'homme. Nous sommes obligés d'accepter l'inévitable. Cette idéalisation involontaire de ses propres mobiles devient, dans l'activité de l'homme, un terrain fécond pour un vaste travail scientifique et philosophique de la pensée humaine. Tout à fait indé-

pendamment de la question de savoir jusqu'à quel point
sont *véritablement* réels ou illusoires les fins que l'homme se
propose et les moyens qu'il choisit pour les atteindre, ces fins
et ces moyens se disposent, dans son esprit, en une hiérarchie
déterminée, comme *meilleurs* et *pires*. La critique scientifique
s'occupe d'établir parmi eux une hiérarchie *juste*. La vérité
incontestable s'oppose à l'hypothèse *probable*, au raisonnement
erroné, à *l'invention* de l'imagination, à l'idée *contradictoire*.
Le moyen *non efficace* se distingue du moyen *efficace*, le
moyen *nuisible* du moyen *utile*. Le mobile *moral* se dégage
de la masse totale de mobiles irraisonnés, accidentels, passion-
nels, égoïstes. Aux mobiles, pensées et actes dans lesquels
l'homme ne peut lui-même découvrir aucune trace de volonté
consciente, s'opposent d'autres mobiles, pensées et actes, au
sujet desquels l'homme se figure inévitablement qu'il les a
voulus, qu'il est *responsable* pour eux et que les autres reconnaissent, comme lui, cette responsabilité, quelque soumis
que soient ces mobiles, pensées et actes, à l'égal de ceux de
la première catégorie, au déterminisme universel. De même,
l'idéalisation intime du choix arbitraire des fins et des
moyens aussi nécessaire pour l'esprit humain que les lois
fondamentales qui régissent la nature, pose, devant chaque
individu, une hiérarchie de fins moralement meilleures et
moralement pires, et lui laisse seulement la faculté de vérifier, d'une façon critique, si cette hiérarchie n'exige pas
de modifications, s'il ne faut pas en reconnaître une autre
comme meilleure ou pire. Une décision de la volonté et,
comme suite de cette décision, le choix de tel ou tel acte,
doivent toujours se produire, mais la critique éthique peut
reconnaître à ce choix une signification supérieure ou inférieure et faire porter à l'individu la responsabilité de ce
choix vis-à-vis de lui-même et d'autres individus qui par-
tagent ses convictions. Ceci nous permet de mettre, à côté
du domaine de la *connaissance* théorique, le domaine de la
conscience morale et, *dans ce dernier domaine*, de prendre

pour point de départ le *fait* primitif, subjectif, du libre
arbitre existant *pour nous*, indépendamment de la signification théorique de ce fait ; c'est ce qui donne une base
solide à la philosophie pratique et c'est ce qui m'a permis,
dans ces lettres, de parler au lecteur du devoir moral de l'individu, de la nécessité morale d'une lutte des individus contre
les formes sociales qui vieillissent, de l'idéal moral et du
progrès historique qui en découle.

Si le principe de la responsabilité devant soi-même
pour tout ce que l'homme reconnaît comme manifestation de
sa volonté, doit être considéré comme une idéalisation nécessaire et, par conséquent, inéluctable, c'est en même temps
la seule idéalisation qui ait droit à un tel privilège. Tout ce
qui peut ici être évité, ne doit être admis qu'après critique.
Or, en abordant à ce point de vue les phénomènes de l'idéalisation, nous remarquons qu'elle a appliqué très largement le
procédé consistant à rendre conscients les processus qui ne le
sont pas. Dans cette voie, elle ne s'est pas arrêtée à l'homme,
mais a voulu humaniser, rendre conscient l'univers tout entier. L observation nous montre trois sortes d'idéalisations
résultant du désir de l'homme d'apporter la conscience et la
raison dans tous les phénomènes ou, du moins, dans la majorité d'entre eux. En premier lieu, les phénomènes apparaissaient à l'homme comme des *actes d'individus* surnaturels,
placés en dehors de l'univers, des esprits et des dieux doués de
conscience, de raison et de volonté. En second lieu, les phénomènes lui apparaissaient comme des *manifestations* d'une
essence du monde, consciente et douée de raison. Mais plus
anciennement encore, en remontant aux périodes primitives
de la vie de l'humanité, nous trouvons un troisième procédé d'idéalisation de l'univers ; presque tous les objets du
monde extérieur, étaient considérés comme des *êtres* doués
de conscience, de raison et de volonté, ou bien comme des
demeures de tels êtres, et les phénomènes de l'univers
apparaissaient comme leurs actes intentionnés. La science a

reconnu dans le monde des esprits et des dieux un produit de la création fantastique. Elle a reconnu dans l' « âme de l'univers », l' « esprit absolu » et « la volonté absolue » des produits de la création métaphysique. Mais elle a eu ensuite à s'occuper de la question, encore irrésolue dans ses détails, de savoir quels sont les objets du monde extérieur auxquels il faut attribuer la conscience, la raison et la volonté, et dans quelle mesure on doit le faire. L'homme préhistorique fut pendant longtemps disposé à étendre à presque tous les objets la notion d'une vie consciente, semblable à ce que présente la conscience humaine. Dans la suite, la critique exercée par la pensée s'est mise à rétrécir de plus en plus ce cercle des objets conscients. Il y a eu une tendance à n'admettre que chez l'homme des processus psychiques, mais on a été ensuite obligé de les étendre, à des degrés différents, à un grand nombre d'animaux. Actuellement, certains auteurs sont enclins à reconnaître la conscience, même aux organismes placés très bas dans l'échelle, et peut-être à la matière tout entière en peuplant d' « homunculus » pensants jusqu'aux atomes des gaz. D'un autre côté, dans l'homme lui-même, la critique a découvert une longue gradation dans le caractère raisonné des actes. Elle a trouvé en lui un groupe de phénomènes purement mécaniques, inconscients ; puis un autre groupe de phénomènes, où les impulsions animales les plus inférieures, tout en étant déjà conscientes, agissent avec une force irrésistible, sans aucune participation de la pensée ; puis un nouveau groupe encore, où la marche routinière de la pensée paraît s'effectuer machinalement, quoiqu'il soit impossible de dire que la conscience ou la réflexion y fassent défaut ou que la rapidité de l'action empêche de l'apprécier ; cependant l'appréciation de la responsabilité personnelle devant soi-même n'y apparaît que plus tard, lorsque l'acte est déjà plus qu'à moitié ou même complètement accompli. Encore plus loin nous trouvons le groupe très complexe des actions faites sous l'influence de fortes émotions ou passions ; ici, la réflexion et l'appréciation morale de la responsabilité devant soi-même sont généralement présentes, mais la force du sentiment ou de la passion prédomine à ce point que l'homme y cède malgré la réflexion et les considérations morales. C'est seulement au delà de ce groupe que commence celui des actes dans lesquels l'homme apparait comme un être réfléchissant et entièrement responsable devant lui-même. Il y a des hommes dont la plus grande partie de la vie s'écoule sans qu'on puisse considérer une seule de leurs actions comme appartenant à ce dernier groupe. Mais la grande majorité des actes humains doit être classée dans le troisième groupe, c'est à dire parmi ceux accomplis sous l'influence de la routine, de l'habitude et de la tradition, de la même façon dont accomplissent leurs actions, quelquefois assez compliquées, certains animaux vivant en société. La conscience de la responsabilité vient ici, comme nous l'avons dit, pendant ou après l'action elle-même, et quelquefois ne vient pas du tout. Le degré de développement que présente l'homme dans sa vie est déterminé d'après la part que forme dans ses actes le dernier groupe, le groupe conscient.

Il résulte de ce qui vient d'être dit que la recherche d'un motif raisonné pour une action accomplie n'est pas toujours un procédé rationnel, que les mobiles mécaniques ou zoologiques interviennent plus fréquemment dans les actions humaines que les mobiles véritablement humains. Cette circonstance, que le criminaliste doit prendre en considération pour pouvoir peser la sentence et établir le droit criminel, est, de même, nécessaire à l'historien et à l'homme d'action, soit qu'ils veuillent soumettre à leur critique les actions humaines passées et présentes et la tendance des hommes à idéaliser leurs propres actions et celles des autres en leur cherchant des motifs raisonnables, soit qu'ils cherchent à éviter les erreurs dans la poursuite des buts pratiques.

Quelque restreint que soit dans l'humanité le cercle des

actes qu'on peut appeler rationnels, la tendance à l'idéalisation qui leur prête ce caractère est très répandue, la majorité des hommes voulant représenter comme rationnelles,
toutes leurs actions machinales, routinières ou personnelles.
Les uns effectuent cette idéalisation tout à fait sincèrement ;
d'autres, — uniquement pour élever leur *moi* aux yeux de ceux
qui les entourent ou pour atteindre des buts intéressés. Mais
le manque de savoir et de plasticité dans la pensée empêchent
un grand nombre d'hommes de le faire eux-mêmes. Aussi
sont-ils très contents si d'autres le font pour eux et suivent-ils
volontiers les gens qui leur permettent de faire passer leur
bêtise pour de la réflexion, leurs impulsions animales pour des
principes moraux ou politiques, leur routine pour une théorie
conservatrice, leur poltronnerie pour du dévouement à l'Etat,
leur lâcheté pour de l'héroïsme, leur cupidité pour le
respect du droit, leur irritation personnelle pour une lutte
contre le mensonge. C'est précisément ainsi que les partis
qui inscrivent de grands mots sur leurs drapeaux attirent
le plus grand nombre de leurs partisans. Toujours, lorsqu'on lève un tel drapeau, il y a des hommes qui s'en
servent pour couvrir d'un mot sonore le contenu mesquin de
leur activité. Voilà pourquoi les gens habiles qui proclament
les grands principes sous la protection desquels les chefs visent
à la satisfaction des intérêts égoïstes de leur classe ou de leur
groupe, réussissent, dans la plupart des cas, à réunir des adhérents d'autant plus rapidement ou à rendre le parti d'autant plus vaste, qu'il est plus commode de couvrir avec
le nouveau drapeau les tendances machinales, bestiales,
routinières ou passionnelles des individus. L'idéalisation peut
alors se faire d'autant plus aisément que chacun des grands
mots sonores a été réellement plus d'une fois, dans le courant
de l'histoire, la devise d'un parti avancé, qu'il a plus d'une fois
représenté la formule du progrès, et qu'à ces époques la
poésie et la philosophie, la coutume et la tradition, tout à

fait sincèrement et à juste titre, entouraient ce mot d'une auréole de grandeur. Les faux idéalisateurs n'ont donc qu'à s'appuyer sur ces apologistes qu'on sait être sincères et doués de talent, et à puiser dans l'arsenal établi par eux les armes dont ils veulent se servir.

Ce phénomène oblige la critique à se montrer encore plus sévère envers les mots sonores incrits sur les drapeaux des partis et à examiner encore plus attentivement jusqu'à quel point ils recouvrent l'idéalisation des tendances basses ou, au contraire, légitimes de l'individu.

Dans ma lettre précédente, j'ai délimité deux groupes de grandes idées, correspondant, d'une part, aux principes généraux, de l'autre aux formes sociales particulières. Nous ferons la même chose ici. En ce qui concerne les principes généraux, le procédé auquel la critique a recours pour dévoiler une fausse idéalisation est très simple : il lui suffit de voir dans quel sens les partis emploient les mots de raison, liberté, bien public, justice, etc... Il lui suffit de vérifier dans quelle mesure le sens attribué à tous ces mots correspond, dans la circonstance, à leur véritable signification progressive. Ceci n'est possible, naturellement, que lorsque la critique s'est préalablement expliqué, à elle-même, leur signification véritable.

Pour les formes sociales particulières, le problème est plus compliqué J'ai déjà dit dans ma sixième lettre que les formes sociales s'élaborent sous l'influence des besoins naturels et des tendances naturelles. C'est dans la mesure où ces besoins et ces tendances sont naturels, que les formes sociales élaborées par eux sont légitimes, mais pas plus loin. Or, dans l'histoire, une forme élaborée par un certain besoin a souvent servi, faute d'une forme meilleure, à en satisfaire d'autres ; elle devenait ainsi un organe destiné aux fonctions les plus variées, et, *sous cet aspect*, après avoir subi l'idéalisation, aussi bien sincère que fausse, était érigée en devise de partis, en instrument essentiel du progrès. Dans ce cas, la tâche de la critique est

11

double. Elle doit, d'abord, examiner quelles sont les véritables tendances que les partis cachent sous le mot inscrit sur
leur drapeau. Elle doit, en second lieu, arriver à trouver le
besoin naturel et, par conséquent, légitime qui a appelé à
l'existence l'institution que le parti défend, comme son principe fondamental. Par le premier procédé, la critique détruit
la fausse idéalisation créée par ceux qui veulent se servir
d'une forme, peut-être respectable par elle-même, pour la
défense des tendances qui n'ont avec elle rien de commun.
Par le second, la critique lutte en même temps et contre ceux
qui, sans comprendre le sens de la belle devise, en ont fait un
fétiche, et contre les faux idéalisateurs d'une autre catégorie
encore : ceux qui *nient* le caractère légitime d'un besoin parfaitement naturel et font ainsi naître soit une mutilation de
la nature humaine, soit, et le plus souvent, l'hypocrisie. Cette
dernière tâche présente, à côté de son aspect négatif, un aspect positif : en découvrant, à la base de la forme sociale donnée, un besoin naturel, une tendance naturelle, la critique
reconnait, par là même, la légitimité de cette base et exige
la *sincérité* du sentiment, c'est-à-dire demande une attitude
sincère vis-à-vis des besoins naturels et des tendances naturelles, inhérentes à la nature humaine Cette réalisation dans
les formes sociales d'un idéal moral prenant sa racine dans
la nature même de l'homme, constitue l'idéalisation légitime
et vraiment humaine de ses besoins naturels, par opposition
à leur idéalisation *illusoire* faite sous le couvert d'institutions
coutumières formées historiquement et qui ne leur correspondent nullement. Cette idéalisation humaine est parfaitement *scientifique*, car l'élément d'appréciation subjective n'y
entre que pour autant qu'il est absolument inévitable dans
toute étude des phénomènes psychiques. Le besoin est un
fait psychique réel qu'il s'agit pour nous simplement d'étudier, aussi bien que possible, dans son caractère particulier.
Aussitôt que le besoin est reconnu comme besoin naturel,
il doit être satisfait dans les limites de son fonctionnement

normal, et nous devons rechercher les formes sociales les plus capables de remplir ce rôle. Je peux me tromper dans la détermination du besoin naturel qui est à la base de la forme sociale donnée ; je peux me tromper dans les conclusions qui découlent, à mon avis, d'une attitude sincère vis-à-vis de ce besoin. Un autre, plus habile, y découvrira des côtés nouveaux et construira une théorie plus exacte de la forme sociale correspondante. Mais la possibilité des erreurs, graduellement écartées, ne diminue en rien le caractère scientifique du procédé général. La réduction des formes sociales aux besoins qui les font naître, une attitude sincère (c'est-à-dire franche, denuée de toute considération étrangère) vis-à-vis de ces besoins et le désir d'y adapter les formes sociales, peuvent avoir lieu en dehors de tout arbitraire personnel, de tout aveuglement dogmatique, de tout travail de l'imagination créatrice. Ce processus peut être effectué d'une façon strictement méthodique, en écartant toutes les sources de l'erreur personnelle. Il est donc *scientifique* et son résultat — une théorie des formes sociales telles qu'elles *doivent être* si elles sont basées sur des besoins humains nettement compris — est le produit de l'idéalisation *véritable* et *scientifique* du besoin correspondant. Ainsi, tout besoin autorise une idéalisation légitime et humaine qui lui appartient en propre, et on ne peut y combattre que la part apportée par la civilisation coutumière ; c'est tout ce que la pensée peut faire à son égard. En niant une loi de la nature, nous ne l'abolirons pas ; nous ferons seulement naître une manifestation pathologique de cette loi, nous contribuerons à faire prédominer l'hypocrisie dans la forme sociale. L'idéalisation illusoire est incapable de changer quoi que ce soit à une loi naturelle ; elle ne fait qu'apporter aux formes de la morale ce caractère mensonger qui permet à l'individu le plus rusé et le moins honnête d'opprimer celui qui est meilleur et plus sincère.

Mais ce sont précisément le mensonge et l'injustice apportés aux formes sociales sous le couvert de l'idéalisation illusoire,

par les intérêts mesquins et égoïstes, qui provoquent constamment une irritation contre elles et les rendent instables.
Le seul moyen de leur donner une solidité plus grande consiste, précisément, à leur apporter plus de vitalité véritable,
c'est-à-dire à remplacer l'idéalisation illusoire par une idéalisation vraie. C'est ce qui constitue principalement ce processus du travail de la pensée sur les formes de la civilisation
coutumière qui fait le mouvement de la civilisation. Comme
le lecteur peut le voir, ce processus ne contient, en somme,
rien de négatif, de destructeur, de révolutionnaire. La pensée tend constamment à donner aux formes sociales une stabilité plus grande, en recherchant leurs bases réelles dans
les besoins humains véritables ; en étudiant ces besoins,
elle consolide les formes sociales par la science et la justice.
Ce que nie la critique exercée par la pensée c'est précisément l'élément qui rend les formes sociales fragiles. Elle
détruit précisément ce qui menace de détruire la civilisation. Elle vise non pas à provoquer la révolution, mais à la
prévenir.

Si nous nous adressons au besoin le plus élémentaire de
l'homme, au besoin de nutrition, nous y trouvons déjà l'idéalisation illusoire se manifestant dans le besoin artificiel des
gourmandises coûteuses, développé par la culture, et dans la
bienfaisance apparente des festins gratuits qui développent le
parasitisme. En même temps, la fausse idéalisation de l'ascétisme niant que tout homme doive manger à sa faim, a mené
d'une façon toute naturelle aux formes absurdes de jeûne, à
l'amoncellement aussi absurde des métaux précieux dans les
temples des dieux où ces trésors ne pouvaient servir à personne, et à la transformation des centres d'ermitage en lieux
d'immoralité et d'ignorance. La science a opposé à ces deux
idéalisations illusoires la reconnaissance du besoin de nutrition comme besoin naturel et légitime, dont la satisfaction
doit prendre pour base la physiologie et la sociologie. Si elle
idéalise le besoin de nutrition, elle l'idéalise d'une façon ra-

tionnelle, en indiquant la quantité de nourriture nécessaire à un individu déterminé et la valeur que l'appropriation individuelle ne doit pas dépasser, sous peine de léser la justice dans la distribution, et en développant la technique de l'art culinaire de façon à préparer la quantité nécessaire d'une nourriture saine, économique et agréable au goût. Ce qu'on peut dire de ce besoin élémentaire de nutrition, s'applique encore mieux à tous les autres, et le progrès de toutes les formes sociales a toujours consisté précisément à discerner plus rigoureusement les besoins naturels qui les font naître, à les envisager avec plus de sincérité, à dissiper les illusions qui s'y rattachent, à limiter l'idéalisation du besoin à ce qui est indiqué par son essence même. Examinons successivement les plus importantes de ces formes.

La première union stable entre des hommes, la *gens* maternelle, réunissait nécessairement en elle-même toutes les fonctions sociales, s'efforçant à satisfaire en même temps tous les besoins de l'individu. Le même état de choses continuait après que la *gens* maternelle eût fait place à la *gens* paternelle et celle-ci à la famille patriarcale. Grâce à l'infériorité dans le degré de culture, cette forme sociale avait à satisfaire en même temps à la nécessité d'élever la jeune génération, à celle de garantir le bien-être économique des individus, de les protéger contre les ennemis extérieurs, de préserver tel membre de la famille contre la violence d'un autre, d'accumuler les connaissances, de manifester l'activité créatrice. Les chefs de la *gens* ou de la famille patriarcale étaient en même temps éducateurs des enfants, industriels s'occupant de toutes les industries, hommes politiques, juges, gardiens des traditions historiques et pratiques, poètes lyriques dans la prière, poètes épiques dans le mythe, acteurs dans le culte, et tout cela uniquement parce que les liens de parenté leur avaient donné une certaine situation dans leur peuplade. L'habitude et la tradition ont entouré le lien familial, sous sa forme patriarcale compliquée, d'une auréole

de charme poétique et de majesté propre à une union sacrée ;
elles l'ont protégé par une cuirasse de lois et par les entraves
de l'opinion publique. En même temps, l'ascétisme niait non
seulement les formes données à la famille par la civilisation
coutumière, mais l'instinct sexuel lui-même, comme une
souillure de la dignité humaine, et préconisait l'abstinence
de tout lien sexuel. Le résultat d'une fausse idéalisation de la
famille, était un abus effrayant de l'autorité du chef, la transformation du mariage en une opération d'achat et de vente,
l'assujettissement des enfants aux parents, c'est-à-dire l'esclavage ; une débauche masquée par les convenances et surpassant
tous les excès d'une débauche ouverte, a fait son apparition
dans la famille qui a fini par tuer dans son sein toute trace de
relations vraiment humaines et par ne donner libre cours qu'à
l'hypocrisie et à l'humiliation de l'individu. De même, les
ascètes qui préconisaient l'abstinence de tout lien sexuel
étaient impuissants, à moins de recourir aux mesures énergiques de la castration, à détruire l'instinct sexuel. Ici aussi il
n'y avait que deux issues possibles : la mutilation de la nature humaine ou bien l'hypocrisie cachant une inclination
encore plus raffinée vers ce qu'on reprouvait ouvertement.
La plupart des sectaires fanatiques qui ont suivi cette voie
sont arrivés à mutiler l'organisme physique de l'homme ;
mais certains, comme les shakers par exemple, ont réussi,
paraît-il, à mutiler sa nature psychique. D'autre part, là où
le fanatisme n'agit plus, l'hypocrisie établit son règne, et le
vêtement *angélique* des moines et des nonnes qui ont renoncé
à la chair, cache souvent plus d'impulsions bestiales qu'on n'en
trouve chez ceux qui vivent dans le monde. Des procès célèbres ont démontré que ce qui était considéré comme asiles
de pureté, était devenu en réalité arènes d'orgies qui non
seulement traversaient tous les degrés des besoins naturels, mais pénétraient même très loin dans le domaine des
impulsions que l'Europe moderne considère comme contraires à la nature. Il arrivait également que la répudiation

mystique de l'instinct sexuel coexistait, dans les états d'extase de certains sectaires, avec une exagération artificielle du même instinct. Tous ces exemples nous montrent que l'ascétisme a fait naître, dans la société, des tendances fausses, se manifestant dans les groupements d'hommes qui avaient pour mission spéciale d'anéantir ou d'altérer l'instinct fondamental de la nature humaine, et qui s'en faisaient un mérite.

Le progrès dans l'histoire de la *gens* et de la famille a suivi trois voies différentes, dont la principale consistait en ce que certaines attributions dont le chef de la famille patriarcale était investi par nécessité, en raison du développement insuffisant de la culture, se détachaient peu à peu de lui. C'était, d'abord, le lien de parenté basé sur une coutume irréfléchie, qui céda sa place à d'autres liens sociaux dans lesquels le travail de la pensée individuelle était possible, sous forme de calcul, de sentiment ou de conviction. La pensée critique élabora le système industriel de la division du travail, d'abord héréditaire, dans les castes, ensuite basé sur la vocation personnelle ; elle créa le système politique de l'Etat, organe de la défense des individus contre les ennemis extérieurs, avec participation au gouvernement, des sujets ou des citoyens à différents degrés ; elle élabora le système juridique des tribunaux, moins intéressés aux affaires des accusés ; elle rendit possible la préparation méthodique au travail scientifique indépendant de l'autorité du chef de la *gens* ou de la famille ; elle créa des chefs-d'œuvre qui ont fait de l'activité artistique l'apanage des seuls individus exclusivement doués ; elle élabora (et elle élabore encore) le système pédagogique dans lequel les éducateurs de la jeune génération sont ceux-là seulement qui ont reçu la préparation intellectuelle et morale nécessaire à cet effet.

A mesure que le nombre d'attributions du chef de la famille patriarcale devenait de plus en plus limité, la pensée trouvait dans la culture une meilleure base pour sa lutte contre la fausse idéalisation dans ce domaine. Au panégyrique de la famille s'opposait la satire. Le scepticisme et les attaques cyniques ébranlaient son caractère sacré. La loi commença à protéger les membres de la famille contre le despotisme de son chef et autorisa le divorce. L'opinion publique se mit à la recherche d'un autre idéal. En même temps, la pensée critique combattait, s'appuyant sur la science et la justice, l'ascétisme qui répudiait toute impulsion sexuelle en général. La physiologie démontrait le caractère anti-naturel de l'ascétisme ; l'économie politique prouvait qu'il était ruineux pour la société ; l'histoire montrait le caractère illusoire de ses légendes et son insuffisance pour la réalisation de son propre idéal.

En remplacement de ces faux idéals qui pâlissaient sous les rayons de la pensée critique, l'idéalisation vraie suivait précisément la voie indiquée plus haut : elle exigeait la sincérité. En tant qu'instinct physiologique, c'était là un fait naturel et indéniable. Ce fait entrait dans le domaine du travail de la pensée sous la forme du libre choix. Depuis les temps les plus anciens, le choix avait reçu une idéalisation esthétique correspondant à l'attraction exercée par la beauté. Le progrès de l'idéalisation consistait ici uniquement en ce que la beauté ou le caractère attrayant devenaient, à mesure que le travail de la pensée faisait des progrès, simplement un prétexte au choix, tandis que sa base véritable était constituée par les qualités intellectuelles et morales. L'idéalisation de l'amour, chanté indépendamment du lien familial et en dépit de l'ascétisme, est d'une origine peut-être aussi ancienne que la parole humaine ; mais elle sonnait faux lorsque, à côté des chansons de Saadi, des Trouvères, des *Minnesänger*, des madrigaux des xviiᵉ et xviiiᵉ siècles, des expansions lyriques des contemporaines de Schiller, existaient encore des coutumes de harem, des mariages par la volonté du suzerain ou des parents, ou par calcul commercial ; lorsque le mariage et l'amour évoquaient, l'un comme l'autre, l'idée d'une obligation éternelle. Tant que la femme, dans la famille patriarcale, était inférieure à l'homme par l'ensemble de ses coutumes comme par le développement de sa pensée, les idéals moraux étaient différents pour les deux êtres qui s'aimaient et l'idéalisation de l'attraction mutuelle ne pouvait présenter aucune trace d'égalité. La femme cherchait dans l'homme l'idéal moral de la force, de l'esprit et de l'énergie du caractère, de l'influence sociale et de l'activité civique, mais cet idéal était pour elle non pas un *idéal*, mais une *idole*, car elle-même renonçait à le réaliser dans sa vie. L'homme cherchait dans la femme *uniquement* l'idéal esthétique de la beauté et de la grâce, tout en trouvant cet idéal humiliant pour lui-même et même en considérant, *pour lui*, la grossièreté des formes comme un élément de mérite. C'est pourquoi il ne pouvait pas même être question d'une idéalisation veritable de l'instinct sexuel de la part de la femme. Condamnée à la vénération d'une idole, vénération qui, cependant, renfermait un respect *légitime* de la force morale, elle portait tout le poids des formes *obligatoires* données à la famille par la civilisation coutumière. Tout le travail de la pensée dans ce processus d'idéalisation, qui avait pour instrument la recherche *légitime* de la beauté, se trouvait être à l'avantage de l'homme, auquel la civilisation coutumière attribua le droit du *choix libre*. La véritable idéalisation de l'amour réciproque ne devient possible qu'à partir du moment où la femme inspire l'estime au nom du même idéal de dignité morale que celui qui se pose pour l'homme. Alors, l'union d'amour devient le choix mutuel libre de deux êtres qui sont physiologiquement attirés l'un vers l'autre et qui se rapprochent parce que chacun estime chez l'autre la dignité humaine dans toutes ses multiples manifestations. L'attraction physiologique reste la base légitime du rapprochement, mais elle subit une idéalisation légitime et humaine ; l'union des individus est rendue plus stable par ce fait que, tendant au même idéal moral, ils se perfectionnent et se développent mutuellement dans leur union. Pour la même raison, une attraction accidentelle se transforme en un rapprochement moral durable, non pas imposé du dehors, non pas obligatoire en vertu des coutumes et des traditions, mais élaboré par les individus eux-mêmes. L'obligation externe perd toute signification devant ce lien plus solide. L'estime réciproque rend ce lien sacré, en même temps que la liberté dans les rapports écarte toute hypocrisie, et la confiance réciproque rend les individus qui s'unissent plus capables de s'aider mutuellement dans la lutte économique, dans le travail de la pensée, dans l'action sociale, dans les obligations pédagogiques envers la génération grandissante. Soumise ainsi à une idéalisation juste et scientifique, la famille a devant elle actuellement une tâche double, qui, dans chacune de ses parties, tient compte des conditions nécessaires inhérentes aux besoins naturels, s'appuie sur la sincérité du sentiment libre et pose au nom de la justice un but obligatoire à l'action humaine. L'attraction sexuelle comme source *nécessaire* ; la sympathie personnelle comme lien intime déterminant *librement* le choix ; le développement mutuel de deux êtres égaux pour la participation à la vie progressive de la société, comme *but social* — tel est l'un des deux côtés de l'idéal moderne de la famille. L'éducation de l'enfant par l'adulte comme source *nécessaire* ; la préparation de l'éducateur à sa tâche comme à un travail qui lui est personnellement cher et qu'il a choisi *librement*, comme une occupation préférée ; le développement, dans l'homme futur, d'une pensée capable du travail critique, d'une conviction prête à un acte d'abnégation, comme *devoir social* — tel est le second côté du même idéal. — Nous voyons ainsi qu'en écartant les formes illusoires et fausses de la civilisation coutumière, la sincérité à l'égard d'une tendance naturelle pose devant la famille (si ce nom se conserve encore dans l'avenir) un nouvel idéal élaboré par la pensée, un idéal qui possède toutes les qualités des idéals familiaux précédents, mais qui garantit dans une mesure beaucoup plus grande sa stabilité, car il s'appuie sur les données scientifiques, les exigences de la justice et de la dignité de l'individualité humaine.

Prenons un autre besoin né dès les premiers pas de la culture humaine : le besoin d'assurer l'existence économique qui a créé toutes les formes variées de propriété, d'héritage, de jouissance, de dépendance économique entre le capital et le travail, etc. Aussitôt que la vaste *gens* se fut fragmentée en unions familiales qui, sous la garde de la coutume ou de la loi, se faisaient une concurrence économique, les procédés plus ou moins élémentaires d'appropriation des objets, temporairement ou pour un délai plus ou moins long, ont dû nécessairement faire naître la préoccupation de former et de sauvegarder les réserves monopolisées par l'individu ou la famille. A un niveau peu élevé de la vie sociale, la possibilité de garantir son existence était peu assurée à l'individu. Tel jour, par exemple, la chasse, les rapines, les conditions favorables du temps avaient fourni à l'homme la possibilité d'avoir beaucoup, mais ensuite cette chance pouvait ne plus se retrouver pendant longtemps. Et cependant il fallait vivre non seulement aujourd'hui, mais demain et après-demain. De plus, il y avait dans la famille des vieillards et des enfants, incapables de se procurer la nourriture eux-mêmes. Il fallait songer à assurer leur existence. La solution la plus simple était de faire, le jour de réussite, des réserves pour les jours d'insuccès possible. Un chasseur adroit, un accapareur heureux s'appropriait tout ce dont il pouvait s'emparer pour assurer son avenir et celui de sa famille. L'objet accaparé par lui devenait sa propriété, son monopole exclusif, même dans les cas où ni lui ni sa famille ne pouvaient en jouir. Les enfants devenaient des propriétaires exclusifs de ce qui avait été acquis par leur père, et il en était ainsi même alors qu'ils auraient pu se procurer eux-mêmes leur nourriture. Tant que la société se trouvait à un degré si inférieur que personne ne pouvait se croire, quelques jours à l'avance, à l'abri du danger de mourir de faim, cet accaparement par l'individu des biens dépassant de beaucoup ses besoins immédiats et ceux de sa famille était presque indispensable. Chacun avait à défendre, par tous les moyens, lui-même et ses proches. La lutte pour l'existence était pour l'homme sinon l'unique, du moins la principale loi. Mais la situation de la société s'améliorait ; l'élevage du bétail et l'agriculture atteignaient un état où les probabilités d'avoir une existence assurée pour quelque temps surpassaient celles de périr d'un accident quelconque. L'accaparement de la *totalité* de ce qui avait été approprié ou hérité, perdait ce caractère de nécessité qui l'avait justifié à une époque plus dure. Mais, après avoir perdu sa signification légitime, il n'en a pas moins subsisté comme une tradition remontant à un temps immémorial, comme une coutume qui a conduit, — au moyen d'une technique améliorée, du travail des esclaves et des salariés, et des procédés perfectionnés de pillage, — à la réunion d'immenses richesses entre les mains d'une seule caste, d'un seul groupe de personnes, d'une seule famille, d'une seule personne. De là une forme du régime économique s'appuyant sur la propriété privée monopolisée, où une minorité de propriétaires héréditaires est entourée d'une majorité d'esclaves, de salariés et de mendiants(1). Ici encore nous rencontrons une idéalisation poétique, religieuse, métaphysique de ce régime. La richesse, le luxe, le pillage, les conquêtes, l'aristocratie héréditaire, la bourgeoisie repue, avaient leurs chantres, leurs théoriciens-apologistes, des commandements destinés à les préserver, des *Te Deum* pour les glorifier. De même, ici encore, l'ascétisme répudiait toute possession, tout travail économique, et développait le parasitisme des

(1) Ceci demanderait à être beaucoup plus développé — ce qui a été impossible pour un livre paru en Russie Je laisse ce texte presque sans modifications, tel qu'il était en 1870. (1891).

mendiants au nom de Dieu. La critique de la pensée était ici précédée et favorisée par le développement naturel des conditions propres à un tel régime. L'habitude des rapines et du monopole, transplantée d'un état rélativement sauvage dans une société plus civilisée, devait amener avec elle des éléments propres au genre de vie des sauvages primitifs : la lutte de tous contre tous et l'instabilité de ce que l'on voulait précisément assurer par tant d'efforts. L'aristocratie des propriétaires s'étiolait physiquement et moralement. Les affections personnelles et familiales amenaient la fragmentation des biens ; les membres de la famille gaspillaient follement les richesses amassées au moyen de rapines, se volaient et s'entretuaient pour tirer *à soi* le morceau le plus gros. L'Etat s'emparait, autant qu'il pouvait, de cette propriété privée si sacrée. Les salariés et les mendiants affamés pillaient ce qu'il leur était possible de piller. Le régime social devenait si chancelant qu'une poussée énergique du dehors ou une explosion du dedans suffisait pour emporter la brillante civilisation de la minorité. La lutte des propriétaires entre eux les faisait, d'ailleurs. périr l'un après l'autre. Aux époques récentes, les monopoleurs de la propriété se sont vus obligés, pour affermir le régime social, d'employer une part de plus en plus grande de leurs biens à l'armée, à la police, aux prisons, aux secours aux pauvres, aux mesures contre les vicissitudes des crises économiques etc. En présence de ces faits historiques, le socialisme développe sa critique économique qui vise en même temps les monopoleurs vivant dans le luxe et les ascètes parasites. La pensée critique organise le travail en association en face du capital monopolisé et dresse un nouvel idéal économique. Elle reconnait la nécessité d'assurer la vie matérielle, mais elle réclame un régime social tel, que l'individu ait l'existence assurée sans être en même temps placé dans la nécessité de monopoliser des biens qui dépassent ses besoins immédiats. Ici non plus, l'idéalisation correspondant à un besoin existant n'est pas nouvelle. C'est l'idéalisation du travail. Mais tandis qu'autrefois il était idéalisé comme un humble instrument du capital, comme l'assujettissement de l'ouvrier, inscrit dans les lois de l'univers, et dans les règles données par la Providence, comme **un châtiment mystique** pour le péché ancestral, le socialisme pose devant l'ouvrier **un idéal tout** à fait différent. C'est la lutte du travail productif utile **contre le capital** non gagné ; c'est le travail qui assure l'existence du **travailleur, qui** lui conquiert le développement humain et l'influence **politique** ; c'est le travail qui jouit de tout le confortable et même du luxe de la vie, sans avoir besoin de recourir aux procédés des sauvages : à l'accaparement des biens par l'individu, car le confortable et le luxe deviennent accessibles à tous.

Des besoins élémentaires que nous avons examinés dans leur idéalisation illusoire et dans leur idéalisation vraie, passons maintenant aux principes plus complexes élaborés par l'histoire humaine.

LETTRE XI

Des conditions très variables de lieu et de climat, des circonstances historiques, rapprochent, après une longue période, les descendants des *gens* d'origine différente. Le plus souvent, ces groupements adoptent une même langue ne différant que par les nuances propres aux différents idiomes, et acquièrent des penchants psychiques plus ou moins communs, des coutumes et des traditions plus ou moins semblables ; l'histoire délimite le groupe ainsi formé des autres groupes analogues, pendant que les formes de passage disparaissent ; il se constitue ainsi, par la naissance des nouvelles générations et sous l'influence de la civilisation coutumière, un produit historique qui représente une nationalité. Aussitôt qu'elle a formé un tout séparé, la lutte pour l'existence commence pour elle, comme pour tout ce qui vit ; ses générations successives se transmettent désormais l'une à l'autre, une règle très simple : étends, autant que tu peux, ton influence, et soumets, autant que tu peux, tout ce qui t'entoure ; absorbe, autant que tu peux, physiquement, politiquement et intellectuellement, les autres nationalités. Plus une nationalité est énergique, mieux elle remplit la première condition. Plus elle est humanitaire, moins elle ajoute d'importance à la dernière. Quant à son rôle historique, il est déterminé par sa faculté d'exercer une influence sur les autres nationalités, tout en conservant ses propres particularités et celles des autres.

En tant que produit de l'histoire et de la nature, la nationalité est un principe parfaitement légitime ; mais la fausse idéalisation n'a pas tardé à transformer ce *grand principe* à sa façon. A chaque époque historique, l'une ou l'autre des nationalités devenant nécessairement le représentant de la marche progressive de l'humanité, une théorie est née qui identifie, avec les différentes nationalités, les différentes *idées* sociales élaborées par la pensée de l'humanité tout entière. Et comme la plus grande partie de l histoire des nations a consisté dans leur entregorgement et leur absorption les unes par les autres, il en est résulté une notion du faux patriotisme, d'après laquelle tout citoyen croyait méritoire de souhaiter l'absorption de toutes les nations par la sienne. Et comme, d'autre part, le principe des nationalités a joué un rôle important dans l'histoire politique, il est né une théorie politique basée sur la division de la terre en territoires des différents Etats, d'après les nationalités.

Examinons ces théories d'un peu plus près.

Il arrive fréquemment de rencontrer, dans les travaux et les dissertations historiques, cette pensée que telle ou telle nationalité est le principal agent du progrès sous un rapport quelconque, qu'elle représente une idée déterminée, dans la marche générale de l'humanité en avant, que le développement de l'humanité est lié à sa victoire, tandis que sa perte peut avoir pour conséquence l'état stationnaire ou un arrêt plus ou moins long dans la marche du progrès. Il y a même des historiens-penseurs, et parmi eux des esprits très remarquables, qui identifient le rôle historique des principales nationalités avec les différentes idées de la raison humaine ou avec les différents phénomènes psychiques de l'esprit individuel Quelle signification rationnelle peut-on attribuer à ces constructions historiques ?

Si nous envisageons ce fait historique qu'à toute époque

les individus qui se trouvent à la tête d'une nation, de même que les phénomènes les plus remarquables de sa littérature et de sa vie, ont des traits caractéristiques communs, que les individus sont pénétrés par une idée dominante et que la littérature et la vie en sont également l'expression, — si, en un mot, nous comprenons sous l'idée d'une nationalité la formule générale se rapportant à un des stades de sa civilisation, nous pouvons admettre les propositions citées plus haut et leur reconnaître une importante signification historique. En effet, la civilisation d'une société plus ou moins développée présente, pour chaque époque, certains traits caractéristiques, certaines idées directrices, et plus les formes sociales favorisent le développement intégral de l'individu, plus la société est saine, plus la civilisation est harmonique, plus l'expression de l'idée propre à cette civilisation est nette et complète. Il est clair que, dans ce cas, la civilisation de la nationalité donnée influe, comme centre idéal, sur les autres nationalités contemporaines et sur l'avenir de l'humanité ; cette influence est d'autant plus progressive que l'idée directrice de la nationalité, à cette époque, contribue davantage au développement des individus et à la réalisation de la justice dans les formes de la vie sociale. Dans la mesure où cette dernière condition est réalisée, on peut dire que la nation donnée est, à l'époque considérée, le représentant du progrès, que la marche de l humanité en avant ou l'arrêt de son développement est lié aux destinées historiques de cette nation.

Mais on entend ordinairement par l idée nationale quelque chose de plus. On suppose que cette idée n'est pas limitée à une époque déterminée, mais rattache toutes les époques de la vie nationale, synthétise toute l'histoire de la nationalité. Un fait semblable peut être compris de trois façons différentes :

Ou bien une certaine forme de la civilisation a pénétré si profondément dans les habitudes de la nation qu'elle s'est transformée en une civilisation coutumière, en un caractère anthropologique, de sorte que la pensée individuelle est devenue désormais incapable d'apporter des améliorations à la vie sociale, — ou a été réprimée à sa naissance même. Les générations se suivent, mais les formes de la vie et les idées directrices restent les mêmes. En d'autres termes, c'est le règne de l'immobilisme complet, c'est l'histoire réduite au rôle de fonction zoologique. Il est assez étrange de parler du caractère progressif d'une civilisation qui est devenue, *de cette façon*, l'incarnation d'une idée. Les nationalités arrivées à cet état n'ont plus aucune influence sur le développement de l'humanité. Personne ne souhaite leur victoire ; personne ne regrette leur perte ; à moins qu'elles ne soient en état d'éveiller en elles des éléments vivants, elles sont condamnées à la mort historique dès qu'éclate un conflit entre elles et quelque chose qui vit.

Ou bien nous devons considérer l'idée directrice de l'histoire tout entière de la nationalité donnée comme *innée* chez tous les individus appartenant à cette nationalité, comme un élément antropologique inhérent à la constitution de leur cerveau et dominant le développement de toute la série des générations quelque variées que soient, dans ces générations, les formes de culture, quelque large que soit le développement de leur pensée ou quelque fantastiques que soient leurs écarts. — Dans ce cas, nous devons considérer la nationalité comme une subdivision du genre humain et chercher les raisons de la ressemblance des caractères intellectuels et psychiques des individus, dans la communauté de leur origine. Autrement dit, l'idée nationale n'existe, à ce point de vue, que dans les nations formées par *accroissement naturel*. Elle est inadmissible en dehors des hommes *d'une même race*.

Mais où trouve-t-on de ces nationalités historiques ? Dans l'Europe actuelle, seuls, les Allemands pourraient prétendre former une seule race, car, pour toutes les autres nations, le mélange est un fait historique. Et même chez les Allemands il est facile de voir des différences ; il suffit pour

cela de jeter un coup d'œil sur le travail connu de Riehl :
« Land und Leute ». Dans l'histoire de l'antiquité, la nation romaine était hétérogène. Un grand nombre de savants supposent le même fait pour la Grèce en se basant sur
des données très vraisemblables. La civilisation persane était
à proprement parler mydo-persane. Quant aux nations plus
antiques, nous ferons mieux de les laisser de côté, car elles
ne présentent rien qui puisse donner à la science un point de
repère pour formuler des conclusions tant soit peu probantes
à cet égard. Et si nous ne pouvons considérer l'unité d'origine
comme probable pour aucune des nationalités historiques, la
façon, proposée plus haut, de comprendre l'idée nationale ne
peut se justifier.

On peut enfin se représenter la chose de la façon suivante.
Des individus appartenant à la même race ou à des races
différentes élaborent en eux, sous l'influence des mêmes
conditions de climat, de sol, de vie économique et de civilisation coutumière, certaines tendances psychiques communes,
une grande variété régnant dans tout le reste. Ce sont ces
tendances psychiques, communes à tous, qui forment le
caractère national particulier quelle que soit leur origine.
Tant qu'elles n'existent pas, il n'y a pas de nation ; aussitôt
qu'elles se sont constituées, on peut les formuler en une
idée particulière qui se manifeste constamment dans la vie
tout entière de la nationalité. A mesure que cette dernière
exerce son influence sur l'histoire de l'humanité, l'idée correspondante y fait son entrée. Le triomphe ou la perte de la
nationalité entraîne l'élévation ou l'affaiblissement de son
idée. Les premières propositions de ce raisonnement peuvent
certainement être admises, et certains penseurs se proposent
actuellement d'étudier les phénomènes que présente la psychologie des différents peuples. Mais il s'agit de savoir à quel
point — en prenant les tendances nationales distinctives pour
un élément constant — nous pouvons reconnaître en elles un
facteur du progrès.

: Si la comparaison entre la vie de l'individu et la vie de la nation pouvait avoir une autre signification que celle d'une assimilation extérieure de deux processus différents, on pourrait dire que l'unité de vie d'une nationalité historique correspond à l'unité de vie d'un homme pensant. Il y a des moments où l'individu développé prend conscience de son existence, pèse ses forces, se pénètre d'une conviction déterminée, se propose une fin générale à l'existence et vit conformément à cette fin, s'en écartant quelquefois sous l'action des influences ou des entraînements extérieurs, mais trouvant toujours, dans cette fin, l'unité et le sens de tout le processus de son développement. S'il pouvait exister pour la société un phénomène analogue, on pourrait se représenter la conscience nationale s'éveillant à une certaine époque, constituant le but reconnu du développement national, but vers lequel tendraient les individus en transmettant leurs tendances à leurs descendants ; ces derniers viseraient ainsi au même but dans une phase nouvelle et se trouveraient pénétrés de la même idée. Et cela se poursuivrait d'une génération à l'autre jusqu'à ce que la puissance de développement se soit épuisée dans la nationalité, comme elle s'épuise chez le vieillard, — ou jusqu'à ce qu'une catastrophe historique l'ait détruite, de même que la maladie ou la violence tuent l'individu. Mais une telle comparaison n'est qu'un produit de l'imagination. Le seul point commun entre la vie de l'individu et celle de la société, c'est que, pour chacune des nations disparues, il y eut un moment où elle est apparue sur la scène de l'histoire, une période d'existence historique, une période de vie et une époque d'agonie. Tout le reste est différent. Pour l'individu, un physiologiste nous montrera les mêmes processus qui transforment un embryon en un enfant, transformer un enfant en un être adulte et plus tard amener le vieillard à la mort inévitable. Pour la société, toutes les tentatives faites en vue de donner quelque chose qui ressemblerait à une pareille explication, doivent être considérées comme non-scientifiques De plus, nous voyons quelquefois, dans la vie historique de la société, se répéter plusieurs fois les phénomènes qui, selon une analogie rigoureuse, devraient être reconnus comme appartenant à des époques de jeunesse ou de décrépitude. Quant à la mort des sociétés historiques, nous ne connaissons pas ici des cas de mort naturelle, mais seulement une série d'assassinats commis par certaines nationalités sur d'autres ; la question même de savoir si une nationalité historique peut mourir d'une façon naturelle, ne peut pas être considérée comme résolue. Il serait plus exact par conséquent, de comparer les nationalités à un individu qui naît, traverse plusieurs fois des périodes de jeunesse et de décrépitude et, dans la plupart des cas, périt assassiné. Mais un semblable individu appartient au domaine de l'imagination.

Plus fantaisiste encore est la supposition que l'idée nationale est transmise d'une génération à l'autre sous forme de tradition consciente. Personne n'a jamais montré, pour quelque nationalité que ce fût, l'ombre d'une semblable tradition d'une idée quelconque, en basant cette affirmation sur quelque chose qui ressemblât à un fait scientifique. Les générations d'une nation donnée se transmettent, comme nous l'avons vu au commencement de cette lettre, une seule aspiration, qui est loin d'être idéale, et dont les tendances, communes à toutes les nations, ne donnent naissance à aucune *idée*. C'est simplement la lutte naturelle pour l'existence. Ce sont ces tendances qui ont guidé les animaux, ce sont elles qui ont guidé les hommes dans leurs conflits avec les animaux, qui ont guidé les hommes primitifs dans leurs conflits entre eux et qui guident maintenant les nationalités dans les leurs. Il n'y a, dans ces tendances, rien qui soit favorable au progrès. Certes, sans lutte entre individus, le progrès qui l'a suivie n'aurait probablement pas eu lieu ; sans lutte entre nationalités, les progrès de la civilisation ne se seraient probablement pas étendus et généralisés. Mais les conditions nécessaires à la naissance du progrès ne sont pas encore le progrès lui-même, et la tradition de la lutte entre les nationalités ne fait que *précéder* la conception des rapports basés sur la justice, conception à partir de laquelle la lutte cesse et le progrès général des nations commence.

Si nous laissons de côté la tradition *consciente*, il nous reste à admettre la transmission *inconsciente* de génération en génération d'une tendance idéale constante. — Mais est-il possible de démontrer par des faits l'existence d'une pareille tendance ? Prenons comme exemple deux nationalités incontestablement historiques, dont la première peut même être considérée comme formée d'une seule race, quoique l'ancienneté de son apparition ne permette pas de donner une solution entièrement scientifique de cette question.

Les Juifs ont joué, malgré leur petit nombre, un rôle historique dans l'antiquité ; ils en ont joué un dans l'Europe du moyen âge ; à notre époque ils ne sont pas non plus dénués d'importance historique ; plusieurs écrivains rattachaient même les secousses révolutionnaires subies par l'Allemagne vers 1848 à l'influence exercée sur la société allemande par les nombreux juifs qui se trouvaient dans son sein. Les noms des juifs-socialistes sont écrits d'une manière trop ineffaçable dans les annales de la science comme dans celles des agitations sociales de toute la période suivante, pour qu'on puisse nier leur influence : on aurait tort de la détacher entièrement de leur nationalité. Le mouvement antisémite de la dernière dizaine d'années lui-même implique, sous une forme pathologique, l'aveu, fait par les ennemis des juifs, que ces derniers constituent, en tant qu'un tout indépendant, une force sociale agissant d'une façon ou d'une autre sur les fonctions les plus essentielles de la société actuelle. — Est-il possible d'admettre un instant que les prophètes du temps de la première chute de

Jérusalem, les cabbalistes du moyen âge, les talmudistes et les traducteurs d'Averroës ainsi que les contemporains de Heine, de Rothschild, de Meyerbeer, de Marx et de Lassalle, aient représenté dans l'histoire une même idée ? Et pourtant il n'existe peut-être pas de nationalité où l'isolement et la puissance de la tradition soient plus considérables que chez les Juifs.

Comme second exemple, prenons la France et cherchons, pour plus de commodité, ne seraient-ce que quelques traits saillants de son histoire. Pour les époques récentes, on pourrait, il est vrai, reconnaître comme trait caractéristique la tendance à la centralisation administrative. La Convention, les doctrinaires, Napoléon III étaient d'accord sur ce point ; les hommes politiques centralisaient le gouvernement ; les professeurs d'universités centralisaient l'enseignement ; Auguste Comte voulait centraliser, au moyen de sa religion positive, toutes les manifestations de la pensée et de la vie. Si un trait commun a tant de partis différents, d'une époque récente, n'est pas un élément de l' « idée nationale », il est douteux que nous puissions trouver quelque chose de caractéristique. Mais qui donc a jamais cherché ce trait dans la France féodale ? Et cependant il est impossible de ne pas admettre que la nationalité française fût déjà formée à cette époque.

Prenons quelques-unes des époques où la littérature française exerçait sur l'Europe une influence incontestable. Au xiie siècle nous trouvons la poésie épique française du Moyen Age qu'on imitait partout ; au xiiie et au xive siècles les scoliastes de l'université de Paris étaient les professeurs de l'Europe ; les poètes-courtisans du xviie siècle ont également trouvé des imitateurs ; l'Encyclopédie du xviiie siècle a régné a son tour sur la pensée européenne. Comparons ces quatre époques ; nous pouvons, peut-être, y ajouter encore l'époque moins influente du nouveau romantisme et du nouvel éclectisme français. Quelle idée commune trouverons-nous dans toutes ces phases de la pensée française, ayant exercé une influence plus ou moins grande sur le développement de l'humanité ? A moins de faire des assimilations tout à fait artificielles, nous serons forcés de renoncer à y voir une idée commune à toute la marche historique de la pensée française. On pourrait en dire autant de tout autre trait saillant, pour la France comme pour les autres nations. Dans aucune on ne découvre une idée générale qui pénétre son histoire tout entière.

Nous pouvons en conclure, il me semble, qu'on ne peut reconnaître à l'idée nationale que la signification d'une formule générale *temporaire* pour la civilisation d'un peuple ou d'un Etat. Une nationalité donnée *peut*, grâce à ses tendances psychiques générales et à certains événements historiques, devenir, à une certaine époque de son existence et en vertu du caractère de sa civilisation, un représentant autorisé de telle ou telle idée ; elle peut donc, au nom de cette idée, prendre une place déterminée parmi les facteurs progressifs ou réactionnaires d'une période déterminée de l'histoire de l'humanité.

Après avoir détruit la fausse idéalisation qui consiste à identifier les idées avec les nationalités, la critique doit passer à l'idéalisation juste de ce principe. Nous avons vu qu'une nationalité n'est pas, *par son essence même*, le représentant d'une idée progressive mais qu'elle peut seulement le devenir. L'idéalisation véritable du principe des nationalités doit donc consister à montrer comment cette *possibilité* peut se réaliser.

Nous pouvons facilement conclure de ce qui a été dit dans la neuvième lettre que, quelle que soit l'idée qui pénètre la civilisation d'une nationalité déterminée à l'époque donnée, si cette nationalité continue pendant trop longtemps à représenter la même idée, elle passera presqu'inévitablement du nombre des agents du progrès au nombre de ceux de la réaction, ou inversement, car aucune idée ne possède le monopole de rester éternellement progressive. D'un autre côté, nous venons de voir qu'une nationalité peut, dans le cours de son histoire, représenter tour à tour des idées différentes. A un moment donné, elle peut se mettre à la tête d'un mouvement inspiré par une idée progressive ; dans une autre période, on verra exprimée sur son drapeau une idée devant exercer sur l'humanité l'influence la plus réactionnaire.

Il en résulte que, soit qu'elle tienne obstinément à l'idée adoptée, soit qu'elle modifie ses principes directeurs, une nationalité peut ne pas rester continuellement un agent du progrès. Le conservatisme et le révolutionnarisme dans la sphère de la pensée sont, aussi peu l'un que l'autre, une garantie de progrès. Pour garder dans l'histoire la signification d'agent du progrès, la nationalité qui l'a acquise doit maintenir son idée directrice jusqu'à une certaine époque seulement, en soumettant constamment à l'épreuve des nouvelles circonstances, des nouvelles exigences, de la nouvelle pensée, la question de savoir dans quelle mesure cette idée reste progressive. Et lorsqu'elle arrive à changer son idée directrice, la nationalité ne doit, de même, puiser que dans la critique des revendications actuelles de l'humanité et de sa pensée actuelle, les principes qu'elle doit, au nom du progrès, inscrire maintenant sur son drapeau comme promettant le développement le plus complet de l'individu et l'extension la plus large de la solidarité dans les formes sociales.

Il en résulte également que toute nationalité peut, dans des conditions favorables, devenir un agent du progrès historique Mieux elle comprendra les revendications actuelles de l'humanité, plus elle les réalisera dans les formes de sa civilisation coutumière et dans les manifestations de sa pensée, — plus elle aura de chances d'atteindre cette situation historique. Certes, il faut en même temps que son régime social réalise certaines conditions dont j'ai parlé dans ma troisième lettre ; il faut que le milieu social permette et favorise le développement d'une conviction indépendante dans les individus ; il faut que le savant et le penseur aient la faculté d'émettre des propositions qu'ils considèrent comme des expressions de la vérité et de la justice : il faut que les formes sociales soient susceptibles d'être modifiées aussitôt qu'il apparaît qu'elles ont cessé d'exprimer la vérité et la justice. En l'absence de ces conditions, la signification historique progressive de la nationalité est un pur effet du hasard, car la nationalité, par elle-même, n'est qu'une abstraction, et c'est seulement par une métaphore que nous pouvons dire qu'elle *comprend* ou qu'elle *incarne* quelque chose En réalité, comprendre et incarner ne peuvent être que l'apanage des individus, qui, comme nous l'avons déjà dit dans les lettres précédentes, sont les seuls agents du progrès. Eux seuls peuvent faire de la nationalité à laquelle ils appartiennent un élément du progrès de l'humanité, ou lui donner au contraire un rôle réactionnaire.

Le vrai patriotisme consiste donc, pour l'individu, à éclairer les aspirations naturelles de sa nation par l'intelligence critique des nécessités du progrès général de l'humanité. J'ai indiqué plus haut les trois tendances naturelles des nationalités ; leur signification aux yeux de la critique rationnelle est très différente.

La tendance à maintenir sa nationalité en tant qu'une unité indépendante et distincte est parfaitement légitime, car elle correspond au désir, propre à l'homme, de voir les idées auxquelles il croit, la langue qu'il parle, les fins qu'il se propose dans sa vie, subsister et passer dans l'avenir comme un élément vivant, en se transformant suivant les exigences du progrès de l'humanité. Celui-là seul a le droit de renoncer à maintenir sa nationalité, qui est arrivé à se convaincre que cette nationalité s'est définitivement approprié des éléments d'immobilisme ou de réaction et qu'elle est incapable de s'en débarrasser. Mais quelle est la nationalité qui en est incapable ?

La tendance à absorber les autres nationalités, en détruisant leurs caractères propres, est un fait contraire au pro-

grès. L'homme qui se propose ce but a aussi peu de droits
au nom de patriote, que n'en a au nom de penseur humanitaire celui qui préconise l'utilité, pour la culture sociale
de l'humanité, de se rapprocher des mœurs d'une bande
de loups. Des « patriotes » semblables avilissent le drapeau
de la nationalité et tendent, consciemment ou inconsciemment, à abaisser leur peuple, en lui imposant la honte de cette
férocité, en l'empêchant de prendre place parmi les agents
du progrès. Tel était le « patriotisme » de Caton le Censeur,
avec son célèbre refrain : « Carthage doit être détruite ! » Et
l'histoire ultérieure de Rome a montré combien la majorité
des citoyens romains ont peu gagné, moralement et politiquement, à la destruction de Carthage ; peu après, la vénalité des
Romains étonna Jugurtha lui-même et leur conscience civique ne se manifesta plus que dans les guerres intestines
les proscriptions sanglantes et le césarisme. En Russie, nous
trouvons depuis les années 1860-70, le porte-parole d'un
« patriotisme » analogue dans cette « presse de Katkoff » qui
a pris une si grande extension et est devenue si florissante
dans ces dernières années. Négation du progrès, la tendance
des nationalités à s'absorber les unes les autres est en
même temps la négation du véritable patriotisme.

Apportez à la pensée de votre nationalité le plus de vérité
possible ; apportez dans le régime de ses formes sociales le
plus de justice possible ; elle pourra alors prendre place sans
crainte à côté d'autres nationalités, dont la pensée renferme
un contenu moins riche de vérité, dont les formes sociales
sont moins pénétrées de justice. Son influence s'exercera
sur elles ; elle les soumettra moralement sans avoir besoin de les absorber, c'est-à-dire de les priver d'une vie historique indépendante Tout véritable patriote est en droit de
souhaiter une influence semblable, une domination semblable ; il a rationnellement le droit de vouloir attribuer à sa
patrie un tel rôle, de contribuer de toutes ses forces à une
semblable domination historique de sa nationalité sur les

autres, car il contribue ainsi au progrès de l'humanité. Le progrès n'est pas un processus impersonnel Quelqu'un doit devenir son organe. Une nationalité quelconque peut et doit, avant les autres et plus complètement que les autres, devenir le représentant du progrès à l'époque donnée. Le vrai patriote peut et doit souhaiter d'avoir cette nationalité pour *sienne* et d'avoir lui-même contribué à lui donner cette signification historique. C'est précisément parce que la culture de son peuple lui est mieux connue et plus familière et qu'il lui est plus facile de comprendre ses procédés de pensée et d'action, — qu'il peut rester patriote tout en poursuivant des buts propres à l'humanité entière. Un patriotisme rationnel consiste à vouloir faire de sa nationalité l'agent le plus influent du progrès humain, tout en effaçant le moins possible les traits particuliers qui la caractérisent.

A cet effet, le vrai patriote visera d'abord à fournir à sa patrie ces conditions sociales dont nous avons parlé plus haut sans lesquelles le développement progressiste de la société est peu probable : il tâchera de répandre aussi largement que possible parmi ses compatriotes le confort hygiénique et matériel ; il sera, dans son milieu natal, le propagandiste de l'intelligence critique, d'un point de vue scientifique, des théories sociales qui répondent le plus à l'idée de justice ; il prendra une part active aux mouvements réformistes ou révolutionnaires qui tendent à introduire dans le régime politique et économique de sa patrie une possibilité plus grande pour l'individu de se créer des convictions fermes et de les défendre ; il sera partisan de la liberté de pensée, de la liberté de parole, des formes de contrat social qui facilitent le remplacement des lois et des institutions caduques, par d'autres, plus parfaites. Il voudra mieux comprendre les problèmes contemporains de la science et de la justice. Enfin, il tâchera, dans la mesure de ses forces, de faire de sa patrie le représentant supérieur de la science et de la justice parmi les nations contemporaines. En dehors de cela, il n'existe pas de patriotisme, mais seulement un masque dont se couvrent les bavards stupides, les publicistes égoïstes ou les exploiteurs intéressés des passions bestiales de l'humanité.

S'il ne surgissait pas, en même temps, des conflits entre nationalités, causés par les intérêts accidentels de leurs gouvernants ou par le principe sauvage de l'absorption réciproque, la question du rôle de l'élément national dans le progrès en serait restée là. Mais les circonstances dont je viens de parler donnent une importance historique à la solidité et à la force matérielle de l'organisation nationale. La question nationale évoque dans la pratique la question de l'Etat.

LETTRE XII

On a beaucoup discuté sur la question de savoir si le contrat sert de base à l'Etat, ou si, au contraire, l'Etat le précède. L'école historique a beaucoup raillé les théoriciens qui se figuraient que des êtres, encore a moitié sortis de l'animalité et qui auparavant n'avaient eu aucun rapport entre eux aient pu se dire un beau jour : « Il serait préférable d'établir entre nous un contrat et de former un Etat ; faisons-le. » On se serait donc réuni ; on aurait délibéré pour connaître la meilleure organisation ; puis on aurait pris une décision qui aurait donne naissance à l'Etat. L'école historique démontrait, clair comme le jour, qu'un contrat semblable supposait déjà ce qui devait en résulter. Quelqu'évident que cela fût, une particularité caractéristique de l'Etat sautait cependant aux yeux : c'était pour ses membres l'obligation légale de soutenir le régime établi et d'y contraindre ceux qui se refusaient à remplir cette obligation de plein gré. Mais ceci supposait l'existence d'un *contrat*, réel ou fictif, liant entre eux les membres de l'Etat. L'expression de ce contrat était la *loi*. Ces deux principes ont en eux-mêmes une importance si grande et ont été si souvent l'objet d'une fausse idéalisation, que je crois utile de les examiner d'abord à part, pour passer ensuite a la question de l'Etat.

Une des premières et des plus simples manifestations de la

pensée, c'est la préoccupation de l'avenir. L'enfance cesse pour l'individu à partir **du moment** où il commence à réfléchir aux moyens de s'assurer un avenir meilleur. S'il est permis d'appliquer en un sens quelconque, la comparaison, **très souvent** employée mais très peu exacte, du développement social **avec** le développement individuel, nous pouvons dire que l'enfance de la société finit au moment où le contrat s'établit entre les hommes. Il est pour eux un moyen de se prémunir contre les éventualités. Derrière la volonté changeante de l'individu, derrière le calcul de ce qui est meilleur, plus commode, plus utile, calcul que l'on fera *demain* et qu'il est impossible de prévoir, derrière la nécessité de recourir à la force ou à la persuasion au moment même où le besoin s'en fait sentir, on voit se lever une obligation, prise plus ou moins volontairement. L'homme lie lui-même son avenir. Le contrat est protégé par des dieux terribles et invisibles qui menacent l'homme d'un châtiment dans cette vie et dans l'autre. Il est protégé par la crainte, plus sensible, de la loi. Il est protégé par le respect intérieur de soi-même, par l'honneur de l'homme qui a donné sa parole Il faut croire que ce moyen a été très efficace, puisque les penseurs ont essayé d'appliquer, d'une façon réelle ou fictive, le principe du contrat à la majorité des institutions sociales L'attraction physiologique de deux amoureux comme les relations entre les citoyens et l Etat, ont été expliquées ainsi ; les Juifs ont cru même utile de représenter la vie religieuse et l'adoration de Jehova sous forme d'un contrat entre le Dieu des Juifs et son peuple élu.

Le contrat est, en réalité, un principe *exclusivement* économique, car la comparaison purement quantitative des services rendus n'est possible que là où il existe des grandeurs mathématiques, et de tous les phénomènes sociaux seuls les phénomènes économiques ont trouvé une mesure dans la valeur. Seul ce qui est appréciable peut être équivalent, et là où l'égalité est impossible à déterminer, le contrat est toujours fictif parce qu'il est injuste. Le contrat suppose un service rendu pour un autre service égal. Il est, par conséquent, parfaitement applicable partout où il peut y avoir une estimation. L'échange des marchandises, l'échange du travail contre des valeurs, en sont les cas les plus simples, mais déjà là nous voyons un phénomène de regrès apparaître à côté de celui de progrès : ces contrats permettent aussi l'exploitation de l'homme par l'homme, l'épuisement des forces et des moyens d'un individu au profit de l'accaparement des forces et des moyens par un autre. Alors le contrat n'est juste que si les deux individus se trouvent dans la même situation au point de vue de leur compréhension de la valeur des marchandises, du rôle du travail et du capital ; que si tous les deux ont également besoin d'effectuer l'échange, et que si tous les deux le font honnêtement. Mais un cas semblable est exceptionnel, et, lorsqu'il se rencontre, il n'y a, peut-être, aucun besoin d'un contrat formel. Le contrat doit être envisagé comme une arme contre la tromperie ou contre l'oppression. Mais une arme semblable n'est utile, au sens progressif, que pour défendre le faible contre le fort, ce dernier étant protégé contre la tromperie et l'oppression par sa force même. Lorsqu'un juriste fait un contrat avec un homme qui n'a aucune expérience des lois, ce n'est pas de la part de ce dernier qu'il faut s'attendre à voir apporter au contrat des expressions qui, plus tard, gêneront sa partie par un article de loi insoupçonné. Lorsque le patron capitaliste fait un contrat avec l'ouvrier prolétaire, l'oppression ne peut avoir lieu que de la part du capital. C'est pourquoi le contrat n'est un principe progressif que dans le cas où il protège le plus faible contre un changement arbitraire de la valeur de la part du plus fort. Lorsqu'un homme plus intelligent, plus instruit, plus riche fait un contrat avec des hommes moins intelligents, moins instruits et moins riches, l'obligation morale doit peser de tout son poids sur le premier. Les seconds peuvent ne pas avoir compris, ne pas avoir bien jugé les conditions qu'ils se sont imposées, ne pas avoir pu s'y refuser, et chacune de ces circonstances, en détruisant la justice du contrat, en diminuer la force morale. Son exécution peut paraître importante aux yeux de la société, pour la conservation de l'ordre social, de la loi de l'Etat, d'une coutume sacrée, mais nullement de la justice.

Le contrat se trouve davantage encore en dehors des conditions d'un développement progressif — c'est-à-dire des conditions de justice — dans les cas où il exige des deux contractants, ou d'un seul d'entre eux, des services tels qu'ils ne comportent aucune estimation ou ne peuvent être récompensés par aucune valeur. Le premier cas se présente partout où l'élément économique ne s'applique pas à toute la sphère d'action qui figure dans le contrat, ou même n'a rien de commun avec elle. Tous les actes qui, dans les relations normales entre les hommes, sont déterminés par l'amour, l'amitié, la confiance, l'estime, ne peuvent, s'il s'agit d'hommes voulant conserver leur dignité, résulter d'une obligation ; ils ne peuvent pas, par conséquent, être l'objet d'un contrat. Le second cas se présente lorsque le contrat s'étend à toute la vie du contractant ou, du moins, à une portion si considédérable de sa vie, qu'aucun calcul, aucun raisonnement ne peut prévoir toutes les combinaisons possibles de circonstances. Dans ces conditions, celui qui s'engage à rendre un service de telle nature qu'il n'en puisse pas être récompensé, a tort dans la même mesure que celui qui accepte une telle obligation. Cette obligation est basée sur des notions erronées, sur cette idée que ce que je désire aujourd'hui, je le désirerai demain, — que tel je suis aujourd'hui, tel je resterai pendant ma vie tout entière. Lorsqu'il s'agit d'obligations matérielles, un semblable calcul au sujet d'un avenir lointain ne présente pas de difficultés insurmontables. La valeur du service varie, mais en même temps celle des unités monétaires, et, pour un individu qui conclut un grand nombre de contrats analogues, la perte subie dans une entreprise se trouve souvent compensée ailleurs par un gain, ce qui, avec l'énorme importance d'un service rendu en temps opportun, compense quelquefois tous les risques. Mais il n'en est pas de même pour les services non susceptibles d'estimation. En l'absence d'unités objectives qui permettraient de les remplacer par d'autres, leurs équivalents, ces services inappréciables s'appuient uniquement, dans leur signification morale, sur la conviction intérieure de l'individu Seule, une action conforme à la conviction est morale ; seules, les actions accomplies en vertu d'une conviction sont un élément favorable au développement de l'individu. Or, un contrat peut exiger de moi des actes qui étaient conformes à ma conviction au moment où je signais ce contrat, mais qui ne le sont plus au moment où je dois l'exécuter. L'honnêteté exige l'exécution du contrat ; je l'exécute, mais mon acte devient un acte de vendu et d'hypocrite. Ils sont achetés et hypocrites, les sacrifices d'amitié, les caresses d'amour, les protestations de respect pour le pouvoir et la loi, l'exécution du rite religieux, lorsque l'amitié fait place à la pitié ou au mépris, lorsqu il n'y a pas *encore* ou qu'il n'y a *plus* d'amour, lorsque le pouvoir est devenu un joug révoltant et la loi une injustice reconnue, lorsque la croyance à la puissance magique ou mystique du rite a disparu. Ces actes sont achetés, parce qu'en les accomplissant je ne fais qu'acheter le droit d'échapper aux reproches des autres et de moi-même, à raison de la non exécution de mon obligation ; ils sont hypocrites, parce que, dans tous les contrats analogues, une condition tacite est sous-entendue : c'est que j'exécuterai l'obligation *de la même façon* que je l ai prise, c'est-à-dire de plein gré, tandis que je l'exécute maintenant à l'encontre de ma conscience. On me dira que je peux éviter cette hypocrisie en déclarant n'exécuter le contrat que parce que j'y suis forcé et ne pouvoir l'exécuter de mon plein gré ; dans ce cas, la responsabilité de l'action immorale incomberait non pas à moi, mais à celui qui exige l'exécution du contrat.

Mais ce n'est là qu'une fiction. Certes, nous pouvons et nous devons considérer comme un criminel celui qui exige l'exécution d'un contrat non économique lorsqu'on lui a fait connaître l'absence du désir de l'exécuter. Il exige une action immorale et basse ; il est donc lui-même un homme immoral et bas. Mais l'acte criminel accompli par un autre ne diminue en rien ma faute à moi, lorsque je sais accomplir un crime et que je le commets cependant, lorsque je sais vendre une chose qui n'est pas susceptible d'être vendue. L'homme qui rejette sur autrui la responsabilité morale de ses actes, se place lui-même au niveau d'une machine, car seule une machine est irresponsable.

Or, il n'est pas, pour nous, moins humiliant de nous mettre au rang d'une machine, que de vendre notre *moi* en faisant une action contraire à notre conviction. Ici le crime est contenu dans le contrat lui-même. Tout contrat exigeant dans l'avenir un service tel que, par son essence même, il suppose la sincérité et l'impossibilité de le remplacer, est moralement criminel. C'est seulement en vertu d'une illusion que les hommes peuvent s'engager à avoir des sentiments d'amitié ou d'amour, dans un avenir un peu éloigné, et à agir en conséquence, car l'objet de leur amitié ou de leur amour d'aujourd'hui peut cesser d'en être digne et, d'un autre côté, eux-mêmes peuvent changer ; or, les actes dans lesquels se manifestent l'amitié ou l'amour deviennent profondément immoraux lorsqu'ils sont accomplis en l'absence d'un sentiment sincère, en vertu de l'obligation seule. Il est, de même, criminel de s'engager à obéir aux ordres d'un pouvoir gouvernemental illimité, lorsqu'on ignore quels seront ces ordres et qu'on ne peut ni les contrôler, ni avoir sur eux aucune influence.

Il va de soi que le contrat visant toute la vie ou un avenir indéfiniment éloigné, présente le même caractère d'immoralité, encore aggravé, parce qu'il est plus immoral de répéter une mauvaise action que de l'accomplir une seule fois. Dans le dernier cas, le fait de cet accomplissement peut quelquefois donner une impulsion au développement de l'homme qui voudra peut-être racheter l'acte immoral par une activité utile. Mais la répétition transforme le mal en habitude, émousse la sensibilité morale, et non seulement abaisse l'homme au niveau d'une machine, mais lui présente l'action automatique comme l'idéal de sa vie entière ou d'une partie de sa vie. Ceci est particulièrement applicable aux deux domaines dont nous avons tiré les exemples précédents. La vente des caresses d'amour pour toute la vie reste une vente avilissante, même lorsqu'elle est sanctifiée par l'Eglise et la loi. Le fait de soutenir volontairement un pouvoir sans limites et sans contrôle est une action immorale et nuisible. L'accomplissement d'un rite religieux par celui qui ne croit pas, constitue un symptôme de décadence. L'esclavage réel et l'esclavage moral, sous toutes leurs formes, sont des manifestations naturelles de cet avilissement de la dignité humaine. Une société qui lie par un contrat obligatoire la majeure partie de la vie des individus, introduit dans son sein d'autant plus d'éléments de réaction et de mort qu'elle se pénètre davantage du principe de la réglementation.

Ainsi, le contrat qui est un des éléments les plus importants de la vie sociale, une de ses manifestations les plus simples et, semblerait-il, les plus bienfaisantes, devient un mal terrible et destructeur s'il s'étend au-delà de sa sphère légitime. Il y a, dans la vie des sociétés, des périodes où il présente la seule ressource possible. Il y en a d'autres où il devient le joug le plus écrasant.

On peut trouver des faits analogues dans l'existence individuelle. Dans la vie de chaque jeune homme il doit y avoir une époque où il s'habitue à réfléchir aux conséquences futures de ses paroles et de ses actes. Mais cette habitude acquise ne doit pas devenir la base de toute l'activité d'un homme adulte ; elle ne doit y entrer que comme un des éléments. Celui qui est *exclusivement* prudent devient un poltron qui laisse passer les occasions d'agir par manque de résolution ; il se fait quelquefois plus de tort à lui-même par sa poltronnerie qu'il ne s'en serait fait par le risque ; enfin, il devient complètement incapable d'une action décisive, même là où elle lui est le plus nécessaire. La prudence et la réflexion ne deviennent des armes puissantes que là où elles sont les auxiliaires d'un acte résolu, où elles constituent un des éléments d'une pensée forte et audacieuse.

De même, la société arrive dans sa jeunesse à la conception du contrat. Les instincts élémentaires, les habitudes créées par la culture, les coutumes dérivant du lien de parenté, enfin la communauté immédiate d'intérêts, ont temporairement réuni les hommes. L'union est commode, habituelle ou avantageuse pour tous, et ils le savent ; mais la conscience de la variabilité de leurs désirs, de leur aptitude à se laisser entraîner, s'est déjà éveillée en eux ; aussi craignent-ils de ne pas accomplir dans l'avenir ce qu'ils considèrent comme commode ou avantageux pour eux. Ils établissent alors un contrat qui les oblige à faire ce qui leur est le plus utile. Ensuite une autre période arrive. La société comprend des hommes plus forts et des hommes plus faibles, des exploiteurs et des exploités ; les derniers souffrent par la faute des premiers et se méfient d'eux. Mais il y a des circonstances où, malgré toute leur force, les premiers ne peuvent pas atteindre leurs fins sans le concours des seconds. Ils achètent alors ce concours, en garantissant plus ou moins aux faibles une protection contre leur force. Ce contrat entre les forts et les faibles s'établit à un moment où les forts sont accidentellement plus faibles, et les faibles, plus forts ; il apporte donc au régime social plus de justice qu'il n'y en avait auparavant.

Peu à peu l'avantage de tels contrats devient évident ; il devient impossible de ne pas s'apercevoir de l'amélioration directe qu'ils apportent à la vie sociale. On commence à idéaliser le contrat. On l'affermit au moyen de rites magiques qui

menacent celui qui le viole de peines inévitables. On invoque
des foules d'esprits invisibles qui deviennent ses témoins, et,
pour ainsi dire, ses participants. Les dieux souterrains et les
dieux célestes en sont les gardiens, et ces témoins omnipo-
tents et omniscients qui châtient sur la terre et au-delà de
la tombe, donnent au contrat un caractère de sainteté objective. L'idéal d'homme moral, au sens le plus vaste et le
plus simple de ce terme, comprend maintenant l'honnêteté,
laquelle est un juge intérieur qui exige l'exécution du contrat
avec plus de rigueur que tous les dieux olympiens. Le contrat acquiert ainsi un caractère de sainteté subjective. L'idéal
d'homme honnête se généralise dans les images des poètes, dans
les conceptions des penseurs. Il entre dans les habitudes de la
société. Le violateur d'un contrat voit sa condamnation partout, dans le sourire de ses connaissances, dans le salut froid
d'un ami, dans l'allusion d'un conteur mondain. Du monde
fantastique des mythes et du monde subjectif des convictions, l'honnêteté passe dans le monde réel en devenant le
plus sacré des liens sociaux.

Mais les terribles olympiens, gardiens des serments, se
laissent adoucir par des sacrifices, et le prêtre chrétien ab-
sout le parjure du péché qui devait lui attirer un châtiment
dans la vie future. La vie intérieure de l'homme est cachée
aux yeux des autres, et celui qui paraît être le plus honnête
ne fait, peut-être, qu'attendre son heure pour accomplir un
acte d'une grande malhonnêteté. Quant au jugement de
l'opinion publique, les convenances de la vie sociale forment
un contrepoids si efficace à la répugnance pour les actes
malhonnêtes, que la situation des violateurs de contrats est
loin d'être mauvaise ; d'ailleurs, un grand succès donne,
aux yeux de la majorité, une certaine grandeur à l'acte
malhonnête, et, entre dupes et coquins, le mépris se partage
assez également ; peut-être même en échet-il une part plus
grande aux premiers. Aussi, trouve-t-on utile de protéger
les contrats par une force supplémentaire, indépendante des

olympiens, de la conscience des contractants et de l'attitude de l'opinion publique vis-à-vis des parjures. Le contrat est placé sous la protection de la loi, qui devient elle-même un contrat social protégé par toutes les forces de l'Etat.

Alors deux éléments complètement étrangers à son principe moral viennent immédiatement s'attacher au contrat. La loi elle-même ne constitue, comme nous le verrons dans la lettre suivante, qu'un contrat fictif, car tous les sujets de l'Etat obligés à l'exécuter ne sont pas appelés à lui donner volontairement leur consentement, et, même en supposant qu'il en soit ainsi, la majorité d'entre eux est incapable d'apprécier l'avantage ou le désavantage d'un tel consentement. Il en résulte que le terme *honnêteté* est ici complètement inapplicable, et que nous nous trouvons dans un ordre d'idées tout à fait différentes. De plus, un contrat légal tend toujours à devenir de plus en plus formel. La conviction intérieure des contractants est ce qui contribue le moins à lui donner son caractère obligatoire ; celui-ci dépend surtout des délais assignés à la présentation des documents, du nombre et de la qualité des témoins, d'un mot écrit de telle ou telle façon, etc. Le contrat le plus légal peut constituer, en fait, l'action la plus malhonnête, de même que l'entente la plus honnête peut être illégale. La loi ne devient un élément de progrès et une force morale que dans le cas où la législation tient compte des deux points fondamentaux indiqués plus haut. D'abord, tout contrat dont l'exécution suppose la sincérité, de même que tout contrat qui lie la volonté de l'homme pour toute sa vie ou pour une période prolongée, constitue en lui-même un crime. Ensuite, même lorsqu'il vise des services susceptibles d'estimation, un contrat n'est juste que dans le cas où les deux contractants sont placés dans la même situation en ce qui concerne leur façon de le comprendre et la possibilité qu'ils ont de se refuser à le conclure. Pour être morale, la législation doit, par conséquent, interdire tous les contrats absolus de la première catégorie ; quant aux conventions conditionnelles, elle doit garantir aux parties la possibilité de manifester leur sincérité immédiatement avant l'exécution du contrat, ou bien les dispenser de cette exécution. De même, la législation doit non seulement protéger les contrats déjà conclus, mais, pendant leur conclusion même, protéger celui qui est faible contre celui qui est fort, celui qui est moins intelligent et moins instruit contre celui qui est plus intelligent et plus instruit, en permettant au premier de bien se rendre compte des conditions qui peuvent, dans la suite, se retourner contre lui. La loi n'est un instrument de la morale, un instrument du progrès, que lorsqu'elle protège la sainteté du contrat honnête et met obstacle au contrat malhonnête.

Mais si la législation ne se propose pas ce but, si elle s'appuie sur cette supposition fictive que la plupart des actes peuvent être sujets à contrat, que les contractants comprennent également bien le sens et la force du contrat, et ont une possibilité égale de ne pas le conclure, — alors elle devient un guet-apens pour les faibles, une arme aux mains des forts, et ne développe dans la société que la prudence et la réflexion nées de la méfiance générale. Les dieux, gardiens des serments, se transforment alors en un seul dieu métaphysique, l'Etat, chez lequel les volumes du code tiennent la place de la morale. L'honnêteté s'efface devant la légalité, et ils se trouvent des monstres moraux qui s'imaginent être honnêtes parce qu'ils ont exécuté la lettre du réglement. Quant au jugement de l'opinion publique, il perd toute signification, d'une part parce que, comparés à l'acquittement et à la condamnation légales, les verdicts de l'opinion publique sont insignifiants, et, d'autre part, parce que l'exactitude formelle qui entre dans les habitudes de la société remplace peu à peu l'habitude d'une compréhension honnête et d'une exécution honnête des contrats.

Cet état de choses a pour conséquence naturelle le développement particulièrement considérable de deux formes sociales. Le contrat étant, par son essence même, l'application des rapports commerciaux à tous les autres rapports de la vie, tout l'avantage de la légalité sanctionnant la liberté entière des contrats, se trouve du côté de l'élément industriel. La concurrence devient le type de tous les autres rapports. Le lien familial, les liens sociaux, le travail des fonctionnaires de l'Etat, — tout prend un caractère de transaction commerciale ; la littérature, la science, l'art deviennent un métier. Les individus placés dans une situation plus favorable, pouvant mieux que d'autres juger de la force du contrat, et le conclure en temps utile, peuvent, par là même, prospérer ; la richesse et l'éclat de la vie sociale augmentent ; la technique industrielle fait des progrès gigantesques et tend à transformer la science et l'art en simples instruments de son perfectionnement. Au contraire, les individus moins bien placés deviennent de moins en moins capables non seulement de se développer, mais même de se maintenir. Ils sont opprimés non seulement par les individus plus forts, mais encore par la force insurmontable des articles de loi. La Bourse et la fabrique embrassent un nombre toujours plus grand d'éléments sociaux.

D'un autre côté, la loi ne subsistant que parce qu'elle est soutenue par la puissance de l'Etat, ce dernier prend une importance de plus en plus grande dans la vie et dans la pensée. Dans certains cas, nous voyons que, sous le couvert d'une meilleure surveillance de la marche légale des affaires, c'est la centralisation qui se consolide et le réseau administratif qui étend de plus en plus ses ramifications. Dans d'autres, l'idole de l Etat abstrait exige pour sa gloire et son honneur, de continuels sacrifices en personnes et en biens. Dans le domaine de la pensée, il naît une théorie qui fait de l'Etat un dieu et identifie avec lui tous les idéals supérieurs de l'humanité ; les penseurs cherchent le progrès social dans le renforcement de l'Etat ; alors que ce dernier, dans le développement progressif de la société, doit subir au contraire, comme nous le verrons plus loin, un processus tout à fait différent.

Le renforcement du principe industriel et étatiste dans la société amène encore, dans ces conditions, une autre conséquence. Les individus les plus forts pouvant, pour peu que les circonstances leur soient favorables, entrer facilement dans les rangs de la minorité plus heureuse, les esprits les plus puissants ne souffrent qu'à un faible degré des inconvénients du régime social existant ; ils n'envisagent celui-ci d'une façon critique que dans leur pensée. Ils ne tiennent bientôt plus compte de ces inconvénients, et entrent même le plus souvent par la force des choses, dans les rangs des défenseurs du *statu quo*. Quant aux mécontents, ils sont si étroitement enlacés par le réseau de l'administration et du code, que la critique qu'ils élèvent contre les choses existantes ne peut guère être entendue ou ne peut l'être que trop faiblement. L'Etat se rapproche ainsi de cet idéal tant vanté du régime social stable, qu'on devrait appeler d'une façon plus juste et plus claire, un idéal d'immobilisme. L'habitude et la tradition s'établissent graduellement dans la société. La pensée travaille de plus en plus difficilement, entravée par la recherche de l'intérêt commercial et les obstacles suscités par la loi. De plus en plus elle entre dans l'ornière des opinions toutes faites, des formules traditionnelles. La vie de la société s'appauvrit ; son caractère humain s'affaiblit ; la probabilité du progrès diminue.

Certes, on rencontre aussi dans la société des éléments sur lesquels la pensée peut s'appuyer pour effectuer son travail de critique. Les intérêts politiques de l'Etat entrent quelquefois en conflit avec les intérêts économiques de la société ; quelquefois aussi des gens plus clairvoyants parmi ceux qui s'occupent de questions économiques, commencent à s'apercevoir du danger qui menace en raison de la méconnaissance des intérêts de la majorité, où à cause de la possibilité d'un arrêt du développement. Il peut arriver encore que la science — dont l'industrie et l'Etat ont besoin tous les deux — devienne un instrument de la critique sociale et du progrès ; ou bien, enfin, que la pensée de la majorité opprimée travaille et provoque une explosion qui, à son tour, éveille la société à une vie nouvelle. Dans le courant des cent dernières années nous avons vu, par un grand nombre d'exemples, comment, en présence du développement, dans la vie sociale, de l'action réciproque de l'élément industriel et de l'élément étatiste, le mécontentement général amenait des mouvements réformateurs plus ou moins importants et, lorsque les voies légales ne permettaient pas d'effectuer les réformes nécessaires, — des explosions révolutionnaires. A la fin du xviiie siècle, la bourgeoisie française avait déjà acquis une force économique et intellectuelle suffisante pour produire, à l'aide des masses du peuple opprimées et exploitées par l'Etat, — en l'absence de toutes concessions légales de la part de l'ancien régime, — une révolution purement politique à son profit. Vers 1830, en s'appuyant encore une fois sur les masses mécontentes qui n'avaient pas conscience de leur opposition, comme classe, à la classe bourgeoise, cette dernière joua le rôle de représentant de l'Etat juridique contre l'Etat policier, mais ne fit en réalité que consolider sa domination légale et économique. Actuellement, la notion de la lutte de classes pénètre de plus en plus dans les travaux théoriques des sociologues comme dans les masses agitées de la classe ouvrière ; ces dernières étendent de plus en plus leur organisation, à laquelle vient fatalement contribuer le processus de la production capitaliste lui-même, tendant à centraliser les richesses et provoquant une série inévitable de crises industrielles, commerciales et financières ; les gouvernements et les classes dirigeantes d'Europe et d'Amérique emploient tous leurs efforts pour prévenir la catastrophe imminente qui menace toutes les sphères de la vie sociale sous la forme d'une transformation économique. Il est encore possible que les concessions faites par les classes dominantes en temps utile et selon la voie légale facilitent le passage au régime nouveau ; mais cette possibilité diminue tous les jours, en même temps que croît la probabilité d'une catastrophe plus aiguë et sanglante (1).

Mais ceci m'amène à parler des moyens qui, pour résoudre les questions de la vie sociale, sortent des limites juridiques. A propos de ce qui vient d'être dit, je ferai remarquer que le passage du principe moral du contrat au principe formel de la loi n'est pas un phénomène de progrès et que le remplacement de l'honnêteté par la légalité est un phénomène anti-progressif. J'ai déjà montré dans ma neuvième lettre que, de même que tous les *grands principes*, la loi peut-être également un instrument de progrès et un instrument de réaction. Nous pouvons conclure de tout ce que nous avons dit que l'idéalisation véritable de la loi, de même que celle du contrat qui peu à peu devient la loi, doit avoir sa source dans d'*autres* principes. Seuls ces derniers peuvent, en complétant et en réglant les principes du contrat et de la loi, écarter la tendance à l'immobilisme qui se trouve au fond du formalisme légal.

Le contrat est sanctifié par la conviction que possède l'individu au moment où il le conclut et par la sincérité qu'il y apporte au moment où il l'exécute. La loi est sanctifiée par

---

(1) Dans notre pays aux formes politiques archaïques, la lutte pour la conquête de l'Etat juridique se poursuit encore côte à côte avec le mouvement universel qui a pour but d'obtenir un régime économique meilleur. Une seule chose peut atténuer les maux que causent actuellement l'influence démoralisatrice du pouvoir sans contrôle, et la catastrophe sociale menaçante : c'est l'organisation solide et vaste des éléments socialistes et le concours que leur apporteraient les partisans persécutés de l'État juridique ; ces derniers devraient comprendre que leur idéal est irréalisable en dehors de la victoire du travail surle capital. Mais les forces qui, depuis dix-huit ans, mènent seules, malgré de terribles pertes, la lutte en vue de la conquête d'un meilleur avenir pour la Russie, arriveront-elles à s'organiser à nouveau ? Les libéraux russes comprendront-ils enfin le seul rôle qui leur soit indiqué aussi bien par leurs principes, s'ils les comprennent bien, que par leurs intérêts immédiats ? De là dépend la forme que prendra la participation de la Russie à la transformation universelle, économique et politique, imminente pour tous les peuples qui font partie de la civilisation moderne (1891).

la conviction de l'individu qu'elle est un bien, en ce sens qu'elle protège un contrat honnête et poursuit un contrat malhonnête, que, de la résistance à la loi, il résultera un mal plus grand que de son exécution. Lorsqu'il est en face d'un contrat qui exige des actes sincères dans un avenir éloigné, l'individu est exposé à commettre un crime moral. Celui qui a pris un tel engagement est à plaindre, car le dilemme de la violation de l'engagement ou de la vente de ce qui n'est pas susceptible d'être vendu, est presqu'inévitable pour lui. En présence d'une loi contraire à la conviction personnelle, la situation de l'individu est moralement plus facile.

Dans certains États, la loi indique elle-même aux individus les voies légales pour la critiquer et en éliminer les formes juridiques vieillissantes ; c'est l'issue légale. S'il n'en est pas ainsi, l'individu est obligé de prendre place dans les rangs des adversaires de la loi qu'il ne reconnaît pas et du régime qui empêche sa critique ; quelles que soient les conséquences de son acte, un homme convaincu peut toujours se dire ; j'agis suivant ma conviction : que la loi me punisse ; c'est là l'issue morale. Il existe une autre issue encore, celle qu'on appelle utilitaire, où l'individu, en vue d'un intérêt plus important, sacrifie sa conviction à la loi, bien que cette conviction ne la justifie pas ; mais alors il surgit une question difficile à résoudre : peut-il y avoir un mal moralement pire qu'un acte contraire à la conviction ? Le progrès de la société dépend infiniment plus de la force et de la netteté des convictions individuelles que de la conservation de la civilisation coutumière, quelle qu'elle soit.

LETTRE XIII

« L'ÉTAT » (1)

Bien qu'il n'existe aucun grand principe social dont on n'ait pas abusé en l'idéalisant, il n'en est peut-être pas un qui, récemment, ait été soumis à cette opération autant que ce principe de l'*État*. Il y a eu, évidemment, à cela une cause logique. Ce principe à servi d'excellent instrument contre l'arbitraire féodal, les tendances théocratiques du catholicisme, les vélléités de despotisme personnels des gouvernants. Aussi le parti progressiste de l'Europe moderne qui luttait, tour à tour, contre chacune de ces tendances, ne tarda-t-il pas à l'inscrire sur son drapeau. A l'époque de la transition du Moyen-Age aux temps modernes, les hommes qui représentaient le principe de l'Etat, les juristes, agissaient de concert avec les monarques européens et les aidaient à vaincre la féodalité et l'Eglise. La lutte avait bien lieu

_____

(1) Les deux lettres qui suivent demanderaient à être considérablement remaniées. Le lecteur qui s'intéresse à cette question peut trouver des considérations s'y rapportant dans mon article : « L'élément État dans la société future » publié à Londres en 1875 et constituant la première (et unique) livraison du volume IV du recueil non périodique : « En avant ! » J'ai l'intention également de parler de cette question dans le dernier chapitre de la Section II du Livre II de mon « Essai sur l'Histoire de la Pensée dans les temps modernes ». Ici je me suis borné à exprimer plus nettement certaines idées qui, en raison de la censure russe, avaient dû être plus ou moins voilées autrefois.

entre des forces visant toutes à la suprématie, mais l'idéalisation embellissait, au nom du principe de l'État, les actes
de Louis XI, de Ferdinand le Catholique, d'Ivan le Terrible, etc., en les entourant d'une auréole qui les faisait
paraître raisonnables et dirigés vers le bien public. Vers la fin
du XVIIe siècle, lorsque Louis XIV et les Stuarts étaient déjà
devenus une force omnipotente, le parti progressiste opposa à
la phrase : « L'Etat, c'est moi », cette autre : « L'Etat, c'est le
bien public », et entreprit la lutte contre l'arbitraire, au nom
de la légalité. Mais alors se produisit le phénomène dont j'ai
parlé. Le mot « État » se montra assez extensible pour admettre des interprétations très différentes. Les uns l'enten-
daient au sens d'une augmentation du pouvoir gouvernemental, les autres au sens de sa limitation au moyen de la
plus grande participation possible de la société aux affaires
politiques. Les uns insistaient sur l'augmentation de l'étendue
de l'Etat, sur sa puissance extérieure ; les autres plaçaient au-
dessus de tout la liaison mécanique de ses parties au moyen
d'une administration habile, de lois uniformes, de formes
semblables d'existence sur toute l'étendue de son territoire ;
d'autres encore démontraient que seul un lien organique entre des centres vivants et suffisamment autonomes, unis par
la communauté des intérêts nettement compris, pouvait constituer un Etat. Il devenait nécessaire non pas de mener la
polémique *pour* ou *contre* l'Etat, mais de s'expliquer *en quoi*
consistait l'Etat véritablement idéal. Que l'Etat fût le premier
principe social, cela semblait indiscutable. En dehors des
partisans du retour à féodalité et des cléricaux endurcis, tout
le monde était d'accord sur ce point, et les victoires remportées par le principe de l'État sur les institutions du
Moyen Age et l'arbitraire des individus étaient présents à
la mémoire de tous. Ainsi, conservateurs et progressistes,
monarchistes et républicains, hommes de l'ordre et hommes
de la révolution, praticiens et philosophes, étaient d'accord
sur un point : tous reconnaissaient l'Etat pour un principe

primordial dont le droit ne pouvait pas être mis au même rang que les autres, mais formait un droit supérieur qui, alors même qu'il eut admis quelques restrictions, l'eût fait plutôt par humanitarisme que par reconnaissance de ces autres droits. Vers les années 1830-40, la déification de l'Etat atteignit son apogée, et le dernier grand représentant de l'idéalisme allemand, Hegel, fut aussi le penseur qui exprima le plus ouvertement cette déification.

Mais l'histoire se poursuivait et la critique qui expliquait la signification véritable de l'Etat faisait son œuvre. L'économie politique découvrait dans la vie sociale l'existence de facteurs étrangers à la politique, mais déterminant, beaucoup plus profondément qu'elle le bien-être ou la souffrance générale ; en même temps, l'influence de la Bourse sur les affaires politiques faisait passer les considérations théoriques des économistes dans le domaine pratique. Le principe des nationalités, négligé par les idéalistes, revendiquait le droit de contrôler les décisions des diplomates au sujet des frontières territoriales, et ses revendications étaient, dans certains cas, si éclatantes que l'Etat était obligé de *se soumettre* à ce principe nouveau (quoique très ancien en réalité) Il apparaissait enfin que le régime des sociétés modernes était menacé moins par les révolutions politiques que par les révolutions sociales, que les partis politiques se confondaient et que leur signification s'effaçait devant l'antagonisme des classes économiques. D'ailleurs, il y eut, au nombre des théoriciens, un parti conservateur qui rendit un mauvais service à l Etat en démontrant que celui-ci n'est pas un produit de la raison et de la réflexion, mais un phénomène naturel de la vie sociale. Ce qu'il voulait en réalité, c'était certainement lui donner une stabilité plus grande encore ; cependant sa signification idéale s'en est trouvé diminuée, car l'homme tend toujours à appliquer à tout ce qui est simplement nécessaire et naturel, son raisonnement et son activité. La question se posait donc ainsi : ne doit-on pas transformer également le phénomène naturel de l'Etat en un produit supérieur, de sorte que la part de la raison humaine y dépasse la part simplement donnée par la nature ?

Tout ceci oblige notre époque à envisager, de plus près, ce principe déifié récemment encore, à dévoiler sa fausse idéalisation et à la remplacer par une idéalisation véritable, c'est-à-dire à montrer, après être remonté jusqu'à la source même du principe de l'Etat dans sa forme la plus simple, par quel moyen ce principe peut devenir matière à progrès et comment il peut satisfaire aux conditions du développement de l'individu et à la réalisation de la vérité et de la justice dans les formes sociales.

Tant que les hommes vivent ensemble en poursuivant des buts économiques, moraux et intellectuels que chacun peut librement modifier et auxquels il peut même renoncer sans craindre aucune contrainte, — les hommes restent unis par un lien *social*, étranger à tout ce qui est juridique ou politique. Aussitôt qu'ils établissent un contrat obligatoire pour les contractants, la société entre dans une nouvelle phase de son existence. Elle possède un lien *juridique* lorsque la force coercitive qui veille à l'exécution du contrat appartient à des personnes qui ne participent pas à ce contrat Elle devient *politique* lorsque, au sein de la société elle-même, il se forme un pouvoir qui oblige les membres à exécuter le contrat. Une société politique devient un *Etat* lorsqu'elle rend le contrat, d'obligatoire pour les membres qui l'ont conclu, également obligatoire pour ceux dont le consentement n'a jamais été demandé ou n'est obtenu que par la crainte d'un préjudice personnel s'ils résistaient. Une société savante, une société commerciale légalisée, une organisation politique secrète sont des exemples des trois premières formes

On voit, d'après ce qui vient d'être dit, que l'Etat est aussi ancien que la soumission forcée des individus à des conditions qu'ils n'ont pas choisies. Comme il y a toujours eu dans la

société un nombre immense de personnes qui, faute de développement intellectuel, de savoir ou d'énergie, ont eu besoin que d'autres, plus intelligentes, plus instruites et plus
énergiques, choisissent pour elle ses conditions de vie, le régime de l'Etat a pris naissance avec les premiers groupements
humains — ceux antérieurs à la *gens*, la *gens* elle-même, et
les premières tribus nomades ; et même à notre époque il est
loin d'être limité à ce que l'on appelle *organes politiques* de la
société Partout où l'homme se soumet sans discuter à des conditions de vie qu'il n'a pas choisies, il se soumet au principe
de l'obligation etatiste.

Ceci explique également les deux points de vue opposés sur
cette question de l'Etat, dont j'ai parlé au commencement de
ma douzième lettre. Le principe de l'obligation étatiste est, certainement, un produit parfaitement naturel remontant à une
haute antiquité et même d'autant plus étendu dans son application que nous pénétrons plus loin dans le passé. Il apparaît, au début, comme une domination physique des uns sur
les autres, se transforme ensuite en dépendance économique
et devient enfin, cette fois au moyen de l'idéalisation, une
force morale.

Mais dès les premiers stades du développement de l'Etat,
l'élément de contrat qui le distingue d'une simple domination des individus les uns sur les autres, y fait son apparition. Un chef de famille, adulte et fort, exerce son autorité
sur les enfants et sur les femmes plus faibles, non pas en
vertu du principe coercitif d'Etat, mais grâce à la domination personnelle. De même, un prophète se fait obéir par les
croyants en vertu de son influence personnelle. L'élément
étatiste apparaît dans la famille lorsqu'il s'y trouve des membres adultes qui auraient pu ne pas obéir au chef, mais qui
l'*aident* à gouverner les autres ; dans une secte religieuse, ce fait
a lieu lorsque le prophète est entouré non seulement d'exécuteurs de sa volonté, mais encore d'*aides*. D'une façon générale, l'Etat naît au moment où un groupe d'individus *main-*

tient volontairement, au nom de leurs intérêts bien ou mal compris, le caractère obligatoire de certaines ordonnances émanant d'une personne, d'une institution ou d'un conseil élu, — obligation s'étendant à d'autres personnes qui *n'ont pas adhéré* volontairement à cette organisation. Au principe de la *coercition* se joint donc ici l'élément de *contrat*, mais, avec cette particularité que ce contrat est établi par une minorité tandis que son caractère coercitif s'étend à un nombre de personnes plus grand.

Cette extension du contrat le modifie, naturellement, dans son essence même. Toute sa signification morale et juridique réside, comme nous l'avons vu, dans l'obligation pour un homme *honnête* de se conformer à une condition qu'il a consciemment *acceptée*. Mais ici, le contrat est en réalité établi par *certaines* personnes, tandis que sa fiction s'étend à *d'autres*. Un contrat conclu par une personne au nom de plusieurs autres qui n'en ont aucune notion, mais sont cependant tenues de l'exécuter, viole les conditions les plus élémentaires de la justice et contredit, par conséquent, l'idée de progrès. Que penserait un juriste d'un contrat obligatoire pour des centaines, des milliers et des millions d'hommes, mais dont on sait avec certitude qu'il a été rédigé, sanctionné et rendu obligatoire par quelques personnes seulement que nul n'avait jamais autorisées a signer un tel contrat ? Dans quelle mesure peut-on reconnaître pour juste une convention qui, établie par une génération, est obligatoire pour toute une série de générations à venir, jusqu'à ce qu'elles arrivent à la rompre de force ou à l'inonder de sang ? Il est évident qu'il n'y a, dans de semblables contrats, aucune justice et qu'ils ne supposent qu'une chose : l'existence d'une puissante organisation ou d'une forte majorité de personnes pour lesquelles ils sont avantageux et qui, grâce à leur organisation ou à leur majorité, contraignent les mécontents à s'y soumettre Sors de l'Etat ou exécute son contrat — tel est le dilemme qui se pose devant tout sujet d'un Etat quelconque.

Si le nombre de mécontents est peu considérable ce dilemme n'est sensible que pour eux : ils sont obligés, soit de
supporter le joug des lois qu'ils haïssent, soit d'avoir la satisfaction de sacrifier le confort le plus élémentaire de l'existence, d'éprouver l'emprisonnement, l'exil, la peine de mort,
pour n'avoir pas exécuté ces lois ou les avoir combattues.
Enfin, les mécontents peuvent émigrer. Tant que le parti de
ces mécontents n'est formé que d'individus épars, ils seront
toujours réprimés. Plus cette répression dure longtemps et
plus le régime légal est monstrueux, plus le milieu qu'il crée
exerce une action démoralisatrice sur les individus qui y vivent, plus il fait disparaître la netteté de la compréhension,
l'énergie du caractère, l'aptitude à avoir des convictions et
à lutter pour elles, enfin de la conscience de la solidarité
sociale.

Mais à mesure que les mécontents se groupent et s'orga-
nisent en une force sociale croissante, il devient impossible de
les dédaigner, et le régime de l'État lui-même se trouve menacé. Les dangers qu'il a à craindre sont de deux ordres Si les
mécontents sont épars par tout le territoire ou massés dans ses
principaux centres, l'État est menacé d'une transformation de
ses lois fondamentales au moyen d'une réforme ou d'une révolution. Si les mécontents sont localisés dans une région, il
est menacé d'une scission. Dans les deux cas, l'existence de
l'État n'est pas assurée, et cela parce que ses lois représentent
non pas un contrat réel, mais un contrat fictif, parce qu'il
renferme un grand nombre d'individus obligés d'obéir à la
convention sans avoir jamais été consultés à son sujet, sans y
avoir jamais consenti, et qui n'obéissent que par faiblesse, par
manque d'énergie, ou parce qu'ils ne savent pas prendre
conscience de leurs droits et de leurs forces.

Mais à mesure que la participation des individus au contrat
augmente, il devient plus stable ; d'abord parce que ses inconvénients sont connus plus facilement, discutés avec plus
de justesse et plus facilement éliminés au moyen de réformes,

au lieu de l'être au moyen des révolutions ; ensuite, parce qu'*un nombre plus grand d'individus* considère la loi comme obligatoire pour eux, tandis que ses adversaires se sentent de plus en plus faibles et sont plus facilement amenés à s'y soumettre. Il est évident que l'idéal de l'État est une société dans laquelle tous ses membres considèrent la loi comme un contrat réciproque consciemment accepté par tous, pouvant être modifié par le consentement général des contractants et obligatoire pour ceux-là seulement qui y ont consenti, précisément parce qu'ils y ont consenti et doivent, en cas de violation, payer un dédit.

Mais le lecteur ne tardera pas à remarquer que l'idéal construit ainsi, tout en prenant pour base l'essence même du principe étatiste, conduit à la négation de ce même principe. L'État diffère des autres formes sociales précisément par ce que le contrat y est accepté par une *minorité* d'individus qui le rendent obligatoire pour la *majorité*. Les deux sources du lien constituant l'État : le facteur naturel de la coercition et le facteur réfléchi du contrat, entrent en conflit, parce que le dernier tend, au nom de la justice, à affaiblir le premier. De là cette conséquence inévitable que le progrès politique doit consister en une diminution du rôle de l'État dans la vie sociale. Et il en est bien ainsi en réalité.

L'évolution politique se manifeste sous la forme de deux tendances. D'abord, l'État se différencie au milieu des formes sociales provoquées par les besoins sociaux existants pour se créer des organes spéciaux. En second lieu, l'assujettissement forcé de la majorité des individus au contrat se limite à un nombre d'individus de plus en plus petit ; le contrat fictif acquiert une réalité de plus en plus grande, le lien de l'État se consolide, mais se rapproche en même temps d'un simple lien social. Les deux tendances peuvent également être considérées comme progressistes car la première vise à la vérité théorique dans l'idée de l'État, et la seconde à la réalisation de la justice dans ses formes. Les deux tendances doivent, néanmoins, en se réalisant, réduire l'élément de l'Etat à son minimum dans la vie de l'humanité.

Lorsque le pouvoir du mari, du père et du patriarche eût perdu, dans les sociétés plus civilisées, presque toute sa force coercitive ; lorsque les obligations économiques furent soumises, en cas de non-exécution, au jugement de personnes qui n'y étaient pas intéressées ; lorsque l'élément juridique se fût séparé de l'élément ecclésiastique et de l'élément administratif, — la coercition de la loi ne pesa plus que sur une part peu considérable de l'activité humaine. Un très grand nombre de personnes purent désormais vivre toute leur vie sans presque avoir senti le joug de l'Etat. Le caractère des différentes formes sociales dans les théories des penseurs se modifia. L'idéal de la famille se transforma en celui d'une union libre de personnes qui s'aiment et d'une influence pédagogique rationnelle de la génération aînée sur la génération cadette. L'idéal de l'Eglise dominatrice et intolérante fit place au principe de la liberté de la conscience personnelle, de la réunion libre des croyants en vue de buts pratiques liés à leur croyance. L'idéal de l'union économique devint celui d'une société libre et solidaire, où il n'existe plus de parasites sociaux ; où la concurrence a disparu en faisant place à la coopération générale ; où tous travaillent pour le bien-être commun ; où le travail, devenu varié et combinant en lui-même les éléments du travail musculaire et du travail cérébral, non seulement n'apparaît pas comme pénible et abrutissant, mais renferme en lui un élément de jouissance et de développement ; où chacun reçoit de la société, solidaire tout ce qui lui est nécessaire pour son existence et pour son développement intégral basé sur ses besoins personnels, en travaillant, dans la mesure de ses forces, au profit de la société, dont le développement se présente à lui comme identique au sien propre.

Ainsi, l'élément coercitif qui, au début, s'étendait à la famille, au lien économique entre le propriétaire d'esclaves et l'esclave, le propriétaire de serfs et le serf, le capitaliste et le prolétaire, aux institutions juridiques dans leurs formes patrimoniale, ecclésiastique et gouvernementale, — perd peu à peu du terrain dans ces domaines. Il est vrai que le despotisme dans la famille se maintient encore par la coutume, que le capital règne encore sur le prolétaire, que le juge inamovible ou élu et le juré indépendant obéissent encore quelquefois, par intérêt personnel, aux indications administratives, que ces représentants de la « conscience publique » ne sont trop souvent que des représentants des intérêts de caste et de classe. Dans certains cas, nous n'avons là que des abus particuliers, inévitables dans une société où les idées ne guident qu'une minorité plus développée, mais peu nombreuse, tandis que la majorité agit sous l'influence d'intérêts individuels et collectifs. Dans d'autres, nous avons devant nous un résultat de la lutte de classes qui devient de plus en plus aiguë à mesure qu'elle est menée plus consciemment ; ici, le mal ne peut être éliminé que par la cessation de cette lutte et sa manifestation dépend non plus de l'élément coercitif intervenant dans tel ou tel cas particulier, mais de la coercition qui place dans la société une classe dans une situation désavantageuse vis-à-vis de l'autre La lutte contre toutes les formes de la coercition se poursuit et se poursuivra dans l'avenir au nom des idéals déjà partiellement reconnus et tendant, par la marche naturelle des choses, à se réaliser de plus en plus pleinement. Une partie de ces idéals a déjà trouvé sa réalisation dans le régime actuel, sous la forme de libre concurrence entre les individus (Nous laissons de côté les autres résultats de ce principe). L'autre doit se réaliser par la substitution à cette concurrence d'une coopération générale ; de nombreux penseurs croient pouvoir espérer que les derniers vestiges de l'élément coercitif pourront alors disparaître de la société.

Mais moins un idéal social admet l'élément coercitif et plus il exige de liberté, mieux il doit être protégé contre les abus accidentels des individus. En admettant même qu'un individu qui agit ordinairement d'une façon morale et rationnelle, ne se laisse pas aller à des actes coercitifs, nous devons néanmoins tenir compte de ce que nous avons dit dans notre dixième lettre, notamment que l'activité moralement rationnelle n'est qu'*un seul* mode parmi ceux de l'activité humaine, qu'en dehors de lui l'homme peut agir d'une façon automatique, sous l'influence des impulsions animales, de la routine ou des passions. On peut espérer que le progrès diminuera la part qui, dans les actes humains, revient à ces deux derniers modes d'activité, mais, tant qu'ils existent, tant que le développement intellectuel et moral des individus est encore insuffisant, on est obligé de protéger les plus faibles contre les plus forts. Or, cette protection prend nécessairement un caractère coercitif et, en conséquence, renferme nécessairement en elle l'origine de l'Etat. Certes, ici également, ce dernier tend à se réduire à son minimum, mais il subsistera néanmoins tant que le progrès n'aura pas considérablement modifié les inclinations et les habitudes humaines. En éliminant l'arbitraire individuel et administratif, la société tend à transformer les organes de l'Etat en simples exécuteurs d'une loi impersonnelle et à limiter le rôle de l'Etat aux mesures préventives contre la coercition, et à la protection des plus faibles contre l'oppression des plus forts. Comme membre de sa famille, comme croyant, comme participant d'une entreprise commerciale, l'homme tend à réduire l'Etat, auquel il se soumet, à l'impersonnalité de la loi interprétée et appliquée par un juge étranger aux intérêts de celui-là.

Ici se limite la première tendance progressive du développement politique, qui consiste dans la différenciation de la fonction de l'Etat au milieu de toutes les autres. La fausse idéalisation qui réside dans la soumission au pouvoir, est détruite par le principe du groupement libre. L'idéalisation véritable de l'Etat demande la justice, la protection des faibles, la sauvegarde du contrat honnête, la prohibition du contrat malhonnête : elle réduit, sous ce rapport, la fonction de l'Etat à son minimum et nous fait voir dans l'avenir la diminution naturelle plus considérable encore de cette fonction, grâce à l'amélioration des individus. Sous ce rapport, les obstacles au progrès tiennent plus aux vieilles habitudes de la société qu'à l'essence même des phénomènes. Ils consistent surtout en ce que le nombre des individus soumis de force à l'Etat ne diminue pas suffisamment vite.

La seconde tendance politique rencontre des obstacles infiniment plus considérables ; néanmoins elle est étroitement liée à la première. Toute l'évolution des idéals sociaux, de même que l'idée du rôle protecteur de l'Etat, s'appuie sur la correspondance supposée de la loi avec les besoins vitaux de la société. Mais ce n'est là qu'une des formes de la fausse idéalisation de ce *grand principe*. Comme nous l'avons vu, non seulement la loi ne contient pas de cause qui provoque en elle un développement conforme à celui de la société, mais elle manifesterait plutôt une tendance à enchaîner celle-ci dans certaines formes de civilisation coutumière et à amener un arrêt dans le développement social. C'est seulement dans d'autres faits, dans des faits complémentaires, que réside pour la législation la possibilité du développement : dans les sentiments altruistes, dans les intérêts mieux compris des individus et des groupes, dans les convictions morales. La loi peut être développée, mais elle ne peut pas se développer par elle-même. La justice exige que, dans sa source, son existence et sa suppression, elle perde de plus en plus son caractère coercitif. Cela se réalise par l'augmentation de la part que prend la société à la législation. A mesure que la puissance législative passe aux mains de la société et de ses représentants librement élus, la loi fournit elle-même les moyens de l'amender. La forme de gouvernement la plus démoralisante pour la société — celle où le pouvoir n'a d'autres limites que la coutume — fait place aux formes variées de l'État basé sur l'existence des castes et de l'État policier, où une certaine fraction de la population possède déjà le droit d'influencer la marche des affaires ; elle prend ensuite le caractère d'un État juridique où, seules, les conditions économiques de la lutte des classes limitent l'influence politique des masses. Le groupe-État se rapproche de plus en plus du groupe simplement social. L'État prend de plus en plus le caractère d'une union pour laquelle des hommes ont librement établi un contrat qu'ils peuvent librement modifier. Le caractère coercitif du contrat diminue, et tend à diminuer encore. L'idéal de l'État fait place, comme je l'ai déjà dit, à la notion d'une union dans laquelle est soumis au contrat celui-là seul qui a eu les moyens et la possibilité de le discuter, qui l'a discuté et reconnu librement, et peut aussi librement se refuser à l'exécuter, renonçant en même temps à toutes ses conséquences.

Mais un idéal semblable peut-il être réalisé ? Peut-il y avoir, en général, dans la société, un mouvement considérable dans cette direction ? N'existe-t-il pas ici quelques obstacles insurmontables, naturels ou juridiques ? Ces questions surgissent d'elles-mêmes lorsque nous comparons à cet idéal la situation actuelle des peuples civilisés et lorsque nous remarquons à quel point il est éloigné de sa réalisation.

Le savoir et l'énergie du caractère sont des conditions nécessaires pour que l'individu puisse défendre sa liberté et en user sans violer celle d'autrui ; mais l'extension du savoir et le développement du caractère sont si insignifiants parmi les hommes qu'on ne peut guère attendre, du régime actuel, autre chose que la soumission obligatoire de la majorité aux conditions établies par la minorité. Partout encore, l'État se présente à nous comme une masse d'individus soumis, dès leur naissance même, à un certain code, et qu'on déclare criminels ou traîtres si, plus tard, ils sont en désaccord avec le régime politique au sujet duquel ils n'ont pas

été consultés. Une petite minorité au sein de cette masse
atteint un développement suffisant pour pouvoir clairement
indiquer ce qui est particulièrement gênant pour la masse
dans les formes existantes, et par quoi il faudrait le remplacer
pour améliorer la situation générale au moyen d'une réforme
n'affaiblissant pas, en même temps, le lien de l'Etat. Parmi
ces intellectuels, une petite minorité seulement arrive à une
situation lui permettant de faire passer — ou seulement
d'essayer — ses idées dans la pratique par l'effet de la législation. Néanmoins, le travail de cette minorité laisse sa trace.
Le nombre des pays qui, tout en étant entrés dans l'histoire,
continuent à garder les formes archaïques d'un pouvoir illimité, comme dans notre patrie, diminue de plus en plus.
Dans les pays les plus avancés, le gouvernement, qui tient
la main à l'exécution du contrat de l'Etat, émane des représentants et des mandataires élus par la masse soumise à la
loi ; en même temps, le nombre des électeurs est augmenté
autant que possible. Le droit de participer à la révision du
contrat s'étend de plus en plus : les patriciens acceptent
l'égalité politique des plébéiens ; le tiers-état se confond
avec la noblesse et le clergé ; les bills de la réforme parle-
mentaire abaissent le cens ; le droit au suffrage de tous les
hommes adultes devient la loi ; il surgit des défenseurs des
droits politiques des femmes Mais quelqu'étendu que soit
le droit de suffrage, quelque grande que soit la différence
entre le régime politique des Etats-Unis d'Amérique et le
régime asiatique d'un royaume des Khans ou de l'Empire
russe, ces deux formes extrêmes, comme toutes les formes
intermédiaires, présentent un trait commun : l'assujettissement d'un grand nombre d'individus au contrat juridique
ou à la domination de classe qu'ils n'ont pas discutés et pour
lesquels ils manifestent leur animadversion. Partant, l'Etat
reste une obligation forcée pour une partie plus ou moins
considérable de la population du territoire.

C'est précisément dans l'existence des territoires politiques

que réside le caractère oppressif de l'Etat vis-à-vis de l'individu. Un homme est né dans une localité donnée. Cette localité fait partie d'un territoire déterminé, car une série d'événements, qui se sont produits à des époques plus ou moins
éloignées, ont partagé toute la terre habitée en territoires politiques Etant né sur ce territoire, il est soumis à ses lois
quoiqu'il ne les ait jamais discutées ni acceptées et que,
dans la plupart des cas, il n'aie jamais la possibilité de les
discuter. Malgré cela, elles l'oppriment, empêchent son développement, contredisent à sa conviction intime et le jettent
dans les rangs des mécontents. S'expatrier est pénible et
résulte d'une décision qu'il est souvent impossible, et dans tous
les cas, difficile de prendre. Se soumettre contrairement à sa
conviction, est un abaissement de la dignité personnelle. Il
ne reste à l'individu qu'une seule issue : la lutte avec toutes
ses éventualités et toutes ses tristes conséquences, l'entrée
dans les rangs du parti de la réforme ou de la révolution.
J'ai déjà parlé de la voie que suivent nécessairement les
partis en formation. Maintenant, nous devons tourner notre
attention vers une autre circonstance, notamment vers le
danger qui résulte pour l'Etat de la présence dans son sein
de partis politiques en lutte, et du désarroi, apporté par cette
lutte, à la vie publique en général. La présence des mécontents sur le territoire de l'Etat oblige ce dernier à dépenser
une somme disproportionnée de forces pour protéger les lois
contre leur violation, et maintenir son influence dans la
société. Les forces sociales sont ainsi détournées d'une activité
productive et progressive dans les autres sphères, au profit
d'une activité que les exigences du progrès doivent réduire,
comme nous l'avons vu, à son minimum. Cela développe
dans la société l'irritation, la méfiance réciproque et est un
obstacle constant à une saine coopération sociale. Ici, une
assemblée conservatrice refuse d'admettre dans son sein un
très bon et un très utile juriste parce qu'il a une opinion
différente de la sienne sur la meilleure forme du gouverne-

ment ; là, une revue libérale ne peut pas acheter le roman
d'un homme qui s'est déclaré conservateur ; ici, on éloigne
un professeur de botanique parce que ses opinions sociales
paraissent dangereuses au ministre ; là, des amis sont prêts
à se battre en duel pour la condamnation à mort d'un fou.
Plus le territoire de l'Etat est vaste, plus il est probable
qu'en présence d'une cause donnée de mécontentement,
le nombre de mécontents y sera grand, plus il sera difficile de les surveiller, plus la dépense de forces à l'œuvre —
improductrice pour la société — de sauvegarde, d'un élément
qui lui-même devrait se borner au rôle de sauvegarde, sera
considérable. Mais l'augmentation de ces mesures développe
en général le mécontentement davantage encore, et la stabilité du régime devient de plus en plus compromise. Il est
frappé d'une maladie de méfiance et d'inquiétude chroniques
dont les accès sont provoqués par les causes les plus futiles.
Même lorsque le mécontentement ne va pas jusqu'à la révolte ouverte, toutes les fonctions physiologiques régulières
de l'organisme social se trouvent altérées, la société est dé-
moralisée et la solidarité disparaît de son sein.

Mais les dangers qui menacent l'Etat possédant un vaste
territoire sont infiniment plus grands, si le mécontentement
provoqué par les lois est, non plus individuel, mais local ; si
ces lois représentant, pour une portion du territoire, un contrat plus ou moins librement consenti, soulèvent l'hostilité d'une autre portion. La délimitation des territoires politiques a rarement eu lieu dans l'histoire d'après les besoins
bien compris de la population. Et même dans les cas où il
en eût été ainsi à une certaine époque, ceci ne garantit pas
encore que le lien des différentes portions de territoire restera
pour longtemps solide et rationnel. Les besoins de la population, à une époque donnée, ne sont pas ses besoins à toutes les
époques ; dans son développement, la société peut aussi bien
consolider le lien qui unit ses membres que donner, au contraire, naissance à des différences d'intérêts séparant des

régions qui, auparavant, n'avaient aucune raison de séparation.
Le séparatisme peut avoir sa source aussi bien dans des motifs
dénués de sens que dans des considérations très raisonnables.
Mais il est toujours un élément d'affaiblissement pour la société. L'affaiblissement ne doit pas être entendu ici dans ce
sens que le centre de l'Etat, ayant sous sa domination un territoire de 100.000 milles carrés, est menacé d'en perdre quelque 20.000, et de voir ainsi diminuer ses recettes de plusieurs
millions de francs. La séparation des colonies américaines n'a
pas diminué l'Angleterre, comme ne l'aurait pas diminué probablement l'autonomie de l'Inde et de l'Australie. Le séparatisme affaiblit la société parce qu'il est un élément de discorde et de méfiance dans son sein, parce qu'il rend une
partie des citoyens indifférents à la cause commune, et force
l'autre partie à dépenser — improductivement dans la plupart des cas — pour la sauvegarde de l'unité de l'Etat, des capitaux immenses en argent et en hommes, qui, autrement,
auraient pu servir au développement de la société. Lorsque
les tentatives séparatistes restent sans succès, la suspicion et
l'hostilité subsistent longtemps encore dans la mémoire des
vainqueurs et des vaincus. Et même si la séparation a été
effectuée, il faut du temps pour que la haine héréditaire
s'éteigne et que les alliés *involontaires* d'autrefois, les ennemis d'hier, arrivent à établir entre eux des rapports calmes
de voisins, de compagnons, dans l'œuvre commune de l'humanité, d'alliés *volontaires* pour un but déterminé. Seules,
les secousses de la première révolution française et l'idéal politique plus large qu'elle s'est proposé, ont pu atténuer l'hostilité de la Bretagne et du midi de la France à l'égard de
Paris dominant. Le souvenir de la lutte du xviiiᵉ siècle n'a
pas disparu encore chez John Bull et son frère Jonathan,
malgré leurs amabilités réciproques d'aujourd'hui. Les
feuilles des arbres qui poussent sur les tombes entourant
Richmond verdiront et jauniront bien des fois encore
avant que les descendants des yankees et des « têtes de

cuivre » se sentent de nouveau citoyens d'un même Etat (1).

C'est pourquoi la naissance des tendances séparatistes dans leur sein est beaucoup plus dangereuse pour les Etats que la séparation elle-même. Prévenir ces tendances doit être le but du progrès dans tout Etat où les différences des conditions économiques, de l'importance politique des centres du gouvernement et de celle du reste du pays, des sphères d'action politique des individus et des partis politiques, peuvent toujours donner naissance au mécontentement. La violence cache le danger et le fait reculer pour quelque temps, mais il devient plus menaçant encore à mesure que l'emploi des moyens violents devient plus fréquent. D'abord, l'irritation réciproque des citoyens augmente — c'est le pire mal du séparatisme — ; en second lieu, les mesures coercitives avilissent la dignité des hommes et arrêtent tout développement dans une société qui en acquiert l'habitude. Ce surcroît d'irritation dans la société et cet abaissement de la dignité humaine des citoyens affaiblissent considérablement l'Etat et le mettent dans une situation d'infériorité vis-à-vis de ses voisins ; or, la lutte de l'Etat contre le séparatisme ne peut avoir d'autre objectif que sa solidité au dehors.

Nous remarquons, en effet, en considérant les différents moments de l'histoire, que l'étendue des Etats et l'existence d'un lien étroit entre leurs parties, n'ont eu une importance considérable qu'au point de vue de leurs relations extérieures. L'état économique florissant, le développement scientifique et artistique de la société, l'extension des droits des individus et

---

(1) Seule la communauté des convictions socialistes et leur tâche internationale ont pu atténuer dans les rangs des socialistes la méfiance traditionnelle léguée aux Polonais, aux Russes et aux Allemands par les partages accapareurs de la Pologne à la fin du xviiie siècle. Les lois injustes sur les Juifs ont fait naître l'hostilité à l'égard du régime politique de l'Empire russe au sein des groupes d'individus qui n'offrent, ni par leur caractère, ni par leurs traditions, ni par leurs intérêts économiques, aucun terrain pour l'opposition politique ; même dans les pays où ces lois sont déjà abolies, le souvenir de l'injustice dans le passé fait naître la méfiance et amène ce débordement révoltant d' « antisémitisme » que nous observons autour de nous, comme un des symptômes de notre époque de réaction sociale (1891).

l'établissement de rapports plus justes entre eux —ont pu avoir lieu aussi bien dans les petits Etats que dans les grands. Même en nous représentant l'univers entier comme une réunion de communes souveraines, nous n'aurions aucune raison de croire à un affaiblissement du progrès, car les grandes entreprises, économiques, scientifiques ou autres, pourraient être exécutées au moyen d'unions entre les communes, conclues uniquement en vue de tel ou tel but déterminé.

Mais il en est tout autrement des relations extérieures. Un Etat dont le pouvoir est solide possède, dans la guerre et la diplomatie, un avantage énorme, en cas de conflit, sur une union d'Etats même supérieure en forces matérielles — à condition que la différence des civilisations ne soit pas trop considérable (comme c'était le cas dans la lutte entre les Perses et les Grecs). Le mystère qui entoure les préparatifs de la lutte et la poursuite énergique d'un but diplomatique, réussissent infiniment mieux à un seul Etat qu'à une union de puissances autonomes. Et je ne parle même pas de ce fait qu'une alliance entre Etats peut être instable et fictive et que, dans ce cas, un petit Etat peut être facilement écrasé par un grand, devenir sa proie ou être obligé de suivre sa politique, ne gardant ainsi qu'une souveraineté de nom. Quoi qu'il en soit, les relations extérieures entre les puissances posent la question des petits et des grands Etats sur un terrain tout à fait différent. Plus un Etat est petit, plus le lien entre ses parties est lâche, plus les conditions de sa situation géographique le rendent exposé aux attaques des voisins — plus son indépendance est menacée et, par conséquent, moins le développement intérieur de la société est stable, plus il doit employer ses forces improductivement, pour parer à ce danger extérieur, et plus ces dépenses disproportionnées pèsent sur la population. Il est très compréhensible, dans ces conditions, que la fausse idéalisation voie dans toute extension de l'Etat une augmentation de ses forces, et dans toute diminution — une décadence. Certes, il peut quelquefois arriver que la séparation d'une de ses parties affaiblisse l'Etat, mais cela n'a lieu que lorsque cette partie constitue véritablement un élément organique du corps de l'Etat et lui a été enlevée par le brigandage d'un voisin, comme cela a eu lieu, par exemple, dans l'enlèvement de l'Alsace et de la Lorraine à la France par le nouvel empire allemand.

Ces brigandages agissent, certainement, d'une façon très douloureuse sur le pays qui les subit; mais, encore une fois, son affaiblissement réel réside surtout en ce que, pendant longtemps, la soif des représailles et du retour de ce qui a été enlevé reste au premier plan de toutes les préoccupations de l'Etat et de la société. L'influence de ces actes de violence sur le pays qui les commet est plus pathologique encore; témoin les partages de la Pologne, dont l'action démoralisatrice sur toutes les puissances européennes n'a pas cessé jusqu'à présent; témoins aussi l'Alsace et la Lorraine dont les tendances séparatistes sont si obstinées. Les parties envahies par des tendances séparatistes profondément enracinées peuvent plus souvent renforcer l'Etat en s'en séparant que contribuer à son affaiblissement.

Néanmoins, puisqu'il est très difficile de définir exactement jusqu'à quel point les tendances séparatistes d'une portion donnée du territoire y sont profondément enracinées, puisqu'il est très naturel de se tromper dans cette question et qu'il arrive souvent que ces tendances correspondent aux intérêts d'une classe de la population, tandis qu'elles sont contraires à ceux d'une autre, on comprend facilement que, dans les cas douteux, un Etat lutte contre le séparatisme de ses parties et que la société doive employer à cette lutte une somme énorme de forces, quelquefois tout à fait inutilement. En présence d'autres Etats, enclins au brigandage, aucune société ne veut se trouver faible. Or, les rapports des Etats entre eux ont gardé encore, dans une mesure considérable, ce caractère primitif. Tout cela entraîne des conséquences inévitables. L'existence de grands Etats est un fait historique dont on doit tenir compte, et tant que la carte de l'univers sera composée d'un certain nombre d'entre eux, toutes les sociétés tendront naturellement, pour assurer leur développement *indépendant*, à former de grandes et puissantes agglomérations ; puis, une fois l'Etat constitué, la tendance à défendre à tout prix son unité s'y manifestera tout aussi naturellement.

Nous sommes donc placés devant un dilemme. Plus un Etat est petit et, par conséquent, plus il est faible au point de vue de la lutte extérieure, plus il est menacé du danger de perdre son indépendance ; il ne peut assurer cette indépendance qu'en devenant plus fort sous ce rapport et en s'accroissant. Mais en même temps croît la différence des intérêts de ses parties, la différence entre l'influence politique des centres et celle du reste du pays ; le mécontentement augmente, et l'Etat, affaibli par le séparatisme, court des dangers intérieurs plus grands.

Le progrès dans l'organisation de l'Etat doit nécessairement consister à trouver une issue à ce dilemme, c'est-à-dire à éliminer graduellement les deux inconvénients qu'il signale. Ceci ne peut être atteint, théoriquement, que si l'Etat conserve son importance extérieure en opprimant le moins possible les individus à l'intérieur et en facilitant le développement le plus large de la vie politique dans les petits centres de population.

Les Etats-Unis d'Amérique présentent une tentative — la plus vaste qu'ait connue jusqu'à présent l'histoire — de combiner une unité assez considérable de l'Etat, unité capable de s'étendre dans des proportions aussi larges que l'on voudra, avec la plus grande autonomie possible des principaux centres. Mais les Etats-Unis sont, sous ce rapport, une fédération dont les unités sont encore trop considérables pour rendre possible la participation de la population tout entière aux fonctions les plus importantes de la vie politique de chaque Etat ; ils n'offrent, par conséquent, aucune garantie de ce que la population tout entière de l'Etat se considèrerait comme réellement solidaire avec le contrat de l'Etat, c'est-à-dire avec la constitution. De même, il est évident, théoriquement et pratiquement, que la constitution centrale de l'union renferme encore trop d'éléments qui peuvent, dans la suite, passer aux centres locaux, sans faire perdre à l'union la possibilité d'agir comme une seule unité politique vis-à-vis des autres puissances.

Le mouvement de la Commune de Paris, en 1871, a présenté un programme de régime politique fédéraliste dans lequel les petits centres possédaient une autonomie plus considérable ; mais les conditions de la lutte n'ont pas permis à ce programme d'être appliqué même jusqu'au degré où il pourrait être appelé une expérience politique.

Nous pouvons conclure que le dilemme précédent n'a encore été résolu nulle part, mais qu'il peut être résolu par la distinction plus rigoureuse des deux aspects — extérieur et intérieur — de la vie de l'Etat. Ceci pourrait peut-être se réaliser par la création de formes plus parfaites de régime fédéraliste, soit avec un territoire commun bien établi, comme dans les Etats-Unis d'Amérique, soit avec des fédérations libres et temporaires, établies dans un but déterminé, comme cela paraît être probable dans le régime futur auquel tendent les socialistes. Dans le premier cas, le côté extérieur de la vie de l'Etat — c'est-à-dire l'Etat considéré comme une unité dans le système de forces représenté par toutes les puissances — peut, en restant l'apanage du pouvoir central qui unifie le territoire, avoir une tendance naturelle à l'extension de ce territoire ; mais cette fonction deviendra de moins en moins importante à mesure que le progrès rendra les rapports entre les Etats moins empreints de l'esprit de brigandage et que les conflits deviendront moins probables entre eux. Quant au côté intérieur de la vie de l'Etat, c'est-à-dire, précisément, quant aux fonctions qui peuvent devenir plus ou moins gênantes pour les différentes localités et les différents individus et qui

peuvent par excellence provoquer leur mécontentement, elles
doivent passer graduellement aux centres les plus petits qui
permettraient la participation réelle à l'activité politique de
presque tous les individus adultes. Les différences de régime
local doivent refléter toute la variété des besoins locaux et des
formes locales de la civilisation coutumière ; un citoyen gêné
par les conditions du régime politique d'une région doit aussi
pouvoir passer dans un autre centre local, ayant les mêmes
droits politiques mais plus conforme à son idéal de vie. Non
seulement la grande étendue du territoire ne peut dans ces
conditions, être un obstacle, mais elle facilite plutôt la tâche
du citoyen ; car, à mesure que cette étendue augmente, les
chances de trouver un centre local conforme à ses désirs
augmentent en même temps pour lui : il sait qu'en remplaçant
telles conditions politiques par telles autres, il reste fidèle à la
patrie commune représentée par l'Etat. Le pouvoir central n'est
chargé alors que de la défense de celles, parmi les lois communes au territoire tout entier, qui représentent non pas les
conditions historiquement élaborées par la civilisation coutumière, ni un résultat d'entraînements passagers, mais des
conclusions invariables de la science relatives à la vérité
et à la justice communes à l'humanité tout entière, c'est-à-
dire à ce qui constitue les conditions du progrès, et leurs conséquences générales immédiates que nous avons indiquées
dans les lettres précédentes. Le caractère scientifique et universel de ces lois doit entraîner la possibilité de les appliquer
à tous les individus, quelles que soient les différences de
culture de telle ou telle société. Le caractère obligatoire et
coercitif de ces lois n'a qu'une signification : préserver
les conditions du progrès de la société tout entière contre
les entraînements particuliers des individus. Mais, à mesure
que la société se développera, cette obligation pourra
de plus en plus se transformer en conviction personnelle,
perdant graduellement son caractère coercitif, ce qui revient
à dire que la distinction entre l'Etat et toutes les autres

formes de liens politiques, ira s'effaçant de plus en plus.

Les relations entre les individus et la loi coercitive seraient, dans cette situation, absolument différentes de ce que nous voyons à toutes les époques historiques. Toujours, les individus moins développés s'adaptaient plus facilement à la civilisation coutumière et, le travail de leur pensée étant moins intense, souffraient moins des défauts du régime existant. Au contraire, les individus les plus développés et dont la pensée travaillait le plus activement, sentaient plus fortement que les autres la contrainte de la loi. Dans une société comme celle dont nous venons de parler, ce seraient les individus pensants qui, au contraire, rencontreraient dans le régime de l'Etat le moins d'obstacles, car la possibilité de se déplacer considérablement sans abandonner leur patrie politique leur permettrait de vivre au milieu de la culture qu'ils se seraient choisie, et le caractère scientifique des lois communes à l'État tout entier leur permettrait d'appliquer leurs forces, non plus au changement des conditions politiques, mais aux intérêts plus vitaux du développement individuel et social.

De cette façon, l'élément de l'Etat se réduirait de plus en plus à son minimum dans la vie de l'humanité, à mesure que la société se développerait dans la voie du progrès. La diminution des conflits entre Etats diminuerait l'importance de l'élément étatiste pour les relations extérieures, en même temps que l'accroissement de la conscience des individus et la réalisation plus grande de la vérité et de la justice dans les formes, sociales diminueraient la contrainte intérieure émanant du centre politique commun. Quant à cette partie des fonctions de l'Etat qui passerait aux petits centres particuliers, elle perdrait son caractère coercitif, grâce à la variété des régimes politiques locaux, à leur harmonie avec la culture locale et à la possibilité entière, pour l'individu, de choisir le régime politique qui lui conviendrait le mieux, sans sortir des limites de la patrie. De cette façon, les centres locaux tendraient à devenir des unions sociales libres, en même temps que l'État tout entier tendrait à baser son existence et son unité sur le caractère obligatoire de la raison et non sur la contrainte historique.

Le contrat qui forme la base de l'État deviendrait d'une part un contrat librement conclu entre individus et, de l'autre, un résultat de la science. Le lien prenant la forme d'État se transformerait presqu'entièrement en lien propre à une société libre. Et cette forme politique, elle-même, ne devrait être considérée que comme un passage à cette fédération plus parfaite et plus libre de petits centres et de petits groupements que poursuit dans l'avenir le socialisme contemporain.

« Mais tout cela n'existe nulle part, dira le lecteur. Les États actuels se dressent les uns contre les autres, augmentant toujours leurs armements et préservant vigoureusement leur existence au moyen de lois et de punitions. Le contrat de l'État est obligatoire pour le sujet, bien qu'on ne lui ait jamais demandé s'il y souscrivait, et, là également, la peur d'une punition est la garantie de l'obéissance. La science reste dans les chaires et dans les livres, sans passer dans les codes. » — Certes, les États actuels, tels qu'ils existent, renferment beaucoup plus de traces de l'histoire passée que de tendances appréciables au progrès. La fausse idéalisation du mécanisme de l'État compte encore beaucoup de partisans. L'idéalisation véritable de l'État qui consiste à le considérer comme un élément préservatif pour la société, renfermant en lui-même la tendance à se réduire graduellement jusqu'au minimum, non seulement ne se trouve réalisée nulle part, mais n'est conçue que par un très petit nombre. Ne blâmons pas le présent, car il est le résultat nécessaire du passé. Mais le présent contient la possibilité du progrès, et le progrès n'est possible, pour l'État, que dans une seule voie. C'est dans cette voie que doivent s'efforcer de pousser les États actuels, au moyen de réformes ou au moyen de révolutions, tous ceux qui comprennent le progrès et veulent lui être utiles. Si cette voie devenait impraticable, le progrès politique serait impossible et l'histoire politique resterait à l'état d'annales de la pathologie sociale.

Quelques lecteurs ne verront-ils pas une contradiction flagrante dans cette affirmation qui fait consister le but du progrès politique en une diminution du rôle de l'Etat dans la société ? Ne leur semblera-t-il pas qu'en affaiblissant dans la société cet élément au nom du progrès en général, le parti du progrès se retire à lui-même la meilleure arme dans la lutte contre ses adversaires ? L'idée de la diminution de l'élément étatiste dans la société, à mesure que cette dernière progresse, n'est pas une idée neuve. Fichte l'aîné, entre autres, l'a déjà exprimée dans un travail paru en 1813, et, depuis, elle a été émise plus d'une fois. Les théoriciens anarchistes ont placé l'élimination de l'élément étatiste à la base de leur doctrine, niant la nécessité de son existence même à une époque de lutte intense contre de puissants adversaires du progrès ; mais cette opinion est difficile à admettre. L'affaiblissement de l'élément étatiste est étroitement lié à la diminution de la nécessité de défendre le faible, de protéger la liberté de la pensée etc., au moyen des forces *de l'Etat*. Tant qu'il existe des détenteurs de capitaux protégés par la loi et tant que la majorité est privée des moyens de développement, même les plus élémentaires, les forces de l'Etat constituent une arme indispensable dont cherchent à s'emparer les partis qui luttent pour le progrès ou pour le regrès. Dans ces conditions, ceux qui possèdent la pensée critique ne doivent la considérer que comme un instrument pour cette lutte ; ils peuvent employer tous leurs efforts pour s'emparer de cet outil nécessaire et le faire servir à l'élaboration du progrès et à l'élimination des partis de réaction ; cependant, tout en s'en servant, les militants du progrès doivent se rappeler qu'il possède des caractères particuliers qui les obligent à ne le manier qu'avec beaucoup de précautions. Dans la lutte, il est très naturel de vou-

loir renforcer l'arme dont on se sert, mais le pouvoir de l'Etat
peut, en augmentant, devenir, par son essence même, nuisible au progrès social, à partir du moment où il dépasse aussi
peu que ce soit, les limites indiquées par l'extrême nécessité dans tel ou tel cas particulier. Il correspond toujours
à une augmentation de l'obligation et de la contrainte dans la
vie sociale ; il opprime toujours le développement moral de
l'individu et la liberté de la critique. C'est là la principale
difficulté qu'offre une action progressive à l'aide des moyens
empruntés à l'Etat C'est là la cause de l'insuccès ou de l effet
nuisible de l'activité des grands réformateurs qui décrétaient
le progrès au sein d'une société mal préparée. Les limites de
l'usage qu'on doit faire, dans chaque cas particulier, des forces
de l'Etat, dans la lutte pour le progrès, sont difficiles à déterminer, mais il me semble que le plus juste serait d'admettre
que ces forces ne peuvent être utilement employées que
d'une façon négative, c'est-à-dire pour écarter les obstacles
qu'opposent, au libre développement de la société, les formes
existantes de la civilisation coutumière. D'ailleurs, c'est là
une question très discutable. Tant que la forme d'union représentée par l'Etat constitue une fonction puissante dans la
lutte pour le progrès et le regrès, l'individu possédant la pensée
critique a le droit de s'en servir, comme d'une arme, pour défendre les faibles, étendre le champ de la vérité et de la justice,
fournir aux individus les moyens d'atteindre le développement
physique, intellectuel et moral, fournir à la majorité le minimum de confort nécessaire pour son entrée dans la voie
du progrès, donner à la pensée les moyens de s'exprimer
et à la société les moyens de l'apprécier, communiquer aux
formes sociales une malléabilité qui les empêche de se pétrifier et les rende accessibles aux changements susceptibles
de faciliter une compréhension plus large de la vérité et de la
justice Ceci est vrai, non seulement pour l'Etat *tel qu'il existe*
à une époque donnée, mais pour toutes les formes sociales que
l'individu rencontre (comme nous l'avons vu dans notre hui-

tième lettre) dans la civilisation coutumière qui l'entoure.
Mais, tout en travaillant *au moyen* de l'État pour la satisfaction scientifique des besoins de tous, dans les autres sphères
sociales, un homme de progrès doit se rappeler que l'Etat
par lui-même ne correspond à aucun besoin réel, qu'il ne
peut jamais, par conséquent, constituer un *but* pour l'action
progressive, mais qu'il est, dans tous les cas, un *moyen* devant
varier conformément aux autres buts *directeurs*. L'irrégu-
larité extrême des fonctions vitales peut quelquefois rendre
nécessaire un traitement très énergique. Avec l'amélioration
de la santé du malade, les médicaments doivent devenir moins
puissants. Un médecin sait bien que son malade peut seulement être considéré comme en état de santé lorsque l hygiène
lui suffit et que les moyens thérapeutiques sont complètement
éliminés.

Les sociétés humaines peuvent-elles se proposer comme but
une éternelle médication politique, au lieu d'une vie normale selon les règles de l'hygiène sociologique ?

LETTRE XIV

LES FRONTIÈRES NATURELLES DE L'ÉTAT

Dans ma dernière lettre, j'ai parlé du progrès politique de la société et je suis arrivé à cette conclusion que ce progrès consiste en une réduction du rôle de l'État dans la vie sociale. J'ai eu à montrer que le régime des sociétés actuelles n'est encore que très peu avancé dans cette voie et que le principe étatiste de la soumission forcée d'une partie de la population aux conditions qu'elle n'a pas discutées, constitue une règle générale pour les sociétés modernes. Cet état de choses pèse d'autant plus lourdement sur les individus, que les différents États ont une tendance à s'agrandir en vue de s'assurer le succès dans un conflit éventuel entre eux, et que, dans leur extension, ils englobent des populations dont les besoins économiques et moraux sont de plus en plus différents. Les habitants isolés de ces localités sont naturellement impuissants à lutter contre l'État qui opère l'annexion et leur impose à eux-mêmes des devoirs de sujets. Mais, pour garantir les individus contre le risque, toujours possible, de pareils accidents, certains penseurs ont mis en avant différents principes, destinés à assigner aux États les limites naturelles de leur extension. Si de semblables principes étaient établis, on pourrait déterminer scientifiquement, pour chacun des États, la légitimité ou l'illégitimité de son existence, le caractère, juste ou injuste, de ses guerres de conquêtes, en un mot établir le système idéal de la distribution en territoires de la surface du globe terrestre. Chaque État aurait alors pour son agrandissement un but parfaitement déterminé, et, toutes les fois qu'il s'en écarterait, il saurait qu'il lègue aux générations futures une lutte pénible qui finira quand même, tôt ou tard, par ramener l'État à ses limites naturelles. Une telle considération aurait peut être éliminé de l'histoire de l'humanité un grand nombre de conflits sanglants, une grande somme de chagrins et de souffrances, car on peut supposer que certains, au moins, parmi les arbitres des destinées des peuples, comprendraient combien il est absurde de verser le sang et de dépenser des capitaux pour des entreprises qui sont, par leur essence même, contraires à la marche naturelle des événements.

Mais jusqu'à présent aucun principe tant soit peu rationnel n'a été proposé à cet égard ; la détermination des limites naturelles de l'État ne servait, dans la plupart des cas, qu'à masquer des velléités de brigandage, des désirs de s'emparer de telle ou telle partie du territoire voisin. En examinant attentivement les actes des différents accapareurs, glorifiés par l'histoire, nous voyons que les limites qu'ils voulaient donner à leurs États, en agrandissant ces derniers, étaient, en effet, des limites naturelles, mais d'une façon toute différente. Ils étaient guidés par un principe très simple commun à l'homme et à ses frères zoologiques inférieurs : prends tout ce que tu pourras ; les limites naturelles de la force déterminaient ainsi les limites naturelles de l'État. L'idéal de ces accapareurs était toujours un État universel. Ni la forme du gouvernement, ni la race des conquérants, ni le degré de leur civilisation, ne présentent sous ce rapport. aucune différence. Tamerlan, Louis XIV, Alexandre le Grand, Napoléon Iᵉʳ, la République romaine, l'aristocratie vénitienne. la démocratie nord-américaine, poursuivaient un seul et même but.

Si nos amis transatlantiques se bornent, dans leur programme politique, à la conquête du nouveau continent, ce n'est là qu'une pudeur temporaire : d'abord, le programme de la conquête du continent américain est déjà suffisamment vaste pour occuper plusieurs générations successives : ensuite, un État qui embrasserait tout le continent américain, dominerait nécessairement tous les autres États de l'univers dont l'indépendance ne deviendrait ainsi qu'apparente ; enfin, qu'est-ce qui empêcherait de tracer un autre programme plus ample, aussitôt que le premier serait exécuté ?

Parmi les différents principes proposés jusqu'à présent pour déterminer les limites naturelles des États, deux seulement méritent une attention particulière : celui des frontières stratégiques et celui des frontières basées sur les nationalités.

Si nous admettons que la lutte constitue l'essence des rapports entre les différents États, il est logique de prendre pour limites naturelles de chacun les lignes derrière lesquelles il peut être le mieux préservé contre les attaques et peut, par conséquent, protéger, avec le moins de dépenses, son territoire contre les invasions. Mais ces lignes ne sont efficaces que si l'État est prêt à se défendre, s'il possède une énergie suffisante à cet effet, et si, de plus, ses forces ne sont pas trop inférieures à celles de l'assaillant ; en d'autres termes, les lignes stratégiques ne sont efficaces que dans les cas où, sans elles, le pays peut également être défendu. Mais jamais, en l'absence de ces conditions, les frontières stratégiques n'ont été d'une utilité quelconque. Les grands fleuves et les mers arrêtaient aussi peu les généraux habiles et énergiques que les chaînes de montagnes, les murs chinois et les fameux polygones des forteresses. Un État fort, matériellement et moralement, trouve partout une limite stratégique suffisante : au contraire, dans les moments d'affaiblissement politique, ces frontières n'existent que sur les cartes.

A notre époque, c'est le principe des nationalités qui acquiert une influence de plus en plus grande sur la marche des événements historiques. J'ai parlé dans ma onzième lettre de l'attitude que doit avoir l'individu vis-à-vis de ce principe et des conditions nécessaires pour qu'une nation soit un facteur de progrès. Mais l'examen d'une circonstance qui complique la question, — le cas d'un conflit entre nationalités — n'eût pas été à sa place : pour le faire, il nous eût fallu tenir compte de la nature de l'État, — un conflit entre nationalités pouvant se produire sous forme d'un conflit entre États, ou d'une lutte, à l'intérieur d'un État, entre les unitaires et les séparatistes Bien que l'histoire ait montré plus d'une fois que les guerres peuvent avoir lieu aussi souvent entre nations différentes qu'entre sociétés appartenant à une même nationalité, beaucoup de personnes voient actuellement, dans l'application du principe des nationalités à la détermination des limites naturelles de l'État, le moyen préservatif le plus efficace contre les guerres futures, tant extérieures que civiles. Ce principe manifeste ici une tendance double : d'abord une tendance *positive* à réunir en un seul État les individus d'une même nationalité : ensuite une tendance *négative* à délivrer les individus de l'unité politique de l'État formé par une nationalité qui leur est étrangère. Voyons jusqu'à quel point on peut considérer comme favorables au progrès ces deux éléments du principe des nationalités.

Le premier peut être réduit à la proposition suivante : il est naturel et juste qu'un même contrat politique soit obligatoire pour tous les individus ayant même culture : langue, traditions, genre de vie. Or, il est évident que ce lien, créé par la culture, peut exister aussi entre des individus dont les aspirations économiques, politiques et intellectuelles n'ont aucune analogie. Deux groupes de personnes parlant une même langue peuvent vivre dans des milieux entièrement différents. Les centres industriels et commerciaux peuvent être communs à des hommes ayant un genre de vie tout à fait dissemblable, et, au contraire, ne l'être pas lorsque les hommes mènent une existence analogue. Pour une cer-

taine partie de la nationalité, par exemple, l'intérêt de la défense contre les envahisseurs voisins peut exiger une centralisation plus grande et des prérogatives plus considérables
pour le pouvoir, tandis qu'une autre portion de cette même
nation, protégée contre les attaques extérieures par des conditions locales, n'a pas besoin de cette centralisation et peut
s'efforcer à réduire à son minimum le caractère coercitif du
contrat politique. Que peut-on alors voir de progressif dans
la réunion de ces groupements différents sous un même
pouvoir ?

Pouvons-nous voir un progrès dans ce fait que les conditions politiques, élaborées par une partie de la population,
en raison de ses intérêts et de ses besoins particuliers, seront
obligatoires pour une autre partie liée à la première seulement
par la communauté de la langue et de quelques autres traits
de la culture ? Ni l'intelligence des besoins véritables des individus, ni celle des rapports plus justes entre eux, ne peuvent
rien gagner à cette réunion artificielle, opérée par un contrat
coercitif, de gens n'ayant entre eux que très peu de liens ; une
telle réunion ne représente rien moins que la réalisation de
la justice dans les formes sociales. Elle ne fait que provoquer
dans la population du territoire appartenant à l'État donné,
une irritation mutuelle qui est la source des tendances séparatistes, plus dangereuses, comme nous l'avons déjà dit, que
le fractionnement même de l'État. Elle transforme de plus en
plus l'État en un tout abstrait, au lieu d'en faire une unité
vivante. Cette unité se base, de plus en plus non pas sur la
communauté des intérêts, des coutumes ou des questions se
rattachant au domaine de la pensée, mais sur le caractère
coercitif du contrat soutenu par l'organisation administrative
et la force des armes C'est pourquoi la réunion, en un seul
État, des sociétés appartenant à une même nationalité n'est
pas une garantie du progrès de ces sociétés, et plus l'extension
de la nationalité est considérable — par conséquent plus le
territoire de l'État formé par elle est vaste — plus il est

probable que le contrat politique apportera à la population une entrave plus grande et deviendra un obstacle plus fort au progrès social.

Mais une autre raison encore fait supposer que la réunion en un seul État des différentes fractions de la nationalité peut plutôt empêcher que favoriser le progrès. J'ai dit dans mes précédentes lettres que, grâce à l'idéalisation, dans la société, de tel ou tel principe, il s'y élabore une minorité qui profite des avantages de cette idéalisation et qui, pour assurer la stabilité de la société, a pour devoir d'étendre ces avantages à la majorité. Bien que ce soit là un devoir moral et que cette extension fût exigée par l'intérêt de la minorité elle-même, l'histoire nous apprend qu'elle n'a accompli cette tâche que dans des proportions très restreintes. Au contraire, la minorité qui jouissait des biens de la civilisation existante voulait le plus souvent — par un égoïsme mal compris — avoir le monopole de tous les avantages offerts par la civilisation, en n'en laissant à la majorité que les charges. C'est l'organisation étatiste qui, ordinairement, servait et pouvait le mieux servir d'instrument à cet effet. C'est par elle que la minorité qui a monopolisé la civilisation s'efforçait de s'en assurer les avantages et de réprimer tout effort tendant à changer l'ordre de choses existant — changement qui aurait eu pour effet d'introduire, dans la société, des rapports plus justes entre les individus. Ces tentatives, que les souffrances sociales faisaient naître, ne s'en produisaient pas moins. On voyait apparaître des adversaires des lois et des formes politiques surannées. Les réformateurs propageaient leurs idées. Il se formait un parti, plus ou moins énergique, d'opposition au régime existant. C'était, comme nous l'avons vu, la seule voie pouvant rendre le développement progressif accessible à la société. Le progrès exigeait donc qu'il fût *possible* pour les individus, d'examiner d'une façon critique les formes sociales existantes, de répandre leurs idées, de grouper des coreligionnaires et de former un parti qui eût entrepris la lutte pour une intelligence meilleure des problèmes sociaux et une solution pratique plus juste de ces problèmes. Dans le cas contraire, la revendication des réformes légales devenait la préparation d'une révolution. Les hommes de l'opposition se transformaient en révoltés et, dans les conditions favorables, en révolutionnaires. Cette lutte des individus pour le progrès social avait, naturellement pour principales armes la propagande et l'agitation, parlées ou écrites, faites dans la langue de la société dont le régime était l'objet de la critique et sur laquelle il leur fallait agir dans l'intérêt de leurs projets de réforme ou de révolution. Mais il était aussi inévitable que ce fût contre ces individus précisément que fussent dirigés les coups de l'État qui tendait à sauvegarder le monopole de la minorité dans la jouissance des avantages de la civilisation. C'est pourquoi, lorsque tous les individus, parlant une même langue, habitaient dans les limites du territoire d'*un seul* État, l'action des individus sur la population de ce territoire se trouvait très gênée ; la pensée critique s'affaiblissait ; la formation de partis réformistes et révolutionnaires rencontrait des obstacles considérables ; les individus qui essayaient de faire entrer la société dans une voie plus progressive, périssaient le plus souvent dans la lutte et le progrès de la société se trouvait ralenti. Lorsqu'au contraire plusieurs États indépendants se servaient de la même langue, une émulation s'établissait très rapidement entre eux, non seulement dans la sphère politique, mais dans celle de la pensée en général. Les individus dont les tendances critiques leur faisaient craindre, avec raison, les poursuites dans un État, trouvaient un refuge dans un autre. Leur pensée se fortifiait en liberté. L'analogie de la culture dans les deux États permettait à la parole et à la pensée de s'étendre rapidement de l'un à l'autre, malgré tous les obstacles. Le parti du progrès se développait et les chances de réformes progressives devenaient plus considérables.

L'histoire nous offre une multitude d'exemples confirmant

cette idée. Le fractionnement du monde grec en centres indépendants contribua au développement de la pensée grecque
non seulement à l'époque des républiques libres, mais même
à celle des despotiques diadoches. L'unité de l'État romain
écrasa le développement de la pensée critique. Le monde féodal de l'Europe donna naissance, malgré sa civilisation encore
rudimentaire, malgré la pauvreté extrême de sa culture, à
une littérature satyrique et polémique dont l'audace est à
peine concevable pour l'époque des horreurs de l'Inquisition
et de l'arbitraire absolu des seigneurs aux yeux desquels la
vie et la liberté des individus n'avaient aucun prix. La critique de l'ancienne France au temps des Bourbons ne devint
possible et influente que parce que ni Louis XIV ni Louis XV
ne purent empêcher l'existence d'une littérature française en
dehors de leur État, au sein d'une population parlant la
langue française. Il est douteux que la pensée philosophique
allemande eût pu avoir un développement aussi brillant et
une indépendance aussi considérable à l'égard de son sujet, si
les universités allemandes n'avaient pas été disséminées dans
des États indépendants rivalisant entre eux dans le domaine
de la pensée, malgré leur tendance à l'absolutisme, à l'exemple
des anciens diadoches Même pour l'ancienne Russie, nous pouvons constater que la prédominance de la Russie du Nord sur
celle du Sud, et plus tard la prédominance de Moscou sur
la Russie entière, et la chute des démocraties indépendantes,
allaient de pair avec l'affaiblissement du travail de la pensée.
Dans la Russie moscovite, la critique ne put se manifester
que sous la forme de la révolte de Stenka Razine et du
schisme.

Nous sommes ainsi amenés à cette conclusion que le fractionnement des nationalités en États indépendants contribue
beaucoup plus au progrès des sociétés qui constituent la nationalité donnée, que la réunion de toute la nationalité parlant
une même langue sous les lois d'un même État. Les partis du
progrès doivent en tenir compte et poursuivre plutôt l'indé-

16

pendance des territoires situés en dehors de leur patrie politique, mais ayant avec elle une langue commune, que leur
incorporation dans un même État. Il est évident que les progressistes français intelligents, à l'époque du second Empire,
devaient comprendre qu'il était plus avantageux pour eux de
voir la Belgique et Genève indépendantes, que faisant partie
de la puissance de la famille des Napoléons. Là où ces territoires indépendants n'existent pas, le parti progressiste doit,
de toutes ses forces, favoriser leur formation, car ils sont des
auxiliaires importants pour la libre critique des individus,
l'extension de la pensée indépendante et le développement du
parti du progrès. On peut dire, d'une façon générale, que le
côté *positif* de l'application du principe des nationalités au
partage des territoires ne peut pas être considéré comme
progressif, et que la nation qui se propose d'atteindre les
limites naturelles de l'État en englobant tous les individus
qui parlent sa langue, se trompe beaucoup en y voyant un
progrès.

Plus important est le côté *négatif* du principe des nationalités. Les différences dans la langue et dans la civilisation
coutumière entraînent, dans la plupart des cas, une différence
suffisamment grande dans les besoins économiques, politiques
et intellectuels, pour que l'unité de l'État devienne extrêmement difficile à réaliser. Le plus souvent, lorsque des nationalités différentes sont réunies dans un même État, le contrat
qui les lie est avantageux pour l'une et gênant pour l'autre,
ce qui fait naître entre elles une animosité réciproque. Le
conflit qui en résulte a pour solution, soit l'absorption de la
nationalité la plus faible par la plus forte qui fait perdre
peu à peu à celle-là ses particularités, soit la tendance de
l'État unifié à se transformer de plus en plus en union fédé-
rative d'États indépendants. Dans ces conditions, la nationalité la plus faible défend, par tous les moyens, son
existence, et s'efforce nécessairement de former un État dis-
tinct, sinon elle est menacée de périr. La lutte qu'elle sou-

tient pour défendre son existence est une lutte parfaitement
légitime, et sa tendance à constituer un État indépendant
est, dans ce cas, parfaitement naturelle. Aussi naturel, comme
je l'ai dit dans ma dernière lettre, est, en présence de la
lutte entre grandes puissances, le désir du pouvoir de conserver l'unité du tout. Deux tendances naturelles entrent
ici en conflit, mais la question de la justice et du progrès
n'est nullement liée d'une façon indissoluble à l'une ou à
l'autre La solution de la question dépend de l'ensemble
des conditions et non pas d'une seule, considérée isolément.

Une nationalité prise à un moment déterminé de son histoire n'a de droits à la sympathie du penseur que dans la
mesure où elle a réalisé, dans les formes de sa civilisation, la
vérité et la justice. Lorsqu'un conflit se produit entre deux
nationalités au sujet de l'unité ou du séparatisme, on doit,
au nom du progrès, souhaiter la victoire à celle qui est par-
venue à une appréciation plus critique des questions intellectuelles et à une tendance plus marquée à la réalisation pratique de ce qui est juste. La nationalité qui, dans ses préten-
tions, s'appuie sur la force brutale du nombre, sur des traditions étrangères à la critique scientifique, sur des périodes
historiques depuis longtemps passées, sur des traités qui ont
autrefois protégé le droit des accapareurs, — signe elle-même
sa condamnation dans les conflits historiques des peuples.
L'histoire se distingue des autres processus naturels précisément parce que ses phénomènes ne se répètent pas, et que
le passé n'est pour elle qu'un souvenir. S'il était possible de
faire revivre le passé dans le présent, on ne verrait pas de fin
à cette transformation, car derrière le passé d'un demi-siècle
surgirait le passé d'un siècle, de deux siècles, etc., etc., chacun
avec ses désirs et ses conflits légendaires à lui, ses héros et ses
scélérats à lui. Le passé est bien passé et ne peut être jugé du
présent. Le juge du présent, c'est l'avenir non réalisé. dans
son idéal de vérité et de justice, tel qu'il vit dans les esprits
des penseurs du présent.

Le penseur a devant lui, comme base nécessaire, la loi immuable de la nature qu'on ne peut violer pour satisfaire aucune tendance vers le meilleur, le plus vrai et le plus juste. Il a devant lui le fait de la distribution des forces matérielles, intellectuelles et morales dans le présent, d'stribution déterminée par le passé, et qu'il est impossible de méconnaître au nom d'idéals nouveaux, car elle est un fait accompli. Il a devant lui l'idéal de vérité et de justice élaboré par l'histoire autour de lui et en lui-même. Cet idéal renferme les forces motrices de l'avenir, dont l'action est limitée par les lois immuables de la nature et le terrain fourni par les faits historiques. C'est au nom de cet idéal, et en son nom seul, qu'on peut déclarer juste la distribution existante des forces. Aucun autre droit ne peut être reconnu devant le tribunal de l'histoire qui s'accomplit. Une nationalité qui veut se défendre dans la lutte pour l'existence, en présence de conditions défavorables pour elle, doit prendre sur elle de représenter les meilleures des revendications de l'avenir, sans se prévaloir d'un passé à jamais disparu. Une nationalité qui veut prédominer sur les autres, doit renoncer à tout ce qui enchaîne la vie des peuples aux principes surannés ; elle doit apporter à la pensée la plus rigoureuse critique possible, et réaliser dans la vie la plus grande somme possible de justice. En dehors de ces moyens, il n'y a aucune base solide pour le développement des nationalités considérées comme États. Si elles expriment sur leur drapeau des idées qui ne sont que des revenants, leur existence sera toujours instable et illusoire, malgré l'héroïsme des individus, malgré la sympathie qu'inspire toujours au spectateur le courage d'une lutte désespérée du faible contre le fort. Si une nation s'enchaîne à des principes momifiés, ni l'immensité de son territoire, ni les moyens matériels considérables ne pourront lui assurer une prédominance stable parmi les peuples : sa pensée restera stérile, ses meilleures tendances seront frappées d'impuissance et elle sera obligée de se soumettre intellectuellement et moralement à des peuples infiniment plus faibles. C'est uniquement dans la vérité et la justice que réside la force des peuples.

C'est pourquoi, dans la lutte pour l'unité de l'État, d'un côté, et le séparatisme de l'autre, le droit sera du côté de celui de ces deux principes qui se trouvera inscrit sur le drapeau de la nationalité ayant complètement renoncé aux spectres du passé, apporté de la critique dans le domaine de la pensée et de la justice dans celui de la vie. L'État est une notion abstraite, et si cette notion ne renferme aucun contenu réel, elle devient une idole à laquelle il est absurde et criminel d'offrir des sacrifices sanglants. Le contenu réel ne peut être fourni que par l'individu dans son développement. En apportant son besoin de vérité et de justice, l'individu transforme l'idole créée par les préjugés en une partie constitutive d'un idéal social supérieur pour lequel tous les sacrifices sont justes et raisonnables. La séparation nationale se présente comme une question sans importance là où l'État se rapproche, ne serait-ce qu'imparfaitement, des conditions idéales, comme par exemple aux Etats-Unis où les émigrés de l'univers entier deviennent dès la seconde et quelquefois dès la première génération, des Américains tout court. Le séparatisme des États du Sud n'avait aucune raison d'être en présence d'une constitution qui est la meilleure de toutes celles que l'histoire nous a montrées jusqu'à présent, et du principe de l égalité des races auquel on ne pouvait opposer que l'apologie de l'esclavage. D'un autre côté, les nombreuses tendances séparatistes de l'Europe et de l'Amérique du Sud avaient très souvent le droit pour elles, car les États, dont les séparatistes combattaient l'unité, étaient très loin d'admettre, dans la pensée, la liberté de critique et, dans les formes sociales, la réalisation de la justice. Le droit se trouvait alors d'autant plus du côté des séparatistes que l'idéal de l'État indépendant dont ils poursuivaient la réalisation était plus conforme au progrès. Là, au contraire, où les défenseurs de l'unité de l'État et les séparatistes combattent, les uns comme les autres, pour les idées et les spectres du passé, en n'introduisant qu'à un degré minime dans leurs revendications les idéals de leurs époques, la lutte ne se poursuit ni pour le progrès, ni pour les aspirations humanitaires, et le penseur ne peut que s'en détourner, en regrettant la perte de forces et de sang. Là, seul l'amateur de mélodrames historiques, suit avec avidité le combat sanglant des gladiateurs, l'abnégation fanatique des différents chevaliers du passé avec leurs différentes devises. Les homérides chanteront toujours les Achille et les Hector, mais quel intérêt peut trouver Aristote dans la lutte pour la belle Hélène ?

Lorsqu'une nationalité s'est pénétrée des besoins de la vérité et de la justice, lorsqu'elle est décidée à rompre avec le passé et à se mettre au service du progrès, elle a le droit de vouloir se séparer de l'État unifié qui gêne ses tendances ; elle a, de même, le droit, si elle a déjà atteint une situation prédominante comme État, d'employer les mesures les plus énergiques pour défendre sa stabilité et la force matérielle de son organisation politique contre les voisins placés à un degré inférieur de civilisation. Une nationalité progressive a le droit de se séparer d'un État moins progressif qu'elle. Elle a le droit de réprimer les tendances séparatistes des nationalités moins progressives qui lui sont rattachées par le contrat de l'État. Mais ce dernier droit *abstrait* n'a *jamais* l'occasion de s'appliquer en fait, car une nationalité progressive n'a jamais à lutter contre le séparatisme de la population tout entière d'une partie du territoire : elle peut seulement avoir à lutter contre une classe de cette population. C'est ainsi que les Etats du Nord combattaient non pas contre la population tout entière des Etats du Sud, mais seulement contre une minorité qui s'efforçait de conserver son pouvoir sur la majorité. Dans ces conditions, la lutte n'est légitime que lorsque la nationalité qui défend l'unité de l'État vise réellement à améliorer la situation de la majorité opprimée et peut *réellement* lui apporter des principes sociaux, supérieurs à ceux de la nationalité qui tend au séparatisme. Tel était le cas en Amérique.

Nous trouvons ici, sous une forme nouvelle, la question déjà examinée plus haut : si l'élément étatiste doit, dans son développement progressif, être réduit à son minimum, les partis de progrès ne doivent-ils pas se tenir complètement à l'écart des questions de politique extérieure et se tourner exclusivement vers d'autres côtés de l'activité sociale ? Nous avons déjà dit que les conditions historiques déterminent ce qu'il est *possible* d'attendre d'une action donnée ; c'est donc dans ces conditions historiques que nous devons chercher la réponse. Les partis du progrès n'étant encore qu'une minorité dans l'humanité et les nationalités les plus progressives étant menacées de violence de la part des États voisins, elles doivent se préparer à la lutte et défendre le progrès lorsqu'il s'agit de lui fournir une force matérielle plus grande. De là, pour les partis du progrès, le devoir temporaire, non seulement de défendre leurs idées au moyen de la critique et de les réaliser au moyen de la propagande, mais aussi de se servir des organisations existantes de l'État pour lutter contre les partis adverses qui peuvent se trouver à la tête des autres États.

Certes, ce n'est là qu'un devoir temporaire nécessité par le brigandage qui domine dans les relations entre États et le danger des guerres politiques. Nous avons vu que le progrès politique consiste à réduire à son minimum l'élément étatiste dans la société, c'est-à-dire enlever au contrat de l'État tout caractère coercitif à l'égard des individus qui se trouveraient en désaccord avec lui. Et comme ce progrès doit tuer dans leur germe toutes les tendances séparatistes, les causes de la lutte entre nationalités et de l'oppression de certaines nationalités par d'autres au nom de l'unité de l'État doivent disparaître en même temps. La question des limites naturelles des États doit en même temps perdre toute son importance.

Des intérêts temporaires, économiques, coutumiers ou scientifiques, devront alors rapprocher entre elles les sociétés et déterminer les limites du territoire temporaire de la fédération constituée dans un but déterminé. Ce but règle, en les élargissant ou les rétrécissant, les limites de la fédération qui, ainsi, restent toujours naturelles. Quant à l'unité supérieure, elle doit, comme nous l'avons vu dans la lettre précédente, être consolidée par la science, qui est le patrimoine de l'humanité tout entière, et pour laquelle il n'existe sur aucune carte, aucune limite naturelle.

Que le lecteur convienne ou non que tel est l'avenir possible auquel nous devons tendre, il sait, certainement très bien qu'il n'est rien de semblable dans le passé. Ce qui dominait toujours, c'était la coercition à l'intérieur des États, et le brigandage entre États différents. Naturellement, ce régime pesait surtout à cette minorité de la population qui se distinguait de la masse par la puissance de son esprit et l'énergie de son caractère. Aussi comprend-on que l'esprit et le caractère des hommes d'avant-garde fussent, dans le passé, appliqués, le plus fréquemment et de la façon la plus marquée, aux questions politiques. Lorsque la force coercitive se trouvait aux mains de personnes qui étaient intéressées aux questions devant se résoudre par la force, il était naturel de s'attendre à des abus. A leur tour, ces abus provoquaient le plus souvent l'opposition, la formation de partis, la lutte ; c'est pourquoi le côté le plus saillant de l'histoire est celui qui fut représenté par la lutte pour la constitution de l'État. A qui appartiendra en réalité le droit d'établir le contrat de l'État ? Dans quelle mesure sera-t-il possible aux individus et aux sociétés d'influer sur sa formation, de protester contre ses inconvénients d'en exiger la modification ? Qui sera obligé de se soumettre à ce contrat sans l'avoir discuté ? Ces questions forment la base de toutes les luttes pour les couronnes, les postes de vizirs ou les portefeuilles des ministres responsables, des luttes des partis politiques dans la presse, dans les parlements, sur les places publiques et sur les champs de bataille, de celles des peuples pour leur indépendance ou l'assujettissement d'autres peuples, des États pour la prépondérance, des meilleurs individus pour le progrès politique.

Mais ce n'est là que le côté le plus *apparent* de l'histoire, son extérieur dramatique, son habillement bariolé. Un historien qui pense, cherche sous cette apparence des éléments plus essentiels. Les époques les plus dramatiques ne témoignent parfois que d'une dépense de forces pour des questions de peu d'importance. Les individus les mieux doués ont quelquefois employé leur esprit et leur énergie à des buts très mesquins. Le succès et l'éclat de l'action sont insuffisants pour prouver la haute valeur de l'individu. La perspective dans laquelle se disposent les faits historiques doit correspondre à l'importance de ces faits pour le progrès de l'humanité. L'élément dont l'extension importe le plus au progrès, peut avoir une signification, même dans ses manifestations à peine visibles. Celui, au contraire, qui doit perdre de son importance à mesure que la société progresse, a le moins de droits à l'attention de l'historien.

A mesure que la société se développe dans la voie du progrès, le rôle de l'État s'y réduit à son minimum ; aussi, l'histoire politique présente-t-elle un moindre d'intérêt pour celui qui veut trouver un sens quelconque à l'histoire de l'humanité. A chaque conflit extérieur entre États, comme à chacune de leurs secousses intérieures, l'historien doit se demander avant tout : quels sont les éléments, en dehors de l'État, qui ont joué un rôle dans ce conflit ou dans cette secousse ? A chaque homme d'action influent on doit demander compte de ce qu'il a fait pour diminuer la part dans la société de l'élément coercitif de l'élément étatiste ; on doit lui demander dans quelle mesure il a favorisé ou empêché le progrès des facteurs placés en dehors de l'État. L'extension et la fragmentation des États, les vastes entreprises de conquête,

les batailles sanglantes, les ruses diplomatiques, les mesures
administratives, prennent à ce point de vue un intérêt nouveau, mais absolument différent de celui qu'ils présentaient
aux yeux des historiens d'autrefois. En eux-mêmes, ces phénomènes n'ont aucune importance : ce sont les processus
météorologiques de l'histoire. Les violents ouragans, les
tremblements de terre, les épidémies, les aurores boréales
particulièrement belles, les cas de naissances extraordinaires,
de jumeaux ou de monstres, sont des faits ayant exactement
la même importance que les processus énumérés plus haut.
Dans les deux cas, le fait intéresse le savant, non pas en lui-
même, mais pour ses conséquences ou pour ses causes. S'il
attire l'attention et devient un objet d'études minutieuses,
c'est parce que le savant vise, soit à trouver une nouvelle loi
générale pour les phénomènes fondamentaux, physiques ou
psychiques, soit à créer, dans l'avenir, un groupement favorable
de faits, en éliminant les faits défavorables. Quels sont les
besoins et les pensées qui sont à l'origine de tel ou tel phénomène politique ? Dans quelle mesure celui-ci a-t-il contribué à donner naissance à de nouveaux besoins et à modifier
les anciens ? Dans quelle mesure a-t-il affaibli ou, au contraire, consolidé l'ancienne civilisation coutumière ? Dans
quelle mesure a-t-il donné l'impulsion à un nouveau développement de la pensée ? Voilà les questions historiques essentielles qui se posent à propos de chaque phénomène politique. Derrière elles, d'autres questions surgissent encore :
dans quelle mesure ce phénomène permet-il d'étudier
les processus psychiques de l'individu, la souplesse de sa
pensée, sa tendance vers son développement personnel et
vers la justice ? Dans quelle mesure permet-il d'étudier
l'influence de la civilisation coutumière de la société sur la
vie psychique de l'individu ? La réponse à la première série
de questions donne la signification historique proprement
dite des événements politiques : la réponse à la seconde
montre l'importance de ces événements en tant que ma-

tière de la psychologie individuelle et de la sociologie.
Dans les deux cas, l'histoire politique reçoit son importance des problèmes qui appartiennent aux branches supérieures des sciences naturelles ou à l'histoire de la civilisation.

Nous avons examiné dans les précédentes lettres les principales devises qui se trouvent ordinairement inscrites sur les drapeaux des partis sociaux, et nous avons reconnu vraie cette proposition générale déjà énoncée auparavant : aucune devise n'est en elle-même une expression du progrès ; suivant les circonstances elle peut représenter la réaction ou le progrès, avoir une importance essentielle ou devenir un mot vide. La fausse idéalisation opère constamment sur ces devises, les utilise en masquant des préoccupations étrangères n'ayant rien d'idéal, et néglige les besoins naturels qui déterminent l'idéalisation véritable, l'idéalisation humaine. Aussi, les grandes idées, moteurs de l'histoire, ne sont-elles véritablement *grandes* que dans leur sens concret, étant défendues par certains individus déterminés dans des conditions déterminées. Seule la critique constante de leur contenu historique concret, peut donner à l'individu l'assurance qu'en se plaçant sous le drapeau qui porte tel ou tel mot sonore, il ne poursuit pas une illusion ou ne devient pas un instrument aux mains d'intrigants habiles et intéressés.

Mais, trouvant sur ces pages ce mot de *critique* qui y revient constamment, le lecteur va me demander : si l'individu vise toujours à la critique et rien qu'à la critique, n'arrivera-t-il pas à étouffer en lui-même son énergie d'action ? La critique suppose l'incertitude, l'hésitation, un temps suffisant pour peser les arguments pour et contre. Mais la vie laisse-t-elle toujours des loisirs ? Lorsqu'un homme périt devant vous, est-il temps de discuter, de se demander s'il est utile ou nuisible de le sauver ? Lorsqu'une tempête politique, déchaînée à l'occasion d'un prétexte accidentel quelconque, agite la société, et que la masse, privée de toute direction, peut, se lançant dans une voie fausse, prendre ses amis pour ses ennemis et ses ennemis pour ses amis, ou bien perdre, par l'indécision, tout l'avantage de sa force et de son enthousiasme, un vrai citoyen qui comprend la situation a-t-il le droit d'hésiter, de laisser échapper le moment ? Ce qui est très beau dans le cabinet de travail, peut ne pas convenir sur une place publique : ce qui est nécessaire au savant, peut être nuisible à l homme d'action.

Tout cela est juste ; je ferai seulement remarquer que la critique est l'œuvre de toute la vie ; c'est l'habitude que l'on doit tout d'abord acquérir et s'approprier, si l'on veut avoir droit au nom d'homme développé. Il a peu de valeur morale, celui qui, jusqu'au moment où il lui arrive de voir un homme périr, n'a pas examiné et résolu la question de savoir si l'on doit sauver un homme qui périt dans telles conditions données. Il n'a pas le droit de se considérer comme un homme public, le citoyen qui reste à ce point étranger au mouvement historique que l'explosion populaire le prend au dépourvu et qu'il est encore obligé d'hésiter, de se demander : que dire ? que faire ? où aller ? où est la vérité ? lequel, parmi les drapeaux, est celui du moment présent ? Les moments où l'homme est appelé à une action décisive sont rares, et la vie tout entière y prépare. Personne ne peut prédire le moment où les circonstances, personnelles ou sociales, se dresseront devant lui avec ces paroles solennelles : va et fais ce que tu dois faire. C'est pourquoi on doit s'y préparer continuellement. Lorsqu'il élabore en lui son individualité, l'homme résout les questions les plus variées de la vie. En examinant la vague mouvante de l'histoire, il fait son éducation et se prépare à lutter quand on aura besoin de lui. La critique lui sert non pas *au moment* de l'action, mais *pour* cette action.

Le moment est venu. La voix du frère l'appelle à son secours. La société se réveille, indignée, de son long sommeil. Les drapeaux des partis adverses se déroulent çà et là. La critique a fait son œuvre. Après avoir fait le total de ses forces physiques, intellectuelles et morales, l'homme jette ce capital dans l'entreprise. Plus sa critique a été rigoureuse, prudente, froide, vaste, plus sa *foi* est maintenant puissante et ardente.

Oui, la foi — et la foi seule — transporte les montagnes. Au moment de l'action, elle doit s'emparer de l'homme : sinon, il se trouvera impuissant à l'instant même où il lui faudra développer toutes ses forces. Ce ne sont pas les adversaires que doivent craindre les partis en lutte : ce sont les mécréants, les indifférents enrôlés dans les partis, qui se rangent sous leurs drapeaux et proclament leurs devises quelquefois plus haut que les chefs les plus dévoués; ceux qui sont à craindre, ce sont les gens qui repoussent la critique de ces devises lorsqu'il est encore temps de la faire, mais qui, au moment d'agir, se mettent à critiquer, à hésiter, prêts à abandonner la bataille déjà commencée.

Les mots les plus significatifs donnent ordinairement lieu aux interprétations les plus variées, mais le mot *foi* appartient peut-être au nombre de ceux qui, grâce à des malentendus, ont provoqué le plus de discussions, car les adversaires, en employant le même mot, parlaient en réalité de choses tout à fait différentes.

Il n'est aucunement nécessaire de rattacher le mot *foi* à l'idée de cultes, mythes, dogmes religieux ou conceptions philosophiques. C'est *en raison* de leur foi que les hommes ont défendu et propagé des mythes et des dogmes, exécuté les rites des différents cultes ; mais ce n'était là qu'*une* des applications de la foi. Il n'y a de même aucune nécessité de lier d'une façon exclusive le terme de foi à la notion du surnaturel. La vie quotidienne, la nature et l'histoire, présentent, dans leur variété, un champ très vaste pour les manifestations de la foi, et un homme habitué à envisager d'une façon sceptique tout ce qui n'a pas d'analogie dans le monde observable, peut néanmoins être très enclin à la foi.

La foi est une activité, psychique ou extérieure, telle que la conscience y est présente, mais que la critique y fait défaut. Lorsque je suis pénétré d'une idée que je n'analyse plus, mais qui devient pour moi la base de mon analyse des autres idées et notions, j'ai foi en cette idée. Lorsque, sur la parole d'une autre personne, j'agis en réfléchissant *comment* je pourrais réaliser cette parole et non plus *si je dois* la réaliser, j'ai foi en cette personne. Lorsque je me suis proposé un but et que je soumets à ma critique les *moyens* de l'atteindre et non plus le *but* lui-même, j'ai foi en mon but.

Ce n'est par conséquent que dans un sens restreint qu'on peut opposer la foi à la critique. On ne soumet *plus* à la critique ce qui est l'objet de la foi. Mais cela ne prouve pas que l'objet de la foi d'aujourd'hui *n'ait pas été* soumis à la critique hier. Au contraire, c'est le caractère de la foi la plus ferme, la seule rationnelle, la seule solide. Ce qui sert d'épreuve à la foi, c'est l'acte accompli au moment où il existe des raisons pour et contre lui ; or, si ma foi n'est pas une conséquence de la critique, c'est-à-dire, si elle n'a pas eu à subir d'objections, qui est-ce qui me garantit qu'au moment d'agir, les raisons qui poussent dans une direction contraire à ma foi n'auront pas le dessus ?

Seule la critique crée des convictions solides. Seul un homme qui a élaboré en lui de telles convictions y trouve une foi suffisamment forte pour accomplir une action énergique. Sous ce rapport, la foi est, en effet, opposée à la critique, non pas dans son essence, mais dans le temps : ce sont deux moments différents dans le développement de la pensée. La critique prépare l'activité ; la foi provoque l'action.

Une image vient de se constituer dans l'imagination d'un artiste. L'artiste l'a soumise, dans toutes ses particularités, à une critique rigoureuse, scientifique et esthétique. Cette critique lui a montré de mieux en mieux les formes artistiques dans leur élaboration. Maintenant une image entière et vivante se dresse devant sa pensé. Il prend le pinceau ou le ciseau et incarne son idéal, car *il a foi* dans le caractère vivant de celui-ci, dans sa beauté. S'il en est autrement, son œuvre manque de décision et d'inspiration. Lorsque le tableau ou la statue ont acquis une existence objective, ils peuvent être soumis à un nouveau processus de critique, et il peut arriver que l'artiste, mécontent de son œuvre, la détruise. Mais ce n'est pas la critique qui préside au processus de la création artistique ; c'est la foi dans le caractère vivant de l'image.

Un savant a soigneusement déterminé et pesé les faits. Involontairement, ils se groupent dans sa pensée en une loi, plus ou moins hypothétique. D'autres faits, connus de lui, surgissent d'eux-mêmes dans sa mémoire pour confirmer, compléter, étendre l'analogie scientifique trouvée. Il se contrôle lui-même, encore et encore. La critique a fait son œuvre. Il est convaincu de la vérité découverte. Et le voilà qui monte à la chaire, faire part à ses élèves de la nouvelle acquisition de la science Il résume l'expérience, prévient les objections, met en avant les analogies, indique les découvertes probables. A ce moment, il ne critique plus, il n'hésite plus ; il *a foi* dans la force et la plénitude de sa critique, il propage une nouvelle vérité. Tant qu'il n'a pas acquis la *foi*, il ne proclamera pas cette vérité, précisément parce qu'il met la critique au-dessus de tout.

Un homme se lie avec un autre, voit ses qualités et ses défauts, sait dans quelle mesure son ami est capable de se laisser entraîner ou d'envisager les choses d'une façon rationnelle. Un moment vient où il faut agir, sur la foi des paroles de l'ami, d'une façon ou d'une autre. C'est le processus de la critique, antérieurement effectué, qui indique le résultat. L'homme a ou n'a pas foi dans la parole de son ami. Il se décide et agit en vertu de cette foi.

La vie et l'histoire des sociétés placent devant l'homme une question analogue. Un certain idéal de vérité et de justice s'est élaboré en lui ; il s'est développé sous son action et l'a développé à son tour par l'influence de l'expérience accumulée de la vie et le processus critique de la pensée. Il a étudié la civilisation coutumière de la société qui l'entoure, le travail de la pensée qui s'y produit et le sens concret des devises des différents partis de son époque. Il a trouvé *ici*, sinon la perfection idéale, du moins ce qui est historiquement mieux, et *là* ce qui est pire. Il sait qu'ici ne se trouve pas plus la vérité *complète*, que là le mal et le mensonge *absolus*. Mais il a compris que, dans les conditions historiques données, la lutte avec espoir de succès n'est possible que par l'alliance de partis donnés et que, seuls, ces partis peuvent se disputer la victoire. L'un d'eux est *meilleur* que les autres et le progrès ne devient possible, pour le moment, que par sa victoire. C'est lui qui détient *le plus* de vérité, *le plus* de justice. Naturellement, un homme pensant et sincère doit, s'il en comprend les défauts, s'efforcer d'affaiblir ces défauts par son influence, de les éliminer, d'augmenter la part de vérité et de justice que renferment les tendances de ce parti qui est le meilleur de tous ceux de son temps. Si le parti est fort, l'individu peut ouvertement dire son désaccord, se mettre en opposition avec ses chefs, planter son drapeau *à part*. Mais voici que le moment historique du conflit est arrivé. Toutes les forces sociales sont appelées à lutter pour le progrès ou pour la réaction. Rester à l'écart serait affaiblir les *meilleurs*. Il *croit* qu'ils sont les meilleurs et se joint à eux au nom de cette foi. Le temps de critique et de divisions est fini. Les meilleurs hommes doivent s'unir en vue de la lutte pour le progrès *possible*. Tous, ils doivent se joindre au parti qui promet un avenir *meilleur*. Plus la critique à laquelle l'homme a soumis les défauts et les qualités des différents partis a été rigoureuse et plus il est arrivé à se convaincre, en se basant sur cette critique, que ce parti est le meilleur, — plus est maintenant absolue la foi avec laquelle il consacre son activité au parti choisi par lui, combat ses ennemis, se réjouit de ses victoires, souffre de ses défaites. La critique de la pensée n'est pas affaiblie, mais le temps en est passé ; il reviendra à nouveau au moment favorable.

Plus intense et plus complet encore est le processus de la foi qui anime l'individu pour une action où il n'a pas de concessions à faire, où il a un drapeau nouveau à déployer, une nouvelle parole à jeter dans l'humanité. Les souffrances sociales et la pensée critique ont développé en lui une certaine conviction. Il est seul ou n'a, autour de lui, que très peu de gens qui sympathisent avec ses idées. Peut-être la vague de l'histoire a-t-elle récemment dispersé et emporté ceux qui luttaient pour ce que l'individu considère comme vérité et justice. Les coutumes et les traditions séculaires exercent leur pression de tous côtés. La pensée des partis adverses a des représentants puissants, habiles et avantageusement placés. Comment se fait-il dans ces conditions que l'individu ne se laisse pas abattre? Pourquoi, tout en comprenant l'insuffisance de ses forces, n'abandonne-t-il pas son entreprise insensée ? Qu'est-ce qui le pousse à se jeter dans la lutte, malgré les obstacles, malgré l'indifférence de la majorité, la poltronnerie des uns, la lâcheté des autres, les railleries des ennemis ? C'est l'œuvre de la *foi*. La critique a amené l'homme à se convaincre que la vérité et la justice étaient *ici*. Il croit qu'étant évidentes pour lui elles deviendront également évidentes pour les autres, que la pensée qui l'inspire dans son action arrivera à vaincre l'indifférence et l'hostilité environnantes. Les insuccès ne le fatiguent pas, car il a foi dans le lendemain. A la coutume séculaire, il oppose sa pensée individuelle, car l'histoire lui a montré la disparition des coutumes sociales les plus enracinées, devant la vérité dans laquelle avaient foi quelques individus. A la loi armée de toutes les forces de l'État, il oppose sa conviction personnelle, car ni les codes, ni le pouvoir ne peuvent rendre pour lui faux et injuste ce qu'il considère, dans sa foi, comme vrai et juste. Périssant sous les coups des ennemis ou sous la pression des circonstances, il lègue à ses coreligionnaires la tâche de lutter et de mourir comme lui, — s'il a foi dans la cause pour laquelle il meurt.

L'élément surnaturel n'est ici aucunement nécessaire. Les mythes bariolés, les dogmes incompréhensibles, les rites solennels du culte, n'ajoutent rien à la force et à la fermeté de cette résolution de vivre et de mourir pour la cause dans laquelle on a foi. Certes, l'histoire passée de l'humanité nous a conservé beaucoup plus de légendes sur des hommes qui ont lutté et sont morts pour des illusions religieuses ou métaphysiques, que pour des convictions n'ayant rien de fantastique. La foi dans les spectres est aussi possible que la foi dans les idées progressives. Les individus dont la pensée est faible et qui offrent à la critique peu de place dans leur vie, ne peuvent atteindre l'héroïsme que dans le processus des croyances religieuses, et ce processus qui constitue leur seul côté caractéristique, les fera, naturellement, passer dans l'histoire comme héros de la foi religieuse. Les hommes de pensée et de critique offrent à leur biographe une activité intellectuelle et sociale si variée, qu'il passe quelquefois — sans y accorder une attention suffisante — à côté de cet héroïsme de la foi qui s'est élaboré en eux par la critique, les a poussés à une lutte pénible et sans relâche, les a forcés à renoncer à beaucoup d'avantages, quelquefois même à la vie. Le bucher de Giordano Bruno ne le cédait en rien à celui de Saint-Laurent ou de Jean Huss. Les Spinoza, les Feuerbach, les Strauss savaient supporter la misère et le dédain aussi bien que les visionnaires religieux, anciens et modernes. Les républicains mouraient sous les balles et les couteaux des royalistes avec autant de fermeté que ceux-ci à l'échafaud de la Convention. La foi qui rend les hommes prêts à sacrifier sans hésiter leur temps, leur confort, leurs affections, leur vie même, pour ce qu'ils croient être la vérité et la justice, a existé dans tous les partis au moment de la lutte. Elle animait même ceux qui, en dehors d'elle, n'avaient aucun autre mérite. Elle animait les militants de la réaction qui versaient des torrents de sang et employaient tous leurs efforts pour arrêter l'histoire qu'il leur était impossible d'arrêter. C'était elle également qui pénétrait les martyrs de la pensée, les héros du progrès.

C'est pourquoi la foi peut être indistinctement un agent de la vérité et du mensonge, du progrès et de la réaction. Sans elle, le progrès est impossible, car, sans elle, est impossible toute action énergique, tout acte d'abnégation. Mais elle n'est pas une condition *suffisante* du mouvement progressif. Là où nous trouvons l'héroïsme et l'abnégation, nous n'avons pas encore le droit de conclure à l'existence des tendances progressives. Seule, une foi s'appuyant sur une critique rigoureuse, peut conduire au progrès ; seule, la critique peut déterminer le but de la vie dans lequel un homme développé a le droit de mettre sa foi.

Des hommes pensants élaboraient l'idée de l'utile, du vrai, du juste. Des croyants luttaient pour ce qui était, d'après leur foi, utile ou conforme au devoir ; les meilleurs parmi eux luttaient pour ce qu'ils considéraient comme vrai et juste. Plus la foi des uns et des autres était ardente, plus la lutte était acharnée. Plus la pensée était faible et la critique insuffisante, plus variées étaient les idées de l'utilité et du devoir, du vrai et du juste, plus considérable était la division des partis, plus l'humanité perdait de forces dans une lutte inutile. La variété des illusions peut être infinie, et d'autant plus grande qu'elles sont plus éloignées de la réalité. Le prix énorme du progrès dont j'ai parlé dans ma quatrième lettre s'est accumulé surtout grâce à des illusions insuffisamment soumises à la critique. Plus les hommes croyaient que l'intérêt de chacun d'eux était opposé à celui des autres, plus était énorme la dépense de forces dans la lutte ouverte des exploiteurs, dans la lutte souterraine des hommes secrètement hostiles et méfiants les uns envers les autres. Plus les hommes croyaient que le *devoir* était dans les rites magiques de la religion, dans ses dogmes et ses mythes fantastiques, dans les convenances séparant les castes et les classes, plus ils abrégeaient leur vie déjà courte en consacrant moins de temps au véritable développement et aux véritables jouissances. Plus il y avait de mensonge dans leur vérité, d'immoralité dans leur justice, plus la pensée travaillait mal et plus la vie devenait pénible. La foi profonde, l'héroïsme de l'abnégation, étaient le plus souvent perdus en vain, parce qu'ils s'appuyaient sur une critique insuffisante.

Ce n'est qu'à mesure que les illusions se dissipaient sous l'influence du travail de la pensée et que ce travail se rapprochait de la réalité, que la lutte et la dépense de forces pouvaient devenir plus faibles, car la nouvelle foi s'appuyait sur la critique conduisant, non à l'hostilité, mais à la conciliation. La foi dans la vérité scientifique unique éliminant les créations fantastiques, anéantissait l'hostilité dans le domaine de la pensée. La foi dans l'égalité du mérite des individus et dans la justice unique, empêchait le conflit des milliers de justices diverses — nationales, juridiques, économiques, ou différant suivant les castes, — empêchant ainsi toute lutte pour ces idoles. La foi dans le développement individuel et dans la justice seul fondement du devoir, unifiait toutes les tendances personnelles dans un effort commun pour l'expansion la vérité et la justice, et empêchait la dépense des forces en vue de devoirs imaginaires. La foi dans l'identité du plus grand intérêt de chaque homme développé avec l'intérêt du plus grand nombre, est précisément le principe qui doit réduire à son minimum la dépense des forces de l'hu-

manité dans sa marche vers le progrès. L'influence bienfai-
sante de ces croyances tient précisément à ce qu'elles ne sont
pas élaborées par la pensée religieuse, ne contiennent rien
de surnaturel, n'ont besoin ni de mythes ni de mystères.
Elles s'appuient sur une critique rigoureuse, sur l'étude de
l'homme réel dans la nature et dans l'histoire, et ne deviennent croyances qu'au moment où l'individu est appelé à
agir. Leur dogme fondamental, c'est l'homme. Leur culte,
c'est la vie. Mais, tout autant que les croyances religieuses,
elles sont capables d'animer l'individu pour une action toute
d'abnégation, pour le sacrifice de tous les biens et de la vie
elle-même sur l'autel de ce qui, pour lui, est une cause sacrée.

On m'objectera peut-être que ces croyances sont loin d'être
générales, qu'elles n'appartiennent, au contraire, qu'à une
minorité à peine perceptible. C'est vrai. Et c'est bien pour
cela que le progrès est si petit dans l'humanité et le prix
qu'il coûte si grand. Mais l'histoire ne cessera ni aujourd'hui
ni demain, et l'avenir progressif appartient, malgré tout, à
la foi basée sur la critique.

Mais cet avenir progressif est-il possible ? Le progrès historique réel, dans le sens que je donne ici à ce mot, est-il possible ?

Les prophéties historiques sont jusqu'à présent absolument vaines. Avec une complexité beaucoup moindre, et sans
avoir à compter avec le développement des convictions personnelles, la météorologie est incapable de prédire, avec
quelque probabilité, les différentes phases du temps qu'il
fera en Europe, en novembre 1872 ; les tentatives elles-
mêmes de prédire les changements météorologiques généraux que subiront les continents sous l'influence d'une population plus nombreuse, de variations dans la quantité de
végétation, etc., appartiennent généralement au domaine
de l'imagination. Encore moins peut-on affirmer la probabilité de telle ou telle marche déterminée du progrès dans
l'histoire, où l'élément le plus important — la distribution

des convictions personnelles parmi les individus — reste jusqu'à présent inaccessible à la statistique et ne permet pas les prévisions. Peut-être viendra-t-il un temps, dans un avenir très éloigné, où la science aura fait des progrès tels qu'il sera possible de prédire, des milliards d'années à l'avance, les modifications dans la disposition des groupes stellaires ou de déterminer les formes vivantes qu'on observera dans des centaines de milliers d'années ; alors, ou peu de temps avant, on pourra peut-être prédire également, avec une probabilité suffisante, la marche réelle de l'histoire et, par conséquent, vérifier la théorie du progrès par la possibilité de sa réalisation. Actuellement, c'est un problème fantaisiste. Personne, en parlant du progrès, ne doit considérer comme possible de savoir comment s'effectue *réellement* la marche des événements, quelle est la loi naturelle de l'histoire. La théorie du progrès est l'application des lois naturelles du développement moral aux problèmes de la sociologie, tels qu'ils se présentent dans leur évolution historique. Cette théorie fournit une appréciation morale des événements passés et indique le but moral, auquel doit tendre celui qui possède la pensée critique, s'il veut être un agent du progrès. Le développement moral de l'individu ne peut s'effectuer que par *une seule* voie. L'action morale de l'individu pour le progrès n'est possible que dans une direction *déterminée*. Le progrès sera-t-il réalisé dans ses fins ultimes — nous ne le savons pas, pas plus que Buckle ne savait s'il terminerait son histoire, et Comte son « Cours de philosophie positive ». L'un mourut au commencement de son travail, l'autre non seulement arriva à terminer le sien, mais vécut même jusqu'à la phase de la religion positive. Ce sont là des possibilités, des accidents qui n'ont pas la moindre importance pour le penseur au moment où il commence son travail. Il le commence comme si ce travail devait être fini, et comme s'il ne devait jamais le répudier. Telle est exactement l'attitude des individus doués de la pensée critique à l'égard du progrès. L'individu s'est déve-

loppé moralement, il a appliqué ses exigences morales aux
formes existantes de la civilisation coutumière ; il s'est dit :
ces exigences ne sont réalisables que de *telle* façon ; voilà les
idées qu'on peut répandre aujourd'hui ; voilà les ennemis
qu'il faut combattre aujourd'hui ; voilà la lutte qu'il faut
préparer pour demain ; voilà le but final qui ne sera atteint
ni aujourd'hui, ni demain, mais qui cependant reste et doit
rester un but. Aussitôt que le chemin est tracé, l'individu
doit le suivre. J'ai essayé simplement d'indiquer quelques
points de ce chemin, voilà tout. Y a-t-il une évolution naturelle menant au progrès moral ? cette question ne regarde
pas l'individu qui, dans tous les cas, est impuissant à la résoudre pour le moment. Tout ce qui s'accomplit en dehors
de sa volonté, n'est pour lui qu'un instrument, un milieu, la
matière d'une étude objective, qui ne doit pas influencer ses
tendances morales. Il n'a pas à espérer, pour ces tendances,
l'aide des olympiens, ni à craindre leur jalousie à l'égard de
son activité indépendante ; lorsqu'il s'agit de la réalisation
d'une conviction il faut laisser de côté les olympiens conscients de l'action providentielle comme les olympiens inconscients du fatalisme. Elabore une conviction et réalise-là,
voilà tout ce qu'il te faut savoir. Le progrès n'est pas un
mouvement nécessaire et ininterrompu. Ce qui est seul nécessaire, c'est l'appréciation du mouvement historique au
point de vue du progrès comme but final. A ce point de vue,
l'histoire réelle offre des phases de progrès et de regrès. Un
individu ayant la pensée critique doit en avoir nettement
conscience et diriger son action de façon à favoriser la phase
progressive, abréger celle de la réaction et chercher des
moyens à cet effet dans le fond de sa conviction et de sa foi.

LETTRE XVI

LE PROGRÈS : THÉORIE ET PRATIQUE (I).

1. — *Double aspect de la question du progrès.*

Depuis le jour où les problèmes historiques se sont proposés aux réflexions des penseurs, comme l'un des objets les plus complexes et les plus importants de la connaissance humaine, les penseurs ont travaillé, d'un effort théorique ininterrompu, à éclaircir le concept du progrès et à analyser le processus qu'implique ce concept. Depuis le jour où les hommes ont cessé de considérer comme intangible l'ordre social que leur avaient légué leurs pères, depuis le moment où surgirent, du milieu d'eux, des individus dont la pensée ne voulut plus se borner à la poursuite de l'intérêt privé à la faveur des formes et des conditions sociales données, mais se posa, au contraire, comme problème, la recherche et la réalisation des formes sociales où l'existence fût, prise d'ensemble, meilleure, — depuis ce jour, il n'a jamais manqué au monde d'hommes qui luttèrent pour le progrès.

(1) Ce chapitre a paru pour la première fois en 1881 sous un pseudonyme dans une revue russe « légale » avec les atténuations nécessaires. Il a été publié sous sa forme intégrale dans la deuxième édition de mes « Lettres historiques », en 1892 Note de l'auteur) — La traduction de ce chapitre a paru dans le *Devenir Social* (n°ˢ de juin et juillet 1895) et, la même année, en brochure, chez MM. Giard et Brière, éditeurs, Paris. (Note du traducteur).

Théoriciens et hommes d'action ont presque tous échoué. Les efforts d'intelligence théorique ont été contaminés par le désir inavoué, parfois entièrement inconscient, de sauvegarder des intérêts personnels ou les intérêts de la classe à laquelle ils appartenaient et par le respect traditionnaliste pour l'autorité de la routine. Et, dans les cas où le penseur était entièrement sincère dans son désir d'aborder le problème avec une indépendance critique complète, il arriva souvent que sa conception du progrès souffrit de son inexpérience en matière de faits sociologiques. — Les échecs des tentatives pratiques ont été plus fréquents encore et plus lamentables. Les uns, entraînés par leur révolte contre l'insuffisance de l'organisation sociale qui les entourait, n'ont pas pris le temps de réfléchir, ni de comprendre les conditions d'une amélioration *possible* de cette organisation, se sont jetés dans la bataille sans peser ni leurs propres forces ni les forces de leurs adversaires, ont péri eux-mêmes, ont fait avorter l'élan fanatique vers le progrès qui les emportait, et n'ont guère conservé dans l'histoire que cette auréole d'héroïsme qui, éblouissant les uns et terrifiant les autres, n'a servi, le plus souvent, qu'à faire naître de nouvelles illusions sur les conditions du progrès historique et qu'à provoquer de nouvelles catastrophes. Les autres, s'étant appliqués à comprendre toutes les conditions du processus complexe du progrès, craignant d'occasionner, s'ils agissaient, plus de souffrances qu'il n'est nécessaire, amenés par leur indécision à s'abandonner à la routine vieillie des choses traditionnelles, remplis d'incertitude et de doute relativement à l'avenir, se sont interdit à eux-mêmes, et ont empêché leurs amis, de se porter vers le progrès avec toutes les ressources nécessaires, se sont laissé circonvenir par des hommes moins sincères et moins intelligents, se sont abandonnés aux mains d'adversaires habiles, et puis furent remplis de découragement et de tristesse lorsqu'ils virent que la vague de l'histoire qu'ils avaient eux-mêmes contribué à soulever prenait une direction tout autre que celle pour laquelle ils avaient travaillé, pour laquelle ils étaient tout prêts à faire le sacrifice de leur vie et de leur propre bonheur.

Les conséquences de ces échecs théoriques et pratiques ont été graves. Il arriva que, trop souvent, les hommes qui luttaient pour le progrès n'ont fait qu'occasionner des calamités sociales, que même parfois ils ont travaillé directement pour la réaction, en barrant les seules voies au bout desquelles l'humanité peut trouver un avenir meilleur. Il devint clair que l'immense littérature relative à une organisation meilleure et plus convenable de la société laissait la nouvelle génération, relativement au concept même « du meilleur et du plus convenable » dans l'incertitude qu'avaient déjà eue leurs pères et leurs grands-pères. Il devint clair que la lutte pour le progrès avait conduit à des résultats sans aucun rapport avec ce qu'on peut appeler du nom de progrès. Il apparut clairement, enfin, que ce qui est véritablement « meilleur et plus convenable » pour les descendants, se trouvait quelquefois dans une direction à laquelle n'avait pas songé la majorité des hommes de progrès de la génération précédente, dans une direction contre laquelle avaient combattu avec énergie et avec fureur les hommes de la génération précédente qui faisaient le plus sincère effort en vue d'améliorer l'organisation sociale.

Les sages des temps anciens démontraient que l'unique salut de la société consiste à sauvegarder la sainte tradition de l'antique coutume ; mais leurs descendants ont reconnu, dans cette défense de la coutume, le mal social par excellence, et ont découvert que le vrai processus normal de l'histoire consiste dans la transformation de l'organisation sociale, sous l'action des besoins raisonnables de l'homme qui vont s'élargissant. La forte organisation interne de nationalités antagonistes fut l'idéal du monde antique, et, pour cet idéal, périrent, eux et les leurs, les représentants les plus éminents de cet âge de l'humanité ; mais des siècles passèrent, et, au sein

même de ces nationalités, naquit et grandit la conviction que
cet idéal des nationalités fermées est le principe le plus funeste au progrès de l'humanité, et que, tout au contraire, la
solidarité économique, politique, intellectuelle et morale
d'une humanité en développement continu est l'unique but
possible du progrès. Puis, durant une longue suite de siècles,
les croyances religieuses furent pour les meilleurs esprits le
fondement de la vie sociale, le lien spirituel de la société, le
système nerveux des littératures, des arts, des philosophies, et
tout cela ne servit qu'à embellir ou à fonder pour un temps
cette manifestation supérieure de la pensée humaine. Vint
ensuite une autre époque, celle de la *civilisation laïque*, où
les hommes de pensée et les hommes d'action éliminèrent,
autant qu'ils purent, l'élément religieux de tous les domaines
de la pensée et de la vie, et reconnurent que l'unique vérité
que puissent atteindre les hommes est hors de la portée de la
religion ; que l'unique moralité qui soit conciliable avec la
dignité humaine, est celle qui se fonde sur les besoins naturels, sur la critique logique et sur la conviction rationnelle
de l'homme. Les desseins politiques que poursuivirent les
grands hommes d'Etat des xviiᵉ et xviiiᵉ siècles, sont apparus
aux yeux des générations du xixᵉ comme des reflets des réa-
lités économiques A son tour, le principe économique de
l'État riche, conçu comme le but suprême, nous est apparu
de nos jours comme confus et insuffisant, lorsqu'il ne résout
pas la question de la *répartition* rationnelle de la richesse
d'une nation, et lorsqu'en même temps que grandit cette
richesse, grandit aussi la plaie du prolétariat qui dégénère
ou se révolte. Enfin la science expérimentale qui, jusqu'alors,
au cours des siècles passés, se tenait dans l'isolement, à l'écart
de la vie et des problèmes brûlants, et qui accumulait, dans
une calme indifférence, ses conquêtes sur le monde inorga-
nique et organique, cette science n'est plus, aux yeux des esprits avancés de notre temps, qu'une occupation très rudimentaire de la pensée scientifique et la fonction d'une pé-

riode intellectuelle que l'humanité, dans son développement, doit nécessairement dépasser et dépassera très vite : cette humanité plus avancée se posera comme problème, et comme le ccuronnement de toute la connaissance, la science de la société, qui, bien loin de repousser le savant loin de la vie et loin des questions brûlantes, sera au contraire toute pénétrée de vie, sera la vie même au sein des questions brûlantes; et cette science sociale exigera de son adepte non seulement l'effort nécessaire pour la comprendre, mais l'effort vigoureux nécessaire pour donner satisfaction complète à sa maxime : « Il faut que tu me comprennes pour m'incarner dans la vie ! Il faut que tu fasses passer mes exigences dans la réalité sociale ou, sinon, — c'est que tu ne m'auras pas comprise ! »

Si l'histoire de l'élaboration graduelle de l'idée de progrès et l'histoire de la lutte active pour le progrès n'est autre chose que l'histoire des erreurs humaines, des entraînements illusoires et des échecs sanglants, il importe d'autant plus de travailler à prévenir et à éviter dans l'avenir ces erreurs, ces entraînements et ces échecs. S'il est démontré que les buts proposés par nos pères à la vie sociale et au développement collectif sont apparus comme insuffisants à leurs fils, le devoir n'en est que plus impérieux, pour la génération actuelle, de ne pas se reposer sur les formules établies, de proposer à l'existence sociale des tâches plus hautes que celles qui lui ont été transmises. Elle doit se demander toujours à nouveau : Comment devons-nous concevoir la question théorique du progrès sur la base des conquêtes et des erreurs spéculatives du passé ? Et comment, sur la base des triomphes remportés par nos pères et des défaites qu'ils ont subies, poursuivrons-nous avec le plus de chance de succès la réalisation du progrès telle que nous l'entendons ? Nous aussi nous nous tromperons dans notre interprétation du progrès ; cela est infiniment probable ; mais nous ferons tous nos efforts pour réduire nos erreurs au minimum, par une étude at-

tentive des erreurs de nos devanciers. Nous aussi, peut-être,
nous subirons des défaites ; cela est fort possible ; mais,
même en ce cas, nous nous efforcerons de faire tout ce qui
dépend de nous en vue de vaincre, ou, si nous sommes
vaincus, nous tâcherons au moins de montrer à nos descendants les conditions d'une victoire possible.

L'essentiel est de rappeler que le problème du progrès a
nécessairement un double aspect : théorique et pratique :
qu'il est impossible de lutter pour le progrès sans avoir tâché
de comprendre de la façon la plus claire en quoi consiste le
problème, et qu'il est également impossible de le comprendre
si l'on ne consent à prendre part à la lutte avec toutes les
forces que l'on possède en soi-même, et par tous les moyens
que l'on trouve autour de soi. Si nous nous jetons dans la
lutte pour le mieux en nous fiant à nos impulsions instinc-
tives, sans avoir essayé de comprendre en quoi consiste ce
« mieux », nous risquerons toujours de répéter les nombreuses fautes des âges antérieurs et, peut-être, de lutter pour
le triomphe de la réaction ou de la stagnation lorsque nous
penserons lutter pour le progrès : l'histoire fournit un trop
grand nombre d'exemples de ce genre. Nous en tenir à la compréhension théorique et nous refuser à prendre part à la lutte
réelle pour le progrès, ce serait ou faire preuve d'une ignorance profonde des conditions réelles de ce processus, ou agir
sciemment *contre* ce que nous saurions nous-mêmes être le
mieux. L'intelligence du progrès implique, comme élément
essentiel, la conscience qu'il ne s'est jamais accompli, et qu'il
n'a pu s'accomplir de lui-même, inconsciemment ; qu'en
dehors des efforts faits par les individus pour comprendre et
pour réaliser le mieux, il n'y a de possible que la répétition
du passé, la routine et l'habitude, et l'état stationnaire ; que
seul, l'effort obstiné de la pensée individuelle a pu introduire
toujours à nouveau la critique dans les conceptions sociales,
lesquelles, laissées à elles-mêmes, à leur tendance naturelle,
se transforment en traditions cristallisées ; que seuls, les efforts

incessants des individus convaincus, quand bien même ils n'auraient eu qu'un médiocre succès, ont pu grouper autour d'eux les partisans du progrès, et les organiser en une force sociale, capable de défendre son drapeau dans la lutte contre d'autres tendances sociales, de triompher de ces tendances, et de conquérir sur l'immobilisme et l'indifférentisme un terrain, si minime soit-il, pour le progrès ultérieur. S'il en est ainsi, si tout homme qui comprend la nature véritable du processus par lequel le progrès se fait jour dans l'histoire, s'en rend un compte exact, chacun doit avoir conscience que, rester indifférent dans la lutte de chaque minute qui existe entre les hommes à cause de leur conception différente du progrès réel et plus souvent pour une conception quelconque du progrès contre l'état stationnaire et la routine, c'est non seulement affaiblir nos partisans, mais encore c'est nous ranger effectivement au nombre des partisans de l'immobilité et de la routine, parce qu'en vertu de l'inertie naturelle de tout ce qui existe, en sociologie aussi bien qu'en mécanique, un mouvement ne peut naître, ou un mouvement déjà existant ne peut modifier sa direction, que si des forces adverses triomphent de cette inertie Dans la vie sociale, les forces qui créent le mouvement social là où il n'existait pas, qui l'accélèrent là où il s'est ralenti, et qui lui impriment le caractère d'une époque nouvelle de la civilisation, aux heures du renouvellement de l'humanité, ces forces ne sont et ne peuvent être autre chose que la pensée et l'énergie active de l'individu qui représentent et réalisent les exigences de l'époque donnée et le travail intellectuel de toute l'histoire antérieure. Tout homme qui ne tend pas de toutes ses forces vers la réalisation du progrès dans le sens où il le conçoit, lutte *contre* lui.

Ainsi, l'obligation de participer à la lutte pour le progrès est vraiment un devoir moral pour l'individu qui a compris le sens de cette notion. Mais comment participer à cette lutte ? Comment faut-il tendre d'une manière efficace vers la réalisation du progrès, conformément à la conception que nous en avons? Le devoir moral de l'homme de progrès devient clair si on l'examine de près. Avant tout, l'homme de progrès doit, au nom de sa conviction si elle est sincère, tendre à expliquer aux autres sa propre manière de concevoir le progrès, il doit tendre à faire des prosélytes. « Un homme en campagne ne constitue pas une armée » ; les individus isolés ne sont rien, quelque forte et sincère que soit leur conviction ; seule, une force collective peut avoir une importance historique. C'est pourquoi l'homme de progrès a pour devoir de resserrer les liens qui l'unissent à ses coreligionnaires, d'entrer à titre d'élément dans la collectivité organisée par des hommes qui agissent dans une direction déterminée, par la parole et par l'action. A côté de ce devoir, il en est un autre, un autre mode d'action moralement obligatoire. L'homme de progrès a acquis la conscience que le progrès doit nécessairement s'effectuer dans une direction déterminée, et qu'il est donc nécessaire de modifier, dans un sens déterminé, l'ordre social ou la pensée sociale ; il n'a pu acquérir cette conscience que grâce à de certaines circonstances favorables qui lui ont permis d'envisager d'une manière critique et saine les défauts du milieu où il s'est développé et où il vit; mais il ne doit pas se faire illusion, ni s'imaginer que, du moment où il s'est donné cette conscience, il se trouve affranchi du milieu qui l'entoure ; non, il est attaché au milieu par des milliers d'habitudes de vie et de pensée, et toutes ces habitudes sont étroitement liées à ces défauts mêmes de l'ordre social ou de la pensée sociale qu'il avait en vue de combattre dans sa marche vers le progrès. Ainsi, il trouve en lui-même ces éléments qu'il combat partout en tant qu'homme de progrès. Pour en venir à bout dans leurs diverses manifestations sociales, il faut qu'il les combatte encore dans lui-même, qu'il transforme ses propres habitudes de pensée et de vie. Qu'il propage autour de lui la vraie conception intellectuelle du progrès, ou qu'il fasse partie de l'organisation collective et travaille à organiser la force sociale en vue de la lutte pour le progrès dans la société, l'homme qui lutte pour le progrès doit, jusqu'à un certain point, offrir, dans sa pensée personnelle et dans sa vie personnelle, un exemple pratique de l'orientation que le progrès doit mettre la pensée et la vie des individus en général.

Il est donc indispensable que l'on se trace un plan bien arrêté de vie individuelle, conforme à l'idéal du progrès qui fait partie intégrante de la conviction de l'individu, et que l'on soit résolu à réaliser, dans la pratique, ce plan dans la mesure où les circonstances le permettront, dans la mesure que permettra le milieu qui presse l'individu de toutes parts pour le refouler vers l'antique routine, vers les antiques usages ; dans la mesure où le permettront les faiblesses et les entraînements personnels nés de ces conditions mêmes que doit transformer le progrès, ce progrès que l'homme a accepté de servir, pour lequel il doit lutter sous peine de mentir à sa propre intelligence des choses, à sa propre conviction.

Il est donc indispensable que l'on se fasse un plan précis de l'utilisation active d'une force sociale organisée, force sans laquelle le progrès futur ne pourra s'accomplir. Il est indispensable de voir clairement les obstacles qui pourront retarder la réalisation de ce progrès, et les conditions qui la favoriseront : d'apprécier exactement les forces et les ressources des adversaires contre lesquels il faudra lutter, et les ressources qu'il faudra leur opposer ; d'évaluer le nombre des amis et des partisans sûrs ou possibles sur lesquels il sera permis de compter dans la lutte à venir pour le progrès. Et, d'autre part, il est indispensable d'être fermement résolu à employer, de la manière la plus efficace, l'organisation collective à la réalisation du plan arrêté, à l'élimination de ce qui fait obstacle au progrès, au triomphe sur les ennemis, à l'utilisation de toutes les ressources nécessaires, quelles qu'elles soient, pourvu qu'elles ne soient pas en contradiction avec l'idéal de progrès vers lequel nous tendons, en vue d'organiser la victoire définitive du progrès, sitôt qu'il se trouvera une force sociale organisée à cet effet.

Il est donc indispensable enfin d'avoir un système d'argumentations rationnellement conçu, pour que ma conviction sur le sens véritable du progrès puisse devenir aussi la conviction de celui à qui je la proposerai. Il faut avoir une argumentation logique, capable de convaincre la minorité qui ne s'incline que devant la pensée critique. Il faut des faits démonstratifs qui frappent l'imagination de ceux qui sont fermés aux généralisations, et qui exigent des documents concrets, empiriques. Il faut des arguments de nature sentimentale pour les sentimentaux. Il faut, enfin, un faisceau puissant d'arguments utilitaires, pris dans le domaine des intérêts quotidiens, palpables, accessibles à tous, en vue de convaincre l'immense majorité qui ne s'ébranle qu'au nom de l'intérêt positif. Seul, le progrès qui s'appuie avec une force égale sur la science, sur l'imagination et sur l'intérêt personnel, pourra trouver des partisans sûrs et nombreux.

Telles sont les conditions de la pratique du progrès, qui seule permettra de le réaliser.

Mais toutes ces conditions supposent elles-mêmes une doctrine Pour répandre l'idée dans les diverses couches sociales, pour organiser la force sociale en vue de l'action pour le progrès et plus tard en vue de la victoire, pour transformer l'individu et l'orienter vers ce qui est conforme à l'idéal du progrès, il est indispensable de disposer d'un grand nombre de données théoriques. Il est nécessaire de comprendre le milieu où l'homme de progrès est placé par les circonstances de sa naissance et de son éducation, le processus historique qui, d'une part, a créé ce milieu, et, d'autre part, a préparé l'éclosion de la pensée qui en fera la critique, et qui découvrira dans ce milieu même les problèmes du progrès qui le transformera. Et toutes ces notions nécessaires doivent être appuyées sur une notion exacte du progrès, conçu, non comme un processus naturel dans l'organisme social, mais comme un processus qui s'accomplit dans des conditions déterminées, suivant des lois déterminées, sous l'influence de forces déterminées, quelque bariolé et confus que puisse paraître ce tableau de l'évolution historique considérée dans sa complexité et son infinie variabilité.

Ainsi, la pratique du progrès a pour fondement une théorie du progrès, conçu comme un processus naturel, comme un phénomène historique réel, et l'application de cette théorie à l'ordre social, au milieu social qui sollicite et détermine l'action de l'homme de progrès.

II. — *Le litige doctrinal.*

Quels sont donc, à l'époque présente, les points acquis dans la définition du progrès ? Quel rapport y a-t-il entre les faits de la vie sociale contemporaine et la question du progrès ?

Nous avons devant nous toute une série d'opinions tout à fait contradictoires et inconciliables relativement à ce problème, et, en y regardant de près, nous ne trouvons qu'un seul point où les opinions s'accordent : c'est que la période où nous vivons présente le triste spectacle de l'effondrement de toutes les liaisons sociales, le spectacle de la lutte des classes, de la lutte chaque jour plus acharnée entre individus. Quant à l'issue de cette lutte de tous contre tous, quant aux moyens de guérir le mal social que tous s'accordent à reconnaître, les avis diffèrent diamétralement.

Laissons de côté les providentialistes et, d'une manière générale, tous ceux qui recourent à l'élément religieux pour expliquer les plaies sociales trop manifestement réelles et le long martyrologe de la majeure partie de l'humanité, que l'on appelle la chronique des événements historiques. Leur doctrine suppose une attitude intellectuelle qui n'a rien de commun avec la science contemporaine.

Contentons-nous d'examiner les théoriciens du processus social qui se maintiennent ou croient se maintenir sur le terrain de la réalité.

Voici d'abord les pessimistes : ce qu'on appelle progrès dans l'histoire, nous disent-ils, c'est la tendance fatale à l'accroissement des misères humaines. Tous les chemins mènent à ce résultat. Le progrès de notre intelligence des choses ne peut nous amener à les concevoir autrement que comme une source de misères, et, à mesure que notre conception s'éclaircit, nous nous convainquons davantage que les maux doivent s'accroître par une nécessité fatale.

A côté d'eux, nous entendons les phrases consolantes et tranquilles des optimistes : le progrès se fait de lui-même, l'amélioration est chose fatale ; l'existence humaine, la vie sociale s'élèvent progressivement, d'un mouvement spontané. Toutes les misères, toutes les querelles sont imaginaires et éphémères. Les erreurs et les souffrances des individus, tout ce qui semble être un arrêt et une réaction, dans la marche du progrès ne forme que des rides sur la surface du « fleuve du temps ». Ces rides sont causées par le vent, dont la direction change à tout moment ; mais le courant général de ce fleuve puissant ne peut être modifié par aucun vent. La force de la pensée humaine grandit, découvrant vérités sur vérités, éclairant des chemins naguère inconnus qui mènent au progrès. Le bien-être s'accroît même parmi les classes que l'on considère habituellement comme les parias de la civilisation. En même temps les instruments du concert humain s'accordent d'eux-mêmes pour rendre une harmonie parfaite.

Ces deux conceptions contradictoires sont rejetées l'une et l'autre par ceux qu'on peut appeler les naturalistes en histoire. Le progrès — disent-ils — est une de ces nombreuses illusions qui successivement divertissent l'humanité au cours du changement fatal des événements dont se compose le pro-

cessus de son existence. Tout « mieux », tout, « supérieur »,
tout idéal individuel ou social est une illusion et toujours
une illusion. Il n'y a de réel que le processus des phénomènes
mécanico-chimiques, dans ses phases diverses, qui, se répé-
tant éternellement, suscite çà et là le processus de la vie et
de la conscience. Partout où éclôt la vie organique, commence
la lutte pour l'existence qui ne cesse qu'avec la vie elle-
même. Partout où s'élabore la conscience, on voit grandir des
fantômes de vérité, de beauté, de devoir moral, d'union sociale, sorte de brouillard trouble à travers lequel on distingue
rarement la vérité toute nue et triste. Le bonheur des uns et
la souffrance des autres sont des accidents qui importent
aussi peu dans le processus général, que telle ou telle bulle
d'air qui monte à la surface d'un liquide en ébullition.
Dans la nature, il n'y a ni aggravation, ni amélioration, ni
abaissement, ni élévation, il n'y a que transformation des
phénomènes ayant tous même valeur et auxquels il est interdit d'attribuer aucune signification morale. La lutte pour
l'existence, la lutte entre toutes les forces effectives est la
seule réalité dans le processus de l'histoire, et toute idée,
tout idéal qui surgit à la surface de ce processus n'est qu'une
illusion que la conscience se forme, au cours de son évolution, pour masquer à ses propres yeux la monotonie du processus réel qui s'accomplit, et pour le continuer.

A ces métaphysiciens de sectes diverses, les *réalistes* de
l'histoire répondent en formulant d'une manière toute différente la question elle-même. Il est impossible de connaître
l'essence des choses — disent-ils — et il est inutile de chercher à la saisir. En admettant même que tout le domaine intellectuel de nos aspirations vers la vérité théorique et pratique ne soit autre chose qu'un monde d'illusions sous lequel
est enveloppé le processus monotone de la lutte pour l'existence, il nous est néanmoins impossible de déchirer le voile
qui couvre l'essence des choses, et dans la vie réelle nous
n'en continuerons pas moins à nous poser des buts et à cher-

cher les moyens de les atteindre. Nous souffrirons et nous jouirons, quelque médiocre que soit pour le « tout » l'importance de nos maux et de nos joies. Nous chercherons la vérité, ou ce qui nous paraît être la vérité. Nous nous révolterons contre l'injustice ou contre ce qui est à nos yeux l'injustice. Par conséquent la question de ce qui est « mieux » et la question du progrès auront toujours *pour nous* une portée vitale, quelle que soit la réalité des choses, et c'est pourquoi nous la posons pour ce monde intellectuel qui compose *notre* science, *notre* morale, *notre* philosophie. De ce point de vue, les conceptions des pessimistes et des optimistes nous sont tout à fait indifférentes. Tout ce qui, dans l'histoire, se fait de soi-même, d'une manière fatale, est en dehors de nos forces et de notre activité. Peut-être, considérée du point de vue d'ensemble, la quantité du mal et des calamités s'accroît-elle irrésistiblement. Peut-être diminue-t-elle irrésistiblement. Mais nous avons affaire à l'humanité endolorie de notre période, dont les souffrances sont le résultat de la période antérieure de l'histoire, où des hommes pareils à nous ont pris part à l'évolution du processus. Nous avons devant nous l'avenir possible de cette humanité souffrante, l'avenir à la préparation duquel nous devons prendre part. Nous nous trouvons entre ce passé et cet avenir avec nos opinions et nos convictions, avec notre science critique et notre volonté d'agir, avec notre structure intellectuelle et morale quelle qu'elle soit. Au nom de ces données nous ne pouvons pas ne pas nous dire : *ici* est le mal et le faux ; *ici* est la vérité et le bien. Ceci a été un pas vers le progrès ; cela un regrès vers le passé, parce que le premier, *pour nous*, rapproche du bien et de la vérité, et que le second en éloigne. Et dans l'avenir prochain, que nous devons contribuer à édifier, *voici* les phénomènes qui nous promettent la plus grande quantité de justice et de bien ; voici l'objet pour lequel nous devons combattre si nous voulons que l'humanité endolorie trouve quelque soulagement. D'autres calamités surgiront inévita-

blement devant elle — objecte-t-on. Peut-être ; mais *notre*
devoir est de lutter contre les maux que nous connaissons,
que nous comprenons, laissant aux générations futures le
soin d'aviser pour les maux dont nous n'avons pas une notion claire. Les maux de l'humanité ne sont pas essentiels —
dit-on encore. C'est encore possible ; mais les maux présents
sont pour elle une souffrance et nous devons en chercher,
dans le passé, l'explication, dans l'avenir, la guérison. Pour
nous le progrès est l'orientation possible du courant historique vers le « mieux » au sens où nous l'entendons, pour le
laps de temps que notre esprit peut embrasser. Pour nous, la
lutte pour le progrès est une coopération obligatoire à cette
direction qui n'est que possible, qui, étant contingente,
pourrait être remplacée par une direction opposée, qui, par
conséquent, réclame le concours de tous ceux qui l'entendent
ainsi et non pas autrement. Le pessimisme et l'optimisme
avec leurs constructions générales n'ont rien à voir avec cette
théorie du progrès qui nous est nécessaire pour notre pratique.

Dans cette classe de penseurs réalistes, il y a divers groupes
d'opinions que l'on peut et que l'on doit apprécier si l'on
veut arriver à constituer la théorie véritable du progrès.

Et ici encore nous éliminerons les représentants de la tendance mystique, devenus rares de nos jours (1), pour qui le
progrès consiste dans la succession des religions, pour qui la
pire calamité du temps présent est le manque de foi religieuse, pour qui l'humanité ne peut être sauvée que par la
création de nouveaux dogmes, d'un nouveau culte. Si l'élément religieux doit être laissé de côté dans la métaphysique
de l'histoire, à plus forte raison faut-il se garder d'y avoir recours lorsqu'il s'agit de comprendre le processus réel de l'histoire, et à bien plus forte raison lorsqu'il s'agit d'apporter un
remède aux plaies sociales.

(1) Écrit en 1881.

Mais les interprétations réalistes de la situation sociale présente et des solutions possibles sont elles-mêmes extrêmement diverses, et je devrai me borner à quelques doctrines principales.

Pour un très petit nombre de penseurs, la source unique du mal de notre temps est de nature intellectuelle ; ils ont confiance, pour la guérison du mal social, dans l'adoption d'une conception exacte du monde par les esprits cultivés, et dans la diffusion de l'instruction rationnelle parmi toutes les classes de la société. Pour eux, le progrès s'exprime exactement par ces mots : les idées meuvent le monde. Pour eux, l'accroissement de la science, l'éclaircissement de la conception du monde constituent *tout* le progrès, puisque de cet élément dépend tout le reste. Pour eux, la lutte pour le progrès doit consister uniquement à se développer soi-même et à faire triompher la science et la philosophie rationnelle, parce que, d'après eux, le mal dont souffrent toutes les autres régions de l'existence humaine sera éliminé lorsque la région supérieure de l'esprit sera complètement illuminée.

La majorité va plus loin, dans le domaine des intérêts vitaux.

Les uns disent : le progrès consiste, et consiste uniquement, à introduire les principes du droit dans l'ordre social, à réaliser un gouvernement fondé sur le droit qui exclura la violence et l'inégalité sous toutes leurs formes, qui protégera le faible, contiendra le fort, mettra dans la vie liberté et égalité, exclura, par la force collective, les excès de la lutte pour la vie, les excès de la concurrence en vue du gain, du pouvoir : cet État fondé sur le droit sera soumis lui-même aux principes de liberté et d'égalité qu'il mettra en vigueur pour ses sujets, et il constituera, avec tous ses congénères, les autres États fondés sur le droit, une fédération harmonieuse des unités politiques. Le progrès dans le passé, c'est, aux yeux de ces partisans du droit politique, l'ascension graduelle vers le règne du droit, et ce même progrès, en se réalisant peu à peu par voie de réformes pacifiques et de révolutions sanglantes, se réalisera de plus en plus dans l'avenir, par des moyens identiques. Tous les autres phénomènes peuvent être considérés comme autant de phases de cette évolution, en dehors de laquelle il n'y a que tout un monde d'illusions sociales dangereuses. Ceux qui luttent pour le progrès doivent se grouper autour du drapeau de l'Etat fondé sur le droit, autour du principe de la liberté politique et de l'égalité politique ; les hommes éclairés doivent consacrer tout leur effort à la lutte pour ces principes sociaux supérieurs. Tout le reste viendra comme résultat de la constitution de l'Etat de droit, dont la notion contient implicitement tout l'idéal du progrès historique.

Non, — ripostent les autres — les rapports juridiques et toute la vie politique ne sont que les dehors d'un processus social plus essentiel — du processus de l'évolution économique. Le progrès d'un pays consiste tout entier dans son enrichissement, d'où dérivent à la fois et son importance extérieure et le développement intérieur de la culture. Les différences entre les formes politiques, monarchies ou républiques, constitutions plus ou moins libérales, ont une importance nulle au regard du processus colossal de la production universelle, des transactions cosmopolites de la Bourse, du lien indestructible que mettent les intérêts économiques entre tous les pays, tous les peuples et toutes les classes. La civilisation est le produit de la richesse, et le progrès de l'humanité n'est autre chose que l'accroissement graduel de l'industrie humaine, que l'élargissement des relations économiques entre tous les groupes de l'humanité, au nom de leurs intérêts économiques. La richesse donne l'indépendance et la force, fait éclore la dignité humaine, et est la condition de toute organisation de la liberté et de l'égalité. En vue d'atteindre le but du progrès économique, seul réel, un pays peut faire des sacrifices, endurer tranquillement les souffrances, parce que les sacrifices et les souffrances sont éphé-

mères et seront rachetés au centuple, lorsque la liaison
étroite de tous les intérêts économiques aura introduit dans
l'édifice social la conscience de la solidarité et de l'harmonie
de tous les éléments. La lutte pour le progrès de l'humanité,
ce n'est pas autre chose que la tendance naturelle vers l'enrichissement, que la concurrence, grâce à laquelle le plus
intelligent et le plus adroit démontre, en s'enrichissant lui-
même, quel est le moyen le plus sûr de s'enrichir, partant
quelle est la voie la plus sûre qui mène vers le progrès. En
consacrant à cette lutte toutes ses forces, en écartant toutes
les illusions d'ordre sentimental et d'ordre moral qui dé-
tournent l'homme de la voie rationnelle, en subordonnant
tout au point de vue des intérêts économiques, en établissant
pour tout un prix de marché, l'individu procure à son individualité sa parfaite expansion, à ses facultés leur parfait développement, et travaille de la manière la plus rationnelle au
progrès, à l'établissement le plus prompt possible de l'harmonie et de la solidarité entre les intérêts de tous les individus,
dans l'enrichissement graduel de l'humanité tout entière.

Il s'est trouvé dans ces derniers temps des écrivains plus
francs, qui, du reste, ne font ici que renouveler une doctrine
surannée. Les idées de liberté et d'égalité sont pour eux des
illusions, aussi bien que les rêves de l'harmonie des intérêts
économiques. Dans la notion même de l'Etat fondé sur le
droit, ils trouvent une contradiction interne. Le progrès —
disent-ils — se réalisa et ne peut être réalisé que par la domination d'une minorité sur une majorité qu'elle dirige. L'Etat,
c'est la domination et non pas le droit. Il peut établir des
rapports juridiques, une certaine quantité de liberté et d'égalité parmi ses sujets, mais lui-même, en tant qu'Etat, reste
une puissance qui domine sur eux. Or, la domination politique est impossible sans la domination économique ; c'est
pourquoi la classe politiquement dominante, qui est le pouvoir dans l'Etat, doit aussi dominer économiquement, en
concentrant entre ses mains la propriété aux dépens des

autres. Le monopole économique de la propriété est la condition inévitable de l'existence du pouvoir de l'Etat, sans laquelle la civilisation est impossible et le progrès impossible. Il ne peut avoir d'autre sens que celui-ci : que la domination de l'Etat devienne de plus en plus forte, et que la condition de son existence — l'inégalité politique et économique des groupes — soit de plus en plus universellement reconnue ; et puis, que les classes dominantes, fortes de la plus grande solidité de leur jouissance, se comportent plus humainement à l'égard des classes inférieures, et leur procurent une existence plus humaine. Dans ces conditions, la lutte pour le progrès se ramène pour l'individu à concourir au processus fatal de la concentration de la propriété et du pouvoir politique entre les mains d'une classe au détriment des autres classes de la société, et à la prédication morale adressée aux puissants du monde pour qu'ils consentent à accorder quelque peu de dignité humaine et de bien-être aux classes subordonnées.

En opposition avec les doctrines sociologiques précédentes, un groupe de penseurs et d'hommes d'action socialistes accepte bien une partie des principes des écoles précitées, mais en les modifiant et en arrivant à de tout autres conclusions. Oui, disent les partisans de cette doctrine, le progrès de l'humanité consiste à introduire dans l'ordre social la liberté et l'égalité, à réaliser dans la vie sociale le droit en tant que justice, mais ce n'est pas à l'Etat qu'incombe la tâche de réaliser ces principes dans la société, parce qu'il est, par essence, domination et inégalité ; il est l'ennemi de la liberté. Etant donné que la domination d'une classe sur les autres la grandit et l'affermit, non seulement on ne peut espérer une existence plus humaine pour les classes subordonnées, mais leur avilissement matériel, intellectuel et moral ne peut que s'accroître. L'Etat fondé sur le droit est un rêve irréalisable. C'est pourquoi, l'Etat étant une domination d'une classe sur les autres, est un élément qui, au nom du progrès, doit tendre à perdre graduellement sa force et son importance. Il a pu, en tant que force extérieure, être historiquement nécessaire durant une longue période de temps, en raison de l'insuffisant épanouissement des forces sociales ; mais au fur et à mesure de cet épanouissement graduel, l'État a cédé, une à une, ses fonctions aux autres éléments sociaux, et son rôle dans l'histoire s'est fatalement amoindri. À l'heure présente, il a déjà une pleine conscience de sa dépendance à l'égard des forces économiques qui dominent les formes de l'évolution sociale. C'est pourquoi, pour réaliser la justice sociale et introduire, dans la société, la liberté et l'égalité, il ne suffit pas d'élaborer des rapports juridiques plus acceptables, entre les individus et les groupes de citoyens : la justice ne peut consister que dans la réalisation d'un ordre économique plus juste. Une organisation économique plus parfaite ne tolérera pas longtemps des formes politiques trop imparfaites.

Or, l'ordre économique actuel est injuste. Il en résulte *inévitablement* l'inégalité et la limitation de la liberté pour la majorité. Il entraîne inévitablement la domination de certaines classes sur les autres. Dans la concurrence économique, il provoque, fortifie et justifie parmi les hommes l'hostilité entre les individus, la lutte entre les groupes et au sein même des groupes. Il entrave l'expansion de millions d'individus, en favorisant l'épanouissement complet d'une faible minorité qu'il pervertit, en l'absorbant tout entière dans la guerre de tous contre tous. La condition absolue du progrès dans le temps présent, c'est de modifier radicalement l'ordre économique actuel qui est imparfait ; c'est de substituer à ses bases des bases qui permettent à l'individu d'avoir son développement intégral, à la liberté et à l'égalité de se réaliser de plus en plus, et à la justice de se faire une place dans la vie sociale. De même, dans le passé, le progrès a consisté et n'a pu consister qu'à développer ces parties de la pensée qui révèlent aux hommes les rapports réels des choses et les exigences réelles du développement individuel et d'un ordre social juste ; qu'à fortifier les éléments des rapports sociaux qui lient entre eux les individus et les groupes et qui vont jusqu'à embrasser l'humanité pensante tout entière. En d'autres termes, le progrès a consisté et n'a pu consister qu'à fortifier la conscience de la vérité au moyen d'une réflexion critique de plus en plus développée et qu'à réaliser graduellement plus de solidarité dans la vie sociale jusqu'à unir définitivement toute l'humanité pensante dans la coopération au développement commun de tous. Cette solidarité ne peut être réalisée dans l'hypothèse d'une concurrence illimitée en vue d'acquérir, et d'une lutte pour la vie libre de toute contrainte ; elle n'est possible que si chacun, dans l'intérêt de tous, travaille productivement de ses muscles ou de son cerveau dans des conditions telles que les moyens de travail et les instruments du développement individuel soient accessibles à tous ; que le monopole, matériel aussi bien qu'intellectuel, soit interdit, et que le travail collectif ait en vue l'intérêt commun. Les éléments hostiles à cet idéal du progrès, c'est la routine des rapports sociaux traditionnels, ce sont les intérêts individuels et les intérêts des groupes de la minorité dominante qui craindrait de perdre son empire le jour où cesserait la concurrence que se font les uns pour ne pas mourir de faim, et les autres pour avoir plus de profits et s'approprier plus de luxueuses inutilités. D'autres éléments hostiles au progrès, ce sont de certaines tendances d'esprit : ce sont les esprits qui ne reconnaissent pas la prééminence des intérêts économiques sur les autres dans l'ordre social, et qui ne comprennent pas qu'il faut organiser la solidarité de ces intérêts si l'on veut organiser une forte solidarité générale entre les hommes ; ce sont encore ceux qui pensent que l'instrument essentiel du progrès est la concurrence et non la coopération des intérêts individuels, ceux qui croient que la domination d'une classe sur les autres est une condition nécessaire du progrès, ceux enfin qui considèrent le progrès ou le regrès comme un processus historique fatal,

s'accomplissant par une action des forces métaphysiques sans
que l'effort personnel de l'individu y ait la moindre part.
Conformément à la doctrine socialiste, le devoir de ceux qui
luttent pour le progrès, c'est de substituer aux rapports
actuellement existants, entre les hommes des rapports nouveaux, permettant la solidarité entre tous les groupes tra-
vaillants et pensants de l'humanité ; c'est de distinguer, parmi
les éléments existants ceux qui se prêtent à cette réorganisation et ceux qui la contrecarrent ; c'est d'organiser une force
collective capable d'utiliser tout ce qui est favorable à cette
transformation et d'écarter ou de briser les obstacles qui se
mettent en travers de son chemin ; c'est de développer en
eux-mêmes et dans leurs coreligionnaires la force individuelle
de la pensée et de l'énergie que requièrent et la lutte pour le
progrès, et peut-être plus encore, l'organisation de l'ordre
social où sera possible et où sera forte la solidarité entre les
individus et entre les groupes.

Je m'en tiens là. A côté de ces doctrines qui trahissent,
sur la question du progrès, des tendances intellectuelles
nettement tranchées, il en est d'autres qui ont une moindre
importance et qui tiennent une place intermédiaire entre
celles que j'ai mentionnées. Mais pour ce que j'ai en vue
dans cet article, il n'est pas nécessaire que j'insiste sur ces
doctrines moyennes. Il suffit de montrer les attitudes
extrêmes à l'égard du progrès. Chacune de ses manières de
voir a ses partisans et son histoire, a eu sa cause et sa raison
d'être Chacune a ses arguments vigoureux C'est pourquoi
plusieurs questions se posent devant nous : étant données les
divergences entre les doctrines que je viens d'exposer, de
quelle manière faut-il apprécier les arguments pour et contre
chacune des doctrines adverses ? Comment est-il possible de
se décider en connaissance de cause pour l'un ou l'autre
mode de réaliser le progrès, étant donné que chacun d'eux
découle logiquement de l'une des doctrines adverses ? Je me
bornerai ici à noter les questions à résoudre et l'ordre dans

lequel, à mon avis, il sera plus commode de les ranger pour les mieux résoudre. Il faut de toute nécessité se poser ces questions, car ce n'est pas la fantaisie de l'individu qui les pose, mais le développement fatal de l'histoire. Et il faut les résoudre d'une manière ou d'une autre, car, comme je l'ai dit plus haut, se refuser à chercher la voie qui mène au progrès et à combattre pour le progrès dans la mesure de ses forces, c'est du même coup se ranger parmi les adversaires du progrès.

III. — *L'ordre des problèmes à résoudre.*

En quoi a consisté et en quoi pouvait, consister le progrès dans l'histoire de l'humanité ?

Pour répondre à cette question, nous avons trois catégories de données. D'abord, nous avons la société existante accessible à notre observation, la société avec ses avantages et ses défauts, avec ses éléments de solidarité et d'hostilité, avec ses processus sains et pathologiques. En second lieu, nous avons le processus de l'histoire qui, du passé, a tiré le présent, et nous pouvons, avec plus ou moins d'exactitude, reconstituer le courant positif de ce processus en nous appuyant sur la critique historique. Enfin, en troisième lieu, nous avons des travaux scientifiques partiels, qui, sans être, il est vrai, tout à fait parfaits, sont parfois très remarquables, sur des questions de la sociologie et sur les domaines connexes de la psychologie et de la biologie : ces travaux portent sur divers éléments de l'ordre social, dans les diverses phases de l'histoire, les étudient et les analysent, en établissent la dépendance en utilisant la matière historique préparée par la critique historique, et en usant des méthodes inductive et déductive d'une manière aussi rigoureuse et aussi féconde que le font d'autres branches de la science.

C'est pourquoi la question que nous venons de poser comporte un triple mode de résolution.

Ce qui est le plus proche de nous, ce que nous connaissons le mieux, c'est la société qui nous environne. Le plus simple, c'est donc évidemment de commencer par là notre étude : ce n'est pas en vain qu'on nous a appris que dans l'investigation il faut toujours procéder du connu à l'inconnu. Armons-nous donc de la matière descriptive, des données statistiques, des tableaux comparatifs, et cherchons une réponse : qu'y a-t-il dans notre société qui puisse être une source de progrès, et quels sont, au contraire, les éléments de regrès ou d'état stationnaire ? Que faut-il favoriser, que faut-il combattre si nous voulons aider à l'épanouissement de l'homme ? Quelles sont les nécessités fatales contre lesquelles il serait aussi fou de lutter que contre la loi de la gravitation, et qu'y a-t-il, au contraire, qui soit l'œuvre de la coopération des convictions personnelles et des énergies individuelles, et, partant, qui puisse être modifié par des convictions mieux éclairées et des énergies autrement dirigées ?

Mais la *seule* observation de la société contemporaine peut-elle nous permettre de résoudre ces questions ? Nous ne voyons que des résultats grossiers d'un long processus, mais il est nécessaire, pour reconstituer ce processus, que nous ayons recours à d'autres procédés. Voici une série de souffrances ; voici une statistique des crimes et des suicides rangés par catégories ; voici le budget des guerres et des révolutions sanglantes ; voici le total du revenu du travailleur qui reste au-dessous du chiffre de ses dépenses nécessaires. Tout cela, c'est incontestablement un mal, et nous voulons supprimer tout cela au nom du sentiment instinctif de charité et de sympathie. Fort bien. Mais comment ? — Voici à côté du tableau précédent un tableau tout autre : la technique de plus en plus puissante creuse les continents et permet aux antipodes de communiquer entre eux, met au service de la vie quotidienne un confort jusqu'ici inconnu ; la science fatigue l'observateur par la quantité de ses conquêtes, et, au moyen d'exposés populaires, met à la portée des esprits les plus faibles ce que ne comprenaient, naguère encore, que les esprits les plus cultivés ; des actions philanthropiques s'accomplissent au milieu de la lutte générale pour le profit ; des prodiges d'héroïsme et d'abnégation s'accomplissent au milieu des scènes sanglantes de meurtre réciproque ; des prodiges de solidarité s'accomplissent parmi des êtres que la statistique condamne à la faim chronique, à la lutte quotidienne pour l'existence sans victoire possible, à la concurrence pour un morceau de pain. Nous sommes involontairement fiers de ces conquêtes de notre temps. Voilà des éléments du progrès, disons-nous, il faut les développer au détriment des autres. Admettons cela aussi. Mais, encore une fois, comment nous y prendre ?

Et si les statistiques des crimes et des suicides se montrent aussi peu soumises à l'influence des modifications sociologiques que la moyenne annuelle des jours de pluie et de grêle ? Et si le mal que nous combattons ne peut être supprimé que pour être remplacé par un mal plus grand ? Et si les brillants tableaux, où nous avons cru reconnaître des éléments de bien-être et d'expansion humaine, sont si étroitement liés aux tableaux révoltants de la misère humaine que l'accroissement de ces choses belles et charmantes entraîne inévitablement l'accroissement, peut-être plus rapide, des maux qui nous révoltent ? Et il faut ajouter à cela que les guerres et les révolutions sanglantes, aussi bien que les conquêtes de la science et de la technique, le budget des travailleurs réduits à la faim chronique, aussi bien que les prodiges de solidarité entre travailleurs, ne se sont pas produits d'eux-mêmes tout seuls, mais sont le résultat du processus historique, et que, dans la marche ultérieure de ce processus, il ne sera possible d'accroître le bien, de réduire le mal, qu'à la condition d'utiliser les forces qui agissent en lui, qui le réalisent, et qui, seules, *sont capables* d'agir en lui, et de le réaliser.

19

L'observation de la société au milieu de laquelle nous vivons ne peut nous renseigner sur le fonctionnement réel du progrès qu'une fois que nous sommes parvenus à considérer les phénomènes qui s'accomplissent autour de nous comme des *catégories naturelles* ou *historiques* ; que si nous savons lesquels de ces phénomènes dérivent de causes naturelles, d'autres phénomènes qui se produisent constamment (comme le besoin de manger, par exemple), de processus qui agissent sur toutes les générations humaines, à travers toute l'histoire (comme les conditions climatériques et topographiques des pays) ; lesquels de ces phénomènes sont indissolublement liés entre eux par les lois de la coexistence et de la dépendance logique, et lesquels sont des résultats de toute l'histoire antérieure, ont surgi dans des conditions déterminées sous l'influence de forces sociales déterminées et sont susceptibles de disparaître ou de se modifier, dans d'autres conditions, sous l'influence d'autres forces ? La théorie véritable du progrès ne peut être tirée de l'observation même la plus attentive de l'ordre social contemporain tant que nous ne concevrons pas cet ordre social comme le résultat de toute l'histoire précédente dans laquelle des forces historiques déterminées ont exercé leur action, les unes — constantes, dérivant des lois fondamentales de la nature, les autres — élaborées par l'histoire elle-même, mais susceptibles, dès qu'elles existent, d'entrer en lutte, quelquefois victorieusement, contre les mobiles élémentaires de l'histoire humaine, ceux qui sont suggérés par la nature.

Pour comprendre le présent comme le résultat de l'histoire antérieure, il faut donc envisager la seconde série des données mentionnées plus haut, la matière historique. Il faut que nous y discernions : d'une part, ce qui se répète dans toutes les conditions de culture, et d'autre part, ce qui est lié à des formes déterminées de la civilisation ; quels phénomènes sociaux apparaissent toujours et partout comme inséparables, comme coexistant nécessairement, et quels éléments, au contraire, peuvent entrer dans des combinaisons variées ; quelles forces historiques se sont manifestées indépendamment des convictions personnelles et de l'énergie personnelle des individus, et quelles autres forces historiques ont eu, au contraire, pour éléments indispensables, ces convictions et ces énergies ; quelles impulsions sont véritablement les moteurs actifs de l'histoire de l'humanité, moteurs dont il faut tenir compte pour lutter pour ou contre le progrès. Dans quelles combinaisons ces motifs aidèrent-ils efficacement au progrès et dans quelles autres déterminèrent-ils des réactions ? Quelles forces enfin, si puissantes qu'elles soient, ne donnent qu'une aide momentanée à l'homme de progrès, si bien qu'on ne puisse compter, ni sur la continuité, ni sur la constance de leur action ?

Sans doute, l'histoire peut répondre à ces questions, mais seulement à deux conditions : il faut que l'observation porte sur une matière suffisamment ample, et que le problème soit posé avec une suffisante largeur.

La critique historique exacte dispose d'une matière qui s'étend sur une période relativement courte. Avant cette période, nous n'avons de la vie sociale que des tableaux vagues, et l'historien qui les considère est trop enclin à reconstituer les vieilles époques, par une analogie toujours dangereuse, avec les époques plus récentes. En remontant plus loin encore, nous trouvons la période semi-historique ou préhistorique qu'on est obligé de reconstituer par l'imagination ; l'investigateur doit avoir recours à toute une série de combinaisons où il introduit trop facilement ses habitudes personnelles de pensée et de vie. En raison de ces procédés, il est arrivé plus d'une fois qu'une forme historique quelconque, qui eut à une époque donnée sa raison d'apparaître à l'existence et qui dut, par suite, à une époque ultérieure, perdre sa fraîcheur et sa fécondité, est apparue aux yeux de l'historien comme un élément immuable, constant et naturel de l'ordre social. Les anciens Grecs considéraient l'esclavage comme une institution

sans laquelle aucune société ne serait concevable. Les juris-
consultes contemporains considèrent le plus souvent les
formes actuelles de la famille, de la propriété, de la police,
de la justice, comme des choses qui ne comportent aucun
changement. Les hommes politiques contemporains sont nécessairement enclins à envisager le principe de l'État comme
étant, à toutes les époques de l'histoire, une chose indépendante et transcendante, et ne veulent point admettre que,
dans l'ordre présent des choses, la politique, intérieure et extérieure, dépende des forces économiques, et qu'à l'avenir,
d'autres éléments sociaux puissent réduire le rôle de l'État à
un minimum insignifiant.

Le problème de l'histoire s'élargit peu à peu, mais il s'en
faut encore de beaucoup que tous les historiens se le posent
avec une égale largeur. Si le temps de l'histoire biographique
est fini, en revanche il n'existe pas encore de travail tant soit
peu complet où le rôle des forces économiques, à toutes les
périodes de l'humanité, soit traité à fond et d'une manière
suffisamment détaillée. Dans les travaux historiques existants,
il s'en faut que le développement des conceptions philosophiques et surtout des travaux scientifiques soit assez intimement
lié avec la marche des événements politiques. Il s'en faut de
plus encore, peut-être, qu'on tienne assez de compte, à une
époque donnée, dans une société donnée, des deux fractions
qui la constituent : une minorité faite de plusieurs groupes
placés à des degrés divers du développement intellectuel et
moral, et participant chacun à sa manière au travail de la
pensée, — et une majorité placée à un niveau intellectuel et
moral entièrement différent ; il s'en faut que l'on tienne un
compte suffisant de l'action réciproque qu'exercent entre eux
tous ces groupes, liés entre eux par la solidarité de la vie
collective, et du cours différent de l'histoire au travers de
chacun de ces groupes, éléments d'une seule et même histoire dans une période donnée.

Ces problèmes, il est vrai, ne peuvent pas encore être résolus

aussi exactement qu'il le faudrait pour toutes les périodes de
l'histoire ; et on ne peut, à vrai dire, exiger des historiens contemporains qu'ils résolvent d'une manière satisfaisante toutes
ces difficultés, alors qu'elles ne peuvent recevoir leur solution
que de l'étude rigoureuse d'une matière historique, jusqu'ici
complètement négligée, très insuffisamment défrichée ou
entièrement inconnue ; mais au moins faut-il, pour qu'un
travail historique soit au niveau des problèmes contemporains de la pensée, que l'investigateur envisage tous ces
aspects de la question ; qu'il soit, autant que possible, armé
de la double faculté de saisir les faits relatifs à ces aspects de
la vie historique et d'en comprendre la signification. Mais y
a-t-il à notre époque beaucoup d'historiens qui aient une culture économique suffisante pour apprécier d'une manière
exacte le sens économique de chaque fait donné ? Y en a-t-il
beaucoup qui soient seulement capables de comprendre
par eux-mêmes l'importance historique d'un travail scientifique ? — Je ne parle pas de la tâche infiniment plus difficile
de saisir la connexion qui lie certains travaux scientifiques à
l'état général de la culture. — Sont-ils nombreux, ceux qui
sont capables de pénétrer assez profondément le développement historique simultané des divers groupes sociaux pour
reconstituer, par l'imagination, l'action variée d'un événement
donné sur chacun de ces groupes ? Il faut bien répondre né-
gativement à toutes ces questions. Or, sans une intelligence
claire du processus économique de la production, de l'échange
et de la distribution des richesses, il est impossible qu'un historien devienne jamais un historien des masses populaires,
soumises de préférence aux conditions de la sécurité économique. Et, d'autre part, l'historien pourra-t-il comprendre
le vrai caractère de l'évolution de la pensée d'une période
donnée sans avoir d'opinion arrêtée sur la valeur scientifique
de cette pensée ? Et enfin, en bornant son étude à quelques
groupes seulement, ou en ne prenant pas en considération
l'action réciproque, réelle ou possible, que ces groupes exer-

cent l'un sur l'autre, est-il possible de parvenir à une notion
tant soit peu précise sur le progrès de la société tout entière
dans une période donnée ?

Ainsi, la réponse aux questions qui résultent nécessairement de l'analyse de la matière historique, si l'on veut parvenir à formuler une théorie du progrès, exige de la part de
celui qui fait des recherches historiques qu'il ait une claire
compréhension des problèmes sociologiques dans leur dépendance réciproque ; qu'il soit guidé dans l'étude des faits par
une opinion précise sur leur importance relative ; qu'il en
saisisse la connexion profonde, laquelle a sa racine en partie
dans les lois constantes des besoins naturels de l'homme,
en partie dans les lois temporaires des besoins historiques élaborés par la marche même des événements, et dérivant non
seulement de la vie sociale en général, mais de la vie sociale
à des époques déterminées de la culture. La matière historique ne s'éclaire qu'à la lumière des lois biologiques, psychologiques et sociologiques qui, elles-mêmes, à côté des éléments qui se répètent durant un laps de temps indéterminé,
contiennent un nombre considérable d'éléments historiques,
élaborés par l'histoire, puis anéantis par elle. L'habitude
de la nourriture préparée par la cuisson a dû nécessairement modifier en un certain sens les conditions physiologiques et pathologiques de l'alimentation humaine, tout
comme le processus de l'activité nerveuse dans l'organe
central de la conscience a dû se modifier sous l'influence
des formes diverses de la vie sociale. La partie du processus psychologique qui dépend immédiatement des conditions biologiques n'est rien comparativement à cette
autre partie qui s'est développée sous l'action des liens sociaux et des besoins sociaux. Quant à la sociologie, il est à
peine besoin à présent de répéter cette vérité que toutes les
fonctions de la vie sociale se modifient en quantité et en qualité au cours de l'histoire et que tous les organes de ces fonctions sont créés par l'histoire au fur et à mesure que les be-

soins divers de l'homme naissent, se modifient et disparaissent. Ainsi, la matière historique permet d'induire les lois psychologiques et sociologiques, et, à leur tour, ces lois, une fois établies, servent à ordonner et à expliquer la matière historique ultérieure. Nous ne pouvons même pas aborder l'analyse des rapports de la matière historique donnée à la théorie du progrès si nous n'avons pas pris préalablement pour point de repère une théorie arrêtée des besoins humains, une opinion déterminée sur le rôle de la vie sociale dans la vie de l'homme, sur le rapport de l'individu à la société dans le processus des modifications sociales, sur les forces fondamentales de la société qui (d'après quelques doctrines) créent fatalement le progrès, ou qui peuvent (suivant les autres), en de certains cas, contribuer au progrès, en d'autres cas le contrecarrer ; enfin, sur les processus fondamentaux de l'histoire qui servent de schéma pour apprécier l'importance des faits historiques essentiels, plus ou moins considérables ou seulement secondaires. Une étude plus large et plus attentive des faits historiques peut conduire à modifier les points de départ, et c'est ainsi que se réalise un progrès de la psychologie et de la sociologie, lequel à son tour détermine un nouveau progrès dans la compréhension de l'histoire ; mais il faut, à chaque moment donné, apprécier et grouper la matière historique en se fondant sur les données de la sociologie et des domaines voisins de la psychologie et de la biologie qui, dans l'état actuel de la science, passent pour être les mieux établis.

La question relative à la théorie du progrès que nous nous sommes proposée plus haut se divise, par conséquent, en trois questions qu'il faut disposer dans l'ordre suivant :

En nous fondant sur les données actuelles de la biologie, de la psychologie et de la sociologie, en quoi *pouvait* consister le progrès de la société humaine ?

En nous fondant sur la matière historique analysée et étudiée, en quoi *ont consisté* les diverses phases du progrès historique ?

En nous fondant sur l'observation de l'ordre social qui nous entoure et sur le travail de la pensée qui existe dans ces groupes divers, en prenant en considération le processus historique de l'origine de l'ordre social contemporain et les phénomènes fondamentaux du progrès dans l'histoire, en quoi consiste le progrès social *possible pour notre temps* ?

Des réponses que donnera cette théorie du progrès aux questions posées, dépendra la pratique obligatoire pour les individus qui sont au niveau de la culture actuelle.

IV. — *Un aperçu sur ce que doit contenir la théorie du progrès.*

En quelles recherches particulières se subdivisent à leur tour les trois nouvelles questions générales que je viens de poser ? Tâchons de les examiner dans leurs traits généraux.

Pour répondre à la question : en quoi *pouvait* consister le progrès, il faut d'abord en définir les éléments et rechercher, dans les processus variés impliqués dans le mot *développement*, ce qui représente pour nous la tendance vers le *mieux*.

Ici nous nous trouvons en présence de deux processus qui nous apparaissent nécessairement, au premier coup d'œil, comme des processus de progrès, mais qui sont tellement différents qu'ils peuvent paraître contradictoires ; et, en effet, ils ont été en lutte au cours de l'histoire réelle.

Nous avons devant nous la croissance de la pensée individuelle avec ses inventions techniques, ses conquêtes scientifiques, ses constructions philosophiques, ses créations artistiques et son héroïsme moral. Nous avons, d'autre part, devant nous la solidarité sociale avec ses impulsions fondamentales : « Chacun pour tous, tous pour chacun », « à chacun suivant le besoin de sa vie et de son développement ;

toutes les forces de chacun mises au service de l'utilité sociale, du bien-être social, du développement social ».

La croissance des processus conscients de l'individu, le développement de l'individu dans le domaine de la pensée est
incontestablement un phénomène de progrès. Les conditions
qui assurent la croissance la plus grande et la plus prompte
de la pensée individuelle sont, par suite, des conditions du
progrès.

D'autre part, la solidarité du lien social apparaît comme
une condition nécessaire de l'existence saine de la société, du
bien-être des individus qui en font partie. C'est pourquoi
tout ce qui fortifie ce lien nous apparaît comme un élément
bienfaisant, progressif ; tout ce qui affaiblit ce lien, tout ce
qui suscite l'hostilité dans la société, tout ce qui crée l'inégalité dans le sein de la société, nous apparaît comme [un phénomène pathologique, régressif. En ce sens, l'idéal social
nous apparaît comme une société composée d'individus égaux
entre eux et solidarisés entre eux, dans leurs intérêts et dans
leur conviction, vivant dans les mêmes conditions de culture
et écartant, autant que possible, tous les sentiments hostiles
qui les divisent, toutes les formes de la lutte pour l'existence
entre membres de la société.

Mais ces deux notions du progrès se sont heurtées au cours
de l'histoire.

Ce qui correspond à l'idéal d'une forte société d'égaux,
c'est le règne de la coutume primitive, où chaque effort de la
pensée, chaque développement personnel est écrasé par la
routine dominante de la vie, où l'inégalité sociale est uniquement l'indice, chez tous, de la même absence des besoins
plus développés, de la même impossibilité pour tous de se
faire une existence plus humaine. Cet état primitif, à demi
mythique du troupeau humain, serait-il chose désirable,
chose meilleure ?

Ce qui correspond à l'idéal du développement de la pensée
ndividuelle plus élevée, c'est un ordre de choses où les con-

quêtes intellectuelles d'une faible minorité sont d'autant plus considérables que cette minorité absorbe en elle toute la sève vitale d'une immense majorité soumise à sa domination, mise elle-même hors d'état de participer à la vie intellectuelle de la minorité. Les fortes poussées de la pensée individuelle s'achètent au prix de l'asservissement des masses, au prix de souffrances incalculables des masses. Un milieu social, déterminant un vigoureux développement du processus de la conscience dans des conditions pareilles, peut-il sans réserve être qualifié de progressif ?

Non — dirons-nous — le troupeau humain primitif, soumis à la coutume autant que la fourmilière et la ruche des abeilles sont soumises à l'instinct, n'est pas l'idéal du progrès. La société n'est progressive que si, déduction faite des conditions de cohésion possible, elle permet à la conscience de se faire jour, si elle permet à des besoins nouveaux et plus élevés de se manifester et de grandir ; si l'égalité la plus grande possible entre les individus sert de base au plus grand développement individuel possible; si l'ordre coutumier, la vie coutumière se transforment continuellement sous l'influence d'une pensée devenant de plus en plus large ; si le besoin de la société, son fondement, apparaissent non point comme le résultat d'une coutume, toujours la même, héréditairement transmise, mais comme le résultat de l'action vivifiante d'une conviction commune.

Non, — dirons-nous encore, — le développement de la pensée individuelle, acheté au prix de l'asservissement de la majorité et de ses souffrances, n'est pas un processus qui puisse satisfaire notre besoin du progrès. C'est un phénomène incomplet, et, ce qui le prouve d'une manière indiscutable, c'est que la minorité avec tous ses progrès intellectuels, acquis au prix des souffrances d'autrui, est encore peu développée moralement, vu qu'elle accepte les conditions actuelles de son propre progrès sans se révolter contre ces conditions mêmes d'où elle est née. Le développement de la pensée individuelle qui est véritablement un progrès, se réalise seulement lorsqu'il tend à accroître la conscience de la solidarité qui unit entre eux les individus plus développés et les groupes moins développés, à transformer les rapports sociaux en ce sens, à diminuer l'inégalité dans le développement des membres de la société solidaire. Le développement véritable de l'individu ne peut avoir lieu que dans un groupe d'hommes se développant sous l'action réciproque des éléments sociaux, la différence de degré dans le développement des individus étant réduite à son minimum, et ce minimum tendant lui-même à s'abaisser. Dans une société saine, les individus se développent non pas au détriment des autres individus, mais par une marche solidaire dans la voie du développement.

Mais n'est-ce pas là un idéal irréalisable ? N'est-on pas forcé de choisir entre une société solide et solidaire, mais qui a renoncé aux conditions du développement de la pensée individuelle, et une société où la pensée progresse vigoureusement, mais au prix de discordes continuelles, de luttes sans fin entre les individus et les groupes, de catastrophes intérieures et extérieures toujours renouvelées ? N'est-on pas forcé de choisir entre une minorité développant sa pensée, grâce à l'asservissement et aux souffrances de la majorité, ou bien le néant même du développement intellectuel ? Un ordre social où l'accord et la solidarité résulteraient des convictions individuelles, un ordre social où les individus coopéreraient au développement général, un tel ordre de choses est-il possible ? Les intérêts personnels n'opposent-ils pas toujours les individus les uns aux autres ? N'opposent-ils pas toujours l'individu à l'ordre social en faisant de l'individu ou l'exploiteur de la société ou son martyr ? Les besoins personnels peuvent-ils s'identifier aux problèmes sociaux ? L'intérêt personnel peut-il devenir un principe actif de cohésion dans l'existence sociale autant qu'il devient le motif de l'effort intellectuel chez l'individu ?

Ici, à ce point de notre exposition du concept du progrès, il nous faut mettre en parallèle les intérêts de *l'individu* et ceux de *la société* et examiner dans quelle mesure ils sont conciliables.

Les faits historiques démontrent qu'il n'y a pas d'opposition radicale entre une forte connexion sociale et un vigoureux travail intellectuel au sein de cette société, que l'effort de la pensée individuelle ne va pas nécessairement à fortifier l'opposition des intérêts individuels aux intérêts sociaux et l'exploitation de la société par l'individu, mais qu'elle peut aussi travailler utilement à réaliser plus de solidarité entre les individus avancés et la société à laquelle ils appartiennent, en suscitant l'amour pour les hommes de même race, pour les hommes de même patrie, pour les hommes en général, en éveillant chez l'individu le désir de fortifier la solidarité entre les autres, et celle qui l'unit aux autres, en l'amenant à faire entièrement abnégation de soi-même en faveur du bien public, et à lui faire le sacrifice de son bien-être personnel, de ses préférences personnelles et même de sa vie. A côté de la lutte de la pensée contre des habitudes sociales, l'histoire nous montre un effort de la pensée en vue de développer la civilisation dans le sens du progrès. A côté de la lutte pour la vie, pour l'enrichissement, pour le monopole des jouissances, nous voyons des énergies qui s'exercent dans un sens opposé à cette lutte égoïste, des dévouements conscients à la cause commune, des existences entières consacrées à fortifier la solidarité entre les hommes.

La sympathie de l'individu pour l'organisation sociale dans laquelle il vit, ne dérive pas nécessairement d'une soumission à la coutume dominante, de même que l'intérêt personnel de l'individu ne se réduit pas nécessairement à exploiter le milieu social, en vue de buts opposés à ceux de la majorité des membres de la société. L'individu parvenu à un certain degré de développement peut avoir conscience que ses intérêts sont identiques aux intérêts de la majorité ; il peut reconnaître qu'il y a avantage pour lui à ce que l'organisation sociale soit plus solide ; et ainsi l'effort de sa pensée peut tendre à consolider l'organisation sociale, à renforcer la solidarité. La force de la pensée individuelle qui se donne carrière coïncide alors avec la force de la société qui se donne une organisation de plus en plus solide. Dès lors il devient possible qu'il y ait concordance entre les développements progressifs de ces deux éléments, et, dans ce cas, ces deux processus, s'aidant l'un l'autre, sont véritablement progressifs.

Il ne nous reste plus qu'à examiner les motifs qui font agir l'individu. Ce sont : le pouvoir de la coutume, la force des intérêts, l'entraînement affectif, la puissance morale de la conviction. La domination de la coutume et de la routine, étant en contradiction absolue avec le travail sain de la pensée, doit être considérée comme un phénomène absolument régressif. La pensée progressive doit transformer continuellement les habitudes héréditairement transmises, et les adapter à ses idéals, qui sont en progrès constant. Elle doit s'appliquer avec une méthode de plus en plus critique à l'analyse et à la classification des données fournies par la réalité. Elle doit, quant à l'extension de son domaine, s'étendre jusqu'à devenir une conception générale de l'univers de plus en plus large, de plus en plus conséquente, de plus en plus harmonieuse, une philosophie de plus en plus liée et universelle. Le sentiment affectif, comme motif spontané d'action, mérite aussi peu que la routine d'être considéré comme un agent progressif de la vie sociale, en raison du caractère désordonné et discontinu de ses manifestations. Il n'est progressif que lorsqu'il donne plus d'énergie à l'intérêt et à la conviction qui sont progressifs par *eux-mêmes ;* dans tous les autres cas, il peut aussi facilement être un instrument d'immobilisme et de regrès que de progrès.

Il reste à examiner les intérêts et les convictions. Lorsqu'ils s'opposent les uns aux autres dans un même individu,

il peut en résulter des fanatiques, des héros, des sages soli-
taires, mais ce sont là, de toute façon, des faits isolés qui ne
sont point capables de devenir la base d'une force collective,
d'une action historique. Lorsque les convictions et les intérêts de la minorité sont en contradiction avec les intérêts et
les convictions de la majorité, il n'y a pas de solidarité, pas
d'organisation forte dans la société. Elle est alors à la veille
d'une catastrophe, et rien, — ni l'idéal de la civilisation, ni les
conquêtes, toutes grandes qu'elles puissent être, de la culture
extérieure ou de la pensée individuelle, — ne peut fermer la
plaie béante du corps social. L'ordre social est condamné à
disparaître ou à être transformé radicalement.

Le progrès n'est possible que lorsque la minorité avancée a
pris une claire conscience de la solidarité qui lie ses intérêts
à ceux de la majorité, au nom de la solidité de l'ordre social ;
lorsque la tendance à fortifier l'organisation solidaire de la
société, au nom même des intérêts particuliers, est devenue
une conviction morale ; lorsque l'individu est devenu capable
de se fondre dans une force sociale en formation, au nom de
l'accord et de l'identité des intérêts de tous les éléments qui
la composent ; lorsque l'individu, en se fondant dans cette
force, y apporte une conscience plus claire de la communauté
des intérêts qui sont le lien de la société et, par son effort,
les transforme, dans ce processus même, en une conviction
morale. Alors le problème du progrès prend une forme définie et précise. Le progrès est la croissance de la conscience
sociale en tant qu'elle mène vers la consolidation et l'élargissement de la solidarité sociale ; il est la consolidation et
l'élargissement de la solidarité sociale en tant qu'elle s'appuie
sur la conscience croissante de la société. L'organe véritable
et indispensable du progrès, c'est alors l'individu qui se développe, qui découvre, dans le développement progressif de
sa pensée, les lois de la solidarité sociale, les lois de la sociologie, et applique ces lois au milieu qui l'entoure, et qui
trouve, dans le processus du développement de son énergie,

les voies de l'activité pratique, notamment de la reconstruction du milieu qui l'entoure, conformément à l'idéal de sa conviction et aux connaissances qu'il a acquises.

Si les intérêts de la pensée et les intérêts de la solidarité sociale, les intérêts de l'individu et les intérêts de la société à laquelle il appartient, peuvent être conciliés, et si la conception véritable et la pratique véritable du progrès sont certainement dans cette direction, il convient d'examiner plus attentivement et de diviser en catégories les besoins que l'individu cherche à satisfaire par la vie commune, que la société cherche à satisfaire, en créant des organes divers, correspondant aux fonctions diverses qui composent le schéma du développement historique. Ces besoins sont, ou fondamentaux et permanents, ou bien élaborés par le processus du développement de la pensée et de la vie et conditions de ce même développement, ou bien suscités par des, phases temporaires de l'histoire et transitoires, ou même pathologiques. L'existence de besoins pathologiques donne à la marche de l'histoire un cours pathologique ; leur élimination est une des formes de la lutte pour le progrès. La constitution d'une hiérarchie régulière des besoins permanents ou transitoires, la détermination de leur dépendance réciproque et de leur rapport rationnel, c'est là un des objets principaux du travail de la pensée critique qui prépare la pratique régulière du progrès. On ne peut considérer comme le but du développement historique normal que la satisfaction aussi pleine que possible donnée aux besoins normaux de l'homme, à tous ces besoins, dans l'ordre hiérarchique où ils se présentent à sa conscience, besoins inférieurs et besoins supérieurs, selon le degré de son développement personnel.

C'est dans l'action réciproque des besoins, fondamentaux ou acquis, de l'homme, que se manifestent les processus essentiels de l'histoire.

Tous les besoins fondamentaux ne sont autre chose que des propriétés physiques, et sont liés aux processus les plus

élémentaires de la vie. Les besoins transitoires suscités par
l'histoire sont déjà beaucoup plus complexes. L'homme les
considère ordinairement comme supérieurs, mais, à proprement parler, ils ne font que masquer cette même tendance à
satisfaire le plus parfaitement possible ces mêmes besoins
élémentaires ; tout le reste, tout ce qui s'y est ajouté dans la
suite des temps, n'est, le plus souvent, autre chose qu'une
excroissance pathologique. Les besoins élémentaires apparaissent d'abord sous une forme inconsciente et créent le monde
des coutumes, mais, en raison de la tendance exclusive vers
la satisfaction de tel besoin isolé, la vie commune s'encombre
d'une foule d'excroissances purement pathologiques qui font
obstacle au développement des autres tendances de l'individu
et de la société, et contre lesquelles la pensée est contrainte
de lutter, dans son effort vers le progrès. Ces mêmes besoins,
dans des phases ultérieures du développement, s'incarnent
dans des croyances religieuses, dans des conceptions philosophiques, des images artistiques, et sous la forme d'idées
mystiques ou métaphysiques, d'idéal artistique ou d'idéal
moral, d'ascétisme ou de sagesse supérieure, entrent en
quelque sorte en lutte contre leurs propres formes élémentaires. Mais cette lutte aussi est un phénomène pathologique.
Les besoins fondamentaux *doivent être satisfaits* et le travail
normal de la pensée humaine tend à résoudre la question de
leur satisfaction la plus complète et la meilleure.

De plus, le travail de la pensée crée à son tour de nouveaux besoins inséparables du développement de la pensée,
et par cela même normaux, mais élaborés par l'homme, au
cours de son développement. Je veux parler des besoins de
contribuer au progrès historique. Ils apparaissent comme des
forces accélératrices de ce progrès aussi bien que comme des
instruments puissants, en vue de donner leur satisfaction
normale aux besoins fondamentaux de l'homme. Le besoin
de la pensée critique met au jour ce qu'il y a de pathologique
dans la coutume et dans les besoins transitoires, dégage la

substance réelle des besoins fondamentaux, en déblayant les couches épaisses qu'ont accumulées sur eux les constructions et les imaginations religieuses, métaphysiques et artistiques. La science pose le problème bien défini relatif à la hiérarchie des besoins normaux de l'homme. Le besoin de la pensée philosophique tend à introduire l'unité dans les diverses tentatives particulières faites en vue de résoudre ce problème, et réédifie graduellement le système de la pensée, jusqu'au jour où le système aura embrassé toutes les conquêtes de la science et aura réduit l'élément hypothétique à un minimum insignifiant. Le besoin de créations artistiques incarne dans des images expressives et pathétiques la compréhension toujours plus claire des besoins fondamentaux et historiques de l'homme. Le besoin de l'activité morale crée des héros et des martyrs, qui incarnent cette compréhension dans la vie et dans l'action, posent pierre sur pierre dans l'édification d'une société où il sera possible de satisfaire aux besoins fondamentaux et d'éliminer les besoins pathologiques, et ciment souvent ces pierres par le sacrifice de leur bonheur personnel.

Mais, dans cette lutte variée pour le progrès, ce qui se réalise, c'est toujours le processus fondamental de l'histoire, la tendance à satisfaire mieux et plus complètement les besoins fondamentaux, très élémentaires de l'homme.

En y regardant de plus près, on découvre que ces besoins fondamentaux se réduisent à un très petit nombre : au besoin d'avoir de la nourriture, des vêtements, une habitation, des instruments, du travail, etc., c'est-à-dire à un groupe qu'on peut désigner sous le nom de *besoins économiques* et au besoin de la *sécurité*. Le premier crée l'ordre économique ; le second, les rapports politiques extérieurs et intérieurs. Tous les besoins fondamentaux de l'homme qui ne rentrent pas dans l'une ou l'autre de ces deux catégories n'ont pas de rapport immédiat à l'affermissement de la solidarité sociale et, par conséquent, il n'y a pas lieu de les examiner ici. Tous les autres besoins sont acquis au cours de l'histoire sous l'influence de son processus et, par conséquent, ou ils sont des besoins temporaires, ou ils sont des besoins pathologiques, ou ils appartiennent à cette catégorie de besoins qui sont les produits du développement normal de la société et les instruments principaux de l'accélération du progrès social.

Ainsi donc, dans le tableau multicolore et divers des phénomènes sociaux, ceux de l'histoire passée, et ceux du temps présent, ce qu'il faut d'abord discerner, sous les modestes formes des habitudes, et sous les somptueux voiles des produits religieux, scientifiques, philosophiques, artistiques et moraux de l'activité humaine, ce sont les intérêts économiques de l'individu et de la société et les intérêts de la sécurité individuelle et sociale, parce que ces intérêts doivent être satisfaits avant tout, parce qu'à moins de les satisfaire, la société ne peut avoir ni solidité, ni solidarité, et que l'individu ne peut se développer moralement.

Mais il faut aussi déterminer théoriquement la dépendance réciproque de ces besoins fondamentaux, parce que c'est à cette condition que nous parviendrons à une intelligence exacte des conditions du progrès. Dans les problèmes sociaux et dans le développement social, quels intérêts sont au premier rang, les intérêts politiques ou les intérêts économiques ? Peut-on réaliser le progrès économique par le moyen d'une réforme légale de l'ordre politique, ou ne faut-il voir, sous les chocs politiques et sous la lutte pour le pouvoir, que des problèmes économiques ? Faut-il recourir au sage illustre de l'antiquité, à Solon, faut-il convier un sage plus moderne, l'*l tope* légendaire, à nous donner au moyen d'une législation un ordre économique concevable ? Faut-il demander aux Chambres des communes et des lords, à la Convention Nationale qui inscrivit sur son drapeau : « liberté, égalité et fraternité », au congrès des républiques fédérées de Washington, aux zemski sobors (assemblées nationales) d'Ivan le Terrible, d'Alexis le Pacifique ou de Catherine « la Grande », la législation qui résoudra la question sociale ? Faut-il faire de l'agitation pour le suffrage universel, faut-il se battre sur des barricades, comme on le fit à Paris, à Vienne, à Berlin, à Rome, pour conquérir le progrès politique et du même coup le progrès économique ? Mais peut-être l'humanité ne trouve-t-elle au bout de cette voie que des illusions ; peut-être ces sages Solons n'ont-ils fait qu'envelopper d'une forme juridique la réalité économique préexistante. Les *Utopes* n'ont jamais existé, et, dans le cas où ils auraient existé, ils auraient été impuissants devant les forces économiques qui seraient restées maîtresses autour d'eux jusqu'au jour où ils auraient dû les briser. Les constitutions, les statuts, les chartes, n'ont-ils pas été toujours et partout l'œuvre des groupes sociaux qui détenaient le pouvoir économique effectif ? Les révolutions politiques n'ont-elles pas toutes abouti, en dépit de l'héroïsme et de l'abnégation des individus qui y ont pris part, à un lamentable échec, chaque fois qu'elles n'ont pas modifié la distribution des richesses dans la société, et ce qu'elles ont laissé de solide après elles, ne sont-ce pas uniquement des transformations économiques ? Les seuls plans relatifs à des changements dans la répartition des richesses qui aient paru réalisables, ne sont-ce pas ceux qui s'appuyèrent sur des transformations déjà réalisées dans les formes de production et d'échange ? Les seules revendications vraiment réelles, vraiment radicales des partis qui luttèrent, n'ont-elles pas toujours été celles-là seules qui avaient rapport à la satisfaction des besoins économiques et qui répondaient aux conditions réelles de la vie économique de la société, à leur époque ?

En examinant l'action réciproque des besoins économiques et politiques dans l'histoire, la résolution scientifique de la question paraît incliner vers la primauté des premiers sur les derniers et, partout où les données historiques permettent d'envisager d'une manière circonstanciée la marche des faits, on est forcé de reconnaître que la lutte politique dans toutes ses phases a eu pour base la lutte économique ; que la résolution de la question politique dans tel ou tel sens a dépendu des forces économiques ; que ces forces économiques se sont chaque fois adapté des formes politiques convenables, et ont cherché ensuite à s'idéaliser intellectuellement, au moyen de croyances religieuses et de conceptions philosophiques en rapport avec elles, esthétiquement, au moyen d'inventions artistiques en harmonie avec elles, et moralement par la glorification des héros qui ont combattu pour leurs principes.

Néanmoins, il est fréquemment advenu que ces formes politiques, ces idées abstraites et ces idéals concrets, une fois imaginés et créés par les forces économiques, entrèrent comme éléments dans une civilisation déterminée, se transformèrent en forces sociales indépendantes, et, oubliant ou répudiant leur origine, entrèrent elles-mêmes en lutte contre ces mêmes forces économiques qui leur avaient donné naissance, leur contestèrent leur suprématie, et introduisirent sur la scène de l'histoire de nouvelles formes des besoins économiques, de nouvelles forces économiques. Le principal agent de destruction du système féodal de la propriété fut le système bureaucratique de l'État créé par la féodalité en vue de garantir sa propre conservation, et l'idée de contrat qu'elle invoqua pour se préserver contre les abus de l'organe central de l'Etat. Le militarisme contemporain, qui sauvegarde la sacro-sainte propriété des rois de la Bourse et des usines contre le prolétariat affamé, apparaît souvent, entre les mains des Napoléon III, des Bismarck et de leurs imitateurs, comme un instrument adapté à des plans qui ne sont rien moins qu'identiques aux intérêts économiques des rois capitalistes. L'idéal de l'égalité au nom duquel la bourgeoisie consolida sa domination sur les féodaux dans la période précédente devient, dans la lutte sociale de notre temps, un glaive à deux tranchants qui se retourne contre la bourgeoisie, maintenant que le prolétariat soulevé insiste de préférence sur l'élément économique de cet idéal égalitaire.

Ainsi, la lutte des forces économiques se complique par l'intervention dans cette lutte des produits politiques et idéaux de cette lutte même, et ces créations réclament pour elles-mêmes la domination en vertu de leur droit propre l'existence historique. Mais quelque variées que soient les formes de cette lutte, son processus n'est pas, au fond, très compliqué.

Les conditions de la production et de l'échange à une époque donnée, combinées avec les formes politiques existantes et avec une partie des coutumes héréditaires de la culture, règlent fatalement la répartition de la richesse et, par conséquent, la répartition du travail et du loisir, la répartition de la *possibilité* du travail *intellectuel* dans une société donnée Il se forme une minorité souveraine qui concentre entre ses mains la part principale de la richesse, qui monopolise par cela même la part principale de l'influence et du pouvoir politique, qui monopolise aussi inévitablement et presque exclusivement le loisir nécessaire au travail *intellectuel* et ce travail même. Elle tend à fortifier sa domination au moyen de la coutume, des lois, de la foi, des considérations philosophiques et scientifiques, d'œuvres d'art. La situation de la majorité soumise va toujours empirant. Les habitudes de la pensée et de la vie mettent une distance chaque jour plus grande entre la minorité dominante et la majorité soumise. L'histoire de la minorité, avec les dehors plus ou moins brillants de sa culture, avec les conquêtes plus ou moins puissantes de sa pensée alerte, devient de plus en plus étrangère à la vie collective de la majorité qui peine pour créer cette civilisation de la minorité. Mais à elle seule cette coexistence dénonce un état pathologique. La nécessité de tenir en bride la majorité exploitée altère le travail intellectuel de la minorité. Le fait qu'il est des jouissances matérielles et intellectuelles qui lui sont interdites irrite la majorité, provoque son inimitié à l'égard des classes dominantes et de toute l'organisation sociale existante. La lutte des classes grandit et s'envenime. La solidarité sociale devient une fiction, et un danger menace la société dans son existence.

Chaque fois que le désaccord social fut posé d'une manière précise, comme ce fut le cas dans le monde antique, dans le monde des nationalités fermées, la catastrophe est intervenue, subite et décisive. Le voisin avide et pauvre vint avec l'intention de mettre la main, tout simplement, sur la richesse accumulée par la minorité de la société qu'il guettait. La majorité resta assez indifférente au danger qui la menaçait. La minorité fut ruinée, ou périt. La civilisation disparut avec tout son éclat, et, après des milliers d'années, les archéologues lurent avec surprise sur des papyrus et sur des briques de terre le témoignage des conquêtes étonnantes faites autrefois par la pensée ; ils déplorèrent la catastrophe qui anéantit cette « civilisation éteinte », et ils oublièrent d'ordinaire de plaindre les millions d'hommes de la majorité inculte qui vécurent à côté de cette culture, qui la créèrent au prix de leur sueur et de leur sang, qui ne participèrent jamais à ses jouissances, et qui souffrirent assez au cours des siècles de son existence, pour la voir crouler d'un œil indifférent.

Il y eut aussi d'autres solutions. Il arriva que le travail intellectuel et l'avènement des formes politiques nouvelles appelèrent à l'existence sociale, dans l'intérêt même de la minorité dominante, de nouveaux groupes sociaux, qui, profitant de circonstances opportunes ou du développement fatal de la technique de la production et de l'échange et de la technique de la vie politique, conquirent pour eux-mêmes l'indépendance économique et, partant, une influence sociale. Entre la minorité absolument souveraine et les masses absolument soumises, il arriva que des couches intermédiaires surgirent, qui participaient à la fois à la domination et à la soumission, et qui tendirent naturellement à augmenter la première et à réduire la seconde. Parfois le travail intellectuel passa presque tout entier à ces couches intermédiaires. Le progrès industriel et commercial fortifiait les uns ; la culture de la littérature, de la science, de la philosophie et des beaux-arts devenait l'apanage des autres. Divers idéaux et diverses conceptions philosophiques apparaissaient et se heurtaient dans le champ de la pensée. Diverses forces entraient en rivalité pour la domination sociale. Celle qui savait établir un lien, effectif ou imaginaire, entre ses intérêts personnels et les intérêts des masses absolument soumises et souffrantes, devenait la force dirigeante, parce qu'elle avait réussi à guider « le développement effectif ou imaginaire de la conscience » vers « l'affermissement de la solidarité sociale » à son profit. Cette force prédominante minait les organes sociaux de ses adversaires et grandissait sur leurs décombres (c'est ainsi que l'organisation de l'Eglise poussa sur les ruines de l'empire romain en décomposition) ou bien provoquait une révolution plus ou moins sanglante, se hissait sur les épaules des classes réduites à une soumission absolue, économique et politique, et créait de nouvelles formes sociales, où ses auxiliaires dans la lutte obtenaient, d'ordinaire, une place aussi réduite que dans le régime antérieur. Une nouvelle période de l'histoire commençait, conditionnée en réalité par la domination économique de la nouvelle couche sociale, créant de nouvelles formes politiques mieux adaptées, de nouveaux produits intellectuels destinés à idéaliser l'ordre de choses existant, et par là même engendrant de nouvelles couches intermédiaires, susceptibles de grandir jusqu'à devenir à leur tour des forces sociales.

Mais, si le processus fondamental restait identique dans ses répétitions successives, le terrain sur lequel il s'opérait se modifiait continuellement ; aussi les mêmes phénomènes ne se sont-ils jamais répétés, et ne purent-ils se répéter. La nouvelle classe économique régnante n'était nullement dans la même situation que celles qui l'avaient précédée, car elle s'appuyait sur d'autres formes de production et d'échange ; environnée d'une combinaison différente des forces sociales, il lui fallait bien tenir compte de nouveaux produits idéaux de la pensée et de nouvelles habitudes sociales ; c'est pourquoi de nouvelles catastrophes l'attendaient à son tour.

Et, par suite, les hommes de progrès eurent devant eux, à chaque époque successive, de nouveaux problèmes : nouveaux quant à la possibilité qui s'offrait à eux de propager leur notion du progrès et quant aux moyens à employer pour organiser la force sociale en vue de la lutte ; nouveaux quant aux habitudes de pensée et de vie qu'il fallait élaborer en eux-mêmes et autour d'eux, pour qu'elles fussent en harmonie avec la nouvelle conception du progrès. Mais toujours et partout, à y regarder de près, les problèmes furent identiques. Toujours ils se ramenèrent à ces termes : modifier les modes de la répartition des forces sociales, particulièrement les modes de la répartition des richesses, conformément aux conditions existantes de la production et de l'échange, en utilisant les formes coutumières et juridiques existantes de l'organisation sociale, en tenant compte des conquêtes réalisées par la pensée scientifique, des constructions de la pensée philosophique, des types de la pensée artistique, des idéals de la pensée morale ; réaliser ces transformations dans le sens d'un affermissement et d'un élargissement de la solidarité, dans le sens du plus grand épanouissement possible de la conscience sociale ; enfin, consolider les modifications réalisées au moyen de formes politiques plus en harmonie avec la révolution qui venait de s'accomplir, les légitimer et les idéaliser au moyen de découvertes scientifiques, d'inventions philosophiques, de créations artistiques, et surtout réaliser dans la vie un idéal moral plus conforme aux besoins normaux de l'homme.

C'est seulement de cette manière que le progrès *pouvait* se faire dans la société humaine. C'est seulement en prenant ces données comme point de départ, que nous pouvons poser d'une manière plus exacte la question suivante : quelles ont été, en fait, les étapes réelles du progrès historique ?

Ici, il nous faut, avant tout, avoir présents les problèmes de l'histoire de la civilisation et, en nous fondant sur ces problèmes, envisager les phases du processus historique dans leur ensemble. Ces problèmes, je les ai déjà étudiés ailleurs, mais ici nous pouvons les formuler d'une manière un peu différente.

L'histoire de la civilisation doit montrer : comment la première culture sortit des besoins naturels ; comment, aux besoins naturels, elle ajouta aussitôt des besoins artificiels sous la forme d'habitudes et de traditions ; comment la pensée s'appliqua à ces données augmentant les connaissances, éclaircissant la justice, élaborant la philosophie, faisant pénétrer ses acquisitions dans la réalité vivante ; comment ce mouvement engendra une suite de civilisations qui se remplacèrent l'une l'autre : comment leurs formes permirent un essor plus ou moins étendu au travail de la pensée ; comment les civilisations nées de cette façon se développèrent par l'effort critique des individus, s'affaiblirent et se perdirent par l'inintelligence des exigences de la justice, ou tombèrent en un état de stagnation, faute d'un effort suffisant de la pensée critique, ou furent victimes de catastrophes historiques venues du dehors ; comment les périodes de réflexion critique intense accélérèrent et vivifièrent le mouvement progressif de l'humanité ; comment elles furent remplacées par des périodes où régnèrent les traditions souveraines dans la masse insuffisamment éduquée par la minorité éclairée ; comment la pensée critique se remit à la tâche sous des formes manifestement désavantageuses, en se réclamant des formules les plus hétéroclites ; comment les partis grandirent et entrèrent en conflit ; comment les grands principes changèrent de sens en conservant le même drapeau ; comment la critique, et la critique seule, poussa l'humanité en avant ; comment les idéalisations fausses furent remplacées peu à peu par des idéalisations vraies ; comment s'élargit le domaine de la vérité ; comment la justice devint plus claire

et pénétra dans la vie des individus et dans les formes
sociales ; comment la vérité et la justice eurent raison des
traditions les plus solides, firent disparaître les habitudes les
plus fortement enracinées et réduisirent à l'impuissance les
forces les plus énormes ; comment s'inscrivirent dans le
drame de l'histoire, les noms d'individus, de nationalités,
d'États, qui devinrent tour à tour des instruments de progrès
et de réaction ; comment s'élabora dans l'humanité contemporaine l'idéal de l'activité progressive qui combat, à présent, toutes les fausses idéalisations et les tendances réactionnaires qui l'entourent, qui combat les habitudes et les
traditions accumulées par les cultures antérieures, et qui
combat l'indifférentisme de la majorité.

Plus brièvement encore, le problème de l'histoire de la
civilisation peut être défini ainsi : montrer de quelle façon
l'effort critique des individus a transformé l'ordre social en
aspirant à introduire dans la civilisation plus de vérité et de
justice.

En nous fondant sur ce qui précède, la question relative
au mode de réalisation du progrès dans l'histoire paraît
devoir être envisagée de la manière suivante : L'investigateur
doit d'abord étudier le passage du règne anthropologique de
la coutume à la période des nationalités isolées. L'échange
des produits devenant de plus en plus fréquent entre les
nations, et leur dépendance économique et intellectuelle
devenant de plus en plus manifeste, l'idée d'une sagesse
humaine universelle, d'un état juridique universel, d'une
fraternité religieuse universelle, surgit devant l'esprit de
l'observateur. Mais, précisément parce que ces principes uni-
versels ne se rattachaient pas fortement aux besoins fondamentaux de l'homme, ils ne réussirent pas à établir la solidarité de l'humanité, et la civilisation moderne de l'Europe,
caractérisée par la *laïcité*, revint au principe contraire des
États-organismes rigoureusement fermés, en dépit de l'uni-
versalité de la vérité scientifique prêchée dans toutes les

langues, dans toutes les écoles, en dépit de la survivance du
dogme religieux universel, affaibli, mais encore debout : en
dépit de l'existence et de l'accroissement continuel d'une
industrie cosmopolite universelle, enveloppant toute l'humanité civilisée ou demi-civilisée dans le réseau de son système
de production, d'échange, de circulation monétaire, de crédit, de spéculations de Bourse, et de crises fatales. Il va sans
dire que les idéals sociaux contradictoires créés par cet état de
choses ne pouvaient avoir aucune solidité. L'idéal d'une solidarité sociale conçue sous la forme de l'absolutisme étatiste
ne put durer même deux siècles. A peine eut-il été remplacé
par l'idéal démocratique, que la réflexion économique, dis-
solvant par sa critique les idéaux politiques, vint réclamer la
première place pour les principes économiques. Mais l'économie politique qui se présenta comme une alliée et qui s'offrit
à justifier théoriquement la souveraineté économique et politique de la bourgeoisie, satisfaite d'être un élément scientifique de l'organisation régnante, rencontra bientôt des problèmes nouveaux que la bourgeoisie fut impuissante à
résoudre ; le capitalisme, avec les formes politiques auxquelles il a donné naissance, avec les produits idéaux qu'il a
engendrés au cours de sa lutte contre le féodalisme du
moyen âge et contre l'autocratisme qui lui a succédé, appela
fatalement à l'existence un prolétariat emporté dans un mouvement continuel de croissance, de décadence ou de révolte ;
et le capitalisme ne sut pas donner à la bourgeoisie les
ressources nécessaires, soit pour anéantir le prolétariat, soit
pour l'empêcher de devenir une force sociale. Au nom des
principes démocratiques antérieurement élaborés, surgirent,
sous des formes toujours renouvelées, de nouvelles revendications d'une transformation économique. Ce furent d'abord
des utopistes, qui présentèrent au monde leurs peintures
d'une nouvelle période organique de la vie humaine, du
règne de l'harmonie entre le capital, le talent et le travail,
d'un monde bien ordonné de la coopération de tous au tra-

vail et au progrès. Mais il n'était pas possible que la lutte des forces sociales s'achevât d'une manière aussi pacifique. Il se creusait un abîme de plus en plus profond entre ceux qui peinaient à alimenter la civilisation contemporaine et ceux qui en jouissaient, et l'élargissement actuel de la pensée ne permettait plus aux nombreuses classes moyennes de s'abstraire de la lutte entre l'incontestable royauté de la Bourse et les prolétaires qui apportent sur le marché leurs bras et leur cerveau. Il vint bientôt des combattants, forts de toutes les conquêtes réalisées par la pensée au cours des périodes antérieures, qui se rangèrent au nombre des prolétaires insurgés contre l'ordre capitaliste, et le progrès fatal de la pensée posa nécessairement des problèmes chaque jour plus aigus et plus catégoriques. Elle posa le problème de la sociologie, science unique, couronnement de la science. Elle formula la loi de l'évolution universelle et proclama que tous les phénomènes et toutes les formes sont provisoires, sont des « catégories historiques ». Elle fit toucher du doigt la contradiction irréconciliable entre le capital et le travail, la genèse du prolétariat issu du développement même du capitalisme, et la catastrophe inévitable qui menace le capitalisme. Elle opposa l'idéal de la solidarité de tous les travailleurs et *seulement* des travailleurs, à l'idéal bourgeois du progrès par la concurrence universelle, par les spéculations cosmopolites de la Bourse en vue d'accumuler des richesses immenses entre les mains de ses rois. A l'idéal d'un État omnipotent, sauvegardant la sacro-sainte propriété des spéculateurs, elle opposa l'idéal de l'anarchie politique fondée sur l'échange réciproque des services. La pensée de créer une nouvelle force sociale pour vaincre les vieilles forces s'incarna dans l'appel « Unissez-vous » adressé aux classes souffrant de la famine chronique, dans tous les pays et dans toutes les races, et la première ébauche d'organisation de cette force vécut huit années, épouvantant tous les éléments dominants du vieux monde. Elle tomba, non pas sous leurs coups, mais par l'insuffisance, inévitable dans chaque tentative de ce genre, de sa propre organisation. Les bruyantes rivalités politiques entre les Etats, la subtilité des diplomates, le feu d'artifice éphémère du « Kulturkampf » mené par la pensée laïque contre le cléricalisme débile, rien ne put, rien ne peut plus masquer aux yeux de l'observateur attentif, ni les principes économiques des déchirements contemporains d'où naissent la plupart des calamités de notre époque, ni les problèmes économiques qui réclament impérieusement une solution, parce que de la solution de ces problèmes dépend celle de tous les autres.

De cette conception du progrès et de ses phases naît la troisième question posée plus haut, la plus brûlante de toutes. Elle est la plus brûlante parce qu'elle est la plus voisine de la pratique. C'est la suivante : en quoi consiste le progrès social *possible pour notre temps* ?

Si l'ordre présent est anormal, si la discorde qui le déchire est irréconciliable, si l'histoire antérieure a anéanti la solidarité des relations religieuses, nationales, familiales, politiques, si tous les vieux idéals sont desséchés et sont devenus stériles, si les lois générales de la dépendance des phénomènes sociologiques nous convainquent que le principe de toutes les calamités sociales réside dans la non-satisfaction des besoins économiques et que la première démarche nécessaire pour remédier à ces maux est la transformation économique, — en quoi donc consiste-t-elle, cette transformation nécessaire pour notre temps ? Ne peut-on trouver, dans les conditions actuelles de la production et de l'échange, quelque indice positif sur les modifications qui doivent être apportées dans la répartition ? La science et la littérature, la philosophie et la vie, n'ont-elles pas posé, devant les esprits sincères, des vérités qu'il faut réaliser dans de plus larges proportions ? Ne peut-on déjà déterminer d'une manière infaillible en quel sens la concurrence rend impossible l'harmonie des intérêts et la solidarité entre les individus et les groupes, et en quel sens la solidarité est non seulement possible, mais va déjà se réalisant parmi des conditions infiniment désavantageuses, au milieu d'une situation lamentable? Ne peut-on, en se fondant sur l'évolution antérieure de la pensée, déterminer avec une certitude suffisante la phase la plus prochaine que doit atteindre la conscience sociale dans son développement progressif?

Supposant résolue la question de la transformation économique nécessaire, supposant définitivement arrêté le plan d'une restauration et d'une consolidation de la solidarité sociale actuellement annihilée, le plan systématique de l'évolution de la conscience sociale, quelles formes politiques seront plus compatibles avec les nouvelles formes économiques de la production, de l'échange et de la répartition, du besoin de développement complet de l'individu et de la coopération universelle pour le développement social collectif? Quelles formes politiques garantiront le mieux ce processus progressif? Quel système de la connaissance scientifique, quelle conception philosophique, quelle œuvre artistique, établira plus fortement le nouvel ordre dans le domaine des idées? Comment doit vivre de notre temps un homme de progrès pour que sa vie soit en harmonie avec sa résolution de lutter pour le progrès?

Nous ne faisons que poser des questions, mais le lecteur à qui nous nous adressons, le lecteur qui n'a pas repoussé loin de lui les pages précédentes, sous le prétexte qu'elles troublent la quiétude de sa pensée et la routine de sa vie, le lecteur qui a médité sur les problèmes posés dans ces pages, trouvera de lui-même des réponses précises à ces questions de détail. Il ne faut pas chercher ces réponses dans des livres ou les accepter de confiance : il faut les puiser dans la vie ; elles doivent servir de bases à des convictions vitales.

Lorsque ces réponses de détail auront été formulées, leur réunion répondra complètement à la question posée plus haut : En quoi consiste le progrès social *possible pour notre temps* ? En quoi consiste-t-il pour une société qui veut incarner les meilleures aspirations de l'humanité contemporaine ? En quoi consiste-t-il pour un individu qui a soif, non pas de la vie paisible et routinière, non pas de la vie de jouissances d'un animal intelligent et sensuel, mais d'une vie de jouissances idéales et conscientes, d'une vie de solidarité avec tout ce qui dans l'humanité aspire vers le développement, vers l'évolution historique qui déroule devant notre humanité un avenir de plus en plus large ?

Ici la théorie et la pratique du progrès se fondent l'une dans l'autre. Il est impossible de comprendre le progrès sans y prendre une part active, et l'action en éclaircit la compréhension. L'intelligence du progrès est malaisée : elle exige une transformation intérieure et de l'abnégation. L'action en faveur du progrès est malaisée : souvent elle oblige à rompre toutes relations avec ceux qui nous entourent, elle anéantit les croyances imaginaires de l'individu, elle l'arrache parfois à sa famille, à sa patrie, à toutes les choses qui embellissent et enchantent la vie de l'homme, mais qui sont capables de ralentir son élan vers le progrès ; elle l'arrache à tout ce qui peut le faire glisser dans la vase stagnante de l'immobilisme social. L'histoire exige des sacrifices. Ils sont offerts sans regret par l'homme qui entreprend la grande et redoutable tâche de se vouer à la lutte pour son propre développement et pour celui d'autrui. Les problèmes du développement *doivent* être résolus. Un avenir historique meilleur *doit* être conquis. Tout individu parvenu à la conscience de son développement voit se poser devant lui la question redoutable : Seras-tu du nombre de ces hommes qui consentent à tous les sacrifices et à toutes les souffrances pourvu qu'ils arrivent à être des hommes de progrès conscients et intelligents ? Ou te tiendras-tu à l'écart, spectateur inactif de la masse formidable du mal qui s'accomplit autour de toi, conscient de ta trahison à l'endroit du progrès auquel tu as toi-même aspiré autrefois ? Choisis.

LETTRE XVII

LE BUT DE L'AUTEUR

Il est peut-être arrivé au lecteur de se demander en parcourant ces lettres pourquoi elles portent le nom d' « historiques » ? Qu'ont-elles d'historique ? Il s'agit ici non pas de personnalités, d'époques ou d'événements, mais de certains principes généraux qui, très probablement, ont paru, au lecteur un peu abstraits et quelquefois même dénués de cet intérêt qu'on trouve dans un récit historique. Mais, examinons la question de plus près. Je vais tâcher de rapprocher ici les pensées exprimées dans différents endroits de ces lettres de celles qui ne l'ont peut-être pas été assez clairement, mais que j'ai voulu faire naître chez le lecteur. N'y trouverons-nous pas quelque raison pour m'excuser ?

Que cherchons-nous dans l'histoire ? Est-ce un récit bariolé des événements ? Peu nombreux sont ceux qui oseront répondre affirmativement à cette question, et ceux-là auront parfaitement raison de se plaindre du caractère abstrait de ces lettres Mais lorsqu'on aborde l'histoire avec des exigences plus sérieuses, on y cherche soit la lutte entre les individus et entre les sociétés pour les intérêts du développement de l'homme, le conflit des opinions, l'affaiblissement ou le développement de tel ou tel idéal particulier, soit la loi naturelle générale qui embrasse tout le cours des événements histo-

riques — le passé, le présent et l'avenir. Le premier point de
vue sépare l'histoire des sciences naturelles ; le second la
soumet au contraire aux principes généraux qui dirigent
l'étude de la nature. Au fond, cependant, pour une étude rigoureuse, ces deux points de vue ne diffèrent pas considérablement entre eux, car la connaissance d'un objet est déterminée, non seulement par ce qu'il est *désirable* d'en connaître,
mais aussi par ce qu'il est *possible* d'en connaître. Aussi, la
question : que peut-on chercher dans l'histoire ? se trans-
forme-t-elle en cette autre : quelle peut être, en tenant
compte des lois immuables de ses fonctions psychiques, l'attitude de l'homme à l'égard de l'histoire ? Qu'est-ce qui, dans
l'histoire, échappe nécessairement à l'appréciation scientifique
et n'est qu'illusoire dans la construction historique ? Ce n'est
qu'après avoir établi plus ou moins bien cette base nécessaire
de l'étude scientifique, que l'homme peut, avec quelque raison, se demander, au sujet de l'histoire, ce qu'il *veut* en
connaître.

Or, dès le commencement, je me suis efforcé de développer cette idée que l'homme doit nécessairement apporter à
l'appréciation des événements historiques sa personnalité
morale à *lui*, son idéal moral propre. Ce qui lui importe le
plus dans la lutte entre individus, ce sont les qualités qu'il
considère comme éléments de la dignité morale : l'intelligence,
l'habileté, l'énergie, la présence d'esprit, la force de conviction, la foi dans les idées importantes à ses yeux, la contribution, consciente ou inconsciente, à leur croissance ou à
leur affaiblissement dans la société.

Ce qui importe le plus pour celui qui étudie la lutte entre
les sociétés et les partis, c'est encore le renforcement ou l'affaiblissement de celles, parmi les tendances de la pensée, qui
représentent pour lui, *personnellement*, le meilleur ou le
pire, le vrai ou le faux. En embrassant dans une conception
générale du monde le processus historique tout entier du
passé et de l'avenir, l'homme ne peut, en vertu des lois

mêmes de la pensée, chercher dans l'histoire autre chose
que les phases du développement progressif de son propre
idéal moral. Il en résulte qu'en s'efforçant de comprendre
l'histoire, de l'envisager avec un intérêt sérieux, l'homme
rapporte inévitablement les personnes, les événements, les
idées, les changements sociaux, à ce critérium fourni par son
degré de développement. Si ce développement est étroit et
mesquin, l'histoire lui montrera une série inanimée de faits,
et ces faits seront pour lui peu intéressants et peu humains. Si son développement est unilatéral, l'étude la plus
minutieuse de l'histoire ne le préservera pas de l'interprétation unilatérale des événements historiques. S'il est pénétré
d'une croyance malsaine, fantastique, il arrivera nécessairement à altérer l'histoire malgré tous ses efforts pour la comprendre d'une façon objective. Toujours, avec une connaissance suffisante des faits, c'est le degré de développement de
l'individu, sa hauteur morale, qui déterminera sa façon de
comprendre l'histoire. L'intérêt historique particulier suscité
par tel ou tel individu, par tel ou tel événement, se trouve
ramené à l'intérêt général pour la place qu'ils tiennent dans
le développement progressif de l'humanité. L'intérêt objectif
qu'éveille la recherche de la loi régissant l'histoire dans
son ensemble, n'est que l'intérêt que présente pour nous la
réalisation de notre idéal moral dans la marche progressive
de l'histoire.

S'il en est ainsi, nous ne cherchons et ne pouvons chercher
dans l'histoire que les différentes phases du progrès ; comprendre l'histoire signifie alors comprendre nettement les
moyens par lesquels notre idéal moral se réalise dans le milieu historique. Notre idéal est subjectif, mais plus nous le sou-
mettrons à l'épreuve de la critique, plus il représentera probablement le plus haut idéal moral accessible à notre époque.
Nous appliquons cet idéal aux faits objectifs de l'histoire, et
cela ne les empêche pas de rester objectivement vrais, car,
ici aussi, leur authenticité dépend de notre savoir et de notre

critique ; quant à notre idéal subjectif, il leur communique une certaine perspective, perspective qui ne peut être construite par *aucun* moyen en dehors de l'idéal moral. On m'objectera peut-être qu'il existe un moyen différent et plus sûr : c'est de disposer les événements d'une époque suivant leur lien interne et suivant l'idéal moral de l'époque elle-même. Mais quel peut être ce lien interne ? Que signifie l'idéal moral de telle ou telle époque ? Des milliers de faits variés que nous montre une époque, nous déduisons le lien que *nous*, nous considérons comme le plus probable en nous basant sur ce que *nous avons conçu* comme les fonctions psychiques les plus essentielles de l'individu, comme les phénomènes sociologiques les plus généraux dans une réunion d'individus. C'est cela qui constitue pour nous le « lien interne ». Pour un historien qui est arrivé à bien comprendre l'importance des questions économiques pour la société, le lien interne entre les événements sera autre que pour celui qui n'est pas allé, dans sa compréhension, au-delà de l'influence des intrigues politiques. Un écrivain qui se rend compte de la force des convictions, des entraînements et des illusions inconscientes de l'individu, rattachera les événements d'une façon différente de celui qui a pris l'habitude de tout rapporter au calcul et à la ruse. — Et « l'idéal moral de l'époque » ? Pourquoi cherchons-nous les éléments qui le constituent dans tels événements plutôt que dans tels autres parallèles à ceux-là ? Pourquoi recueillons-nous le témoignage d'un auteur plutôt que d'un autre de ses contemporains ? Parce que ce sont *ces* événements qui montrent plus d'unité, plus d'esprit de suite : parce que *cet* auteur est plus intelligent, plus conséquent, plus honnête, plus franc que son contemporain. Mais n'appliquons-nous pas, par là même, aux événements les plus importants, aux personnalités les plus importantes *notre* idéal moral à nous ? Il est parfaitement exact que les événements historiques doivent être exposés en se basant sur leur « lien interne » et appréciés d'après l'« idéal moral de l'époque » :

mais ce lien interne et cet idéal moral, nous pouvons et nous devons les chercher en élaborant en nous-mêmes un idéal de vérité impartiale, de justice historique ; de plus, le lien lui-même qui rattache les époques et les idéals successifs est sujet encore au jugement d'une autre critique — de celle basée sur notre conception du progrès historique, c'est-à-dire sur *notre* idéal moral pris dans son ensemble. C'est pour cela que nous ajouterons plus d'importance à une époque qu'à une autre, que nous examinerons, dans leur lien interne, certains événements avec plus de détails que d'autres. Je le répète : l'idéal moral que nous voyons dans le processus historique est la seule source de lumière capable de donner une perspective à l'histoire, dans son ensemble et dans ses particularités.

Comprendre l'histoire de notre époque, signifie donc comprendre nettement l'idéal moral élaboré par les meilleurs penseurs de notre temps et les conditions historiques de sa réalisation, le processus historique étant un processus non pas abstrait, mais concret. Il ne peut utiliser que des instruments d'une certaine espèce. Il s'accomplit dans des circonstances données qui déterminent le possible et l'impossible. Il est soumis aux lois inéluctables de la nature, à l'égal de tous les autres processus. Pour l'intelligence de l'histoire, il est toujours nécessaire de tenir compte des conditions extérieures dans lesquelles sont placés les idéals humains. Les processus *nécessaires* de la physique, de la physiologie et de la psychologie n'offrent de possibilité ni pour un écart, ni pour un saut. Le milieu *historiquement donné* avec toutes ses influences, ne peut pas plus être éliminé, à une époque déterminée, que les processus dont il vient d'être parlé qui ne peuvent l'être jamais. La vérité la plus lumineuse, la justice la plus haute sont soumises, dans leur manifestation et dans leur extension, à ces conditions. L'individu le mieux doué et le plus énergique ne peut puiser la matière de sa pensée et de son action que dans les conditions *nécessaires* de la nature et les conditions *historiquement données* du milieu. L'intérêt historique bien compris demande d'abord pour chaque époque : qu'est-ce que pouvait, à cette époque, accomplir le mouvement progressif ? Dans quelle mesure les hommes qui agissaient comprenaient-ils les conditions dans lesquelles ils se trouvaient ? Ont-ils utilisé, pour leurs fins, toutes ces conditions ?

Mais comprendre nettement l'idéal actuel, veut dire en même temps en éliminer toutes les illusions qui lui ont été apportées par les traditions, les habitudes erronées de la pensée, les coutumes nuisibles des époques antérieures. La vérité et la justice sont, presque sans aucune discussion, inscrites sur tous les drapeaux de notre temps, et les partis ne se divisent que sur la question de savoir *où* est la vérité, *en quoi* réside la justice. Si le lecteur n'a pas essayé de s'en rendre compte, l'histoire restera pour lui une suite d'événements obscurs qui s'enchaînent les uns aux autres, une lutte d'honnêtes gens faite pour des bagatelles, lutte de fous pour des illusions, lutte d'instruments aveugles au profit des quelques intrigants habiles. Beaucoup de mots sonores se font entendre de toute part. Beaucoup de beaux drapeaux flottent de tous côtés. Beaucoup d'énergie et d'abnégation est dépensée par les représentants de tous les partis. D'où viennent donc les disputes des gens dont les devises paraissent être si proches les unes des autres ? Pourquoi un drapeau qui, hier, était porté par les meilleurs, est-il tombé aujourd'hui dans des mains malpropres ? Pourquoi une belle pensée trouve-t-elle, lorsqu'elle est exprimée, une résistance aussi terrible ? Et pourquoi cette résistance vient-elle, non seulement des exploiteurs du régime social existant, mais même des hommes sincères ? Ces questions ne pourront être résolues que lorsque nous aurons examiné plus attentivement : le processus par lequel la vérité se développe et se fortifie, la formation et le conflit des partis, le changement du sens interne et de la signification historique des grands mots qui font mouvoir l'humanité, l'action de la pensée qui transforme la civilisation coutumière ; lorsque nous aurons étudié la situation des individus en face de ce qui est nécessaire et de ce qui est historiquement donné, en face des habitudes tenant à la civilisation coutumière et des différentes tendances de la pensée en lutte, des grands mots inscrits sur les drapeaux des partis et du besoin éternel de vérité, de justice, de progrès, en face de la critique et de la foi. Ce que j'ai voulu dans les lettres précédentes, c'est m'arrêter précisément à ces questions pour dissiper, dans la mesure du possible, certains malentendus qui influencent involontairement notre étude de l'histoire passée et actuelle lorsque nous ne nous sommes pas rendus suffisamment compte des éléments variés qui entrent dans le progrès historique et le déterminent.

D'ailleurs, l'histoire n'est pas terminée. Elle se passe autour de nous, elle sera l'œuvre des générations grandissantes et de celles qui ne sont pas encore nées. Il est impossible d'arracher le présent du passé ; d'autre part, le passé aurait, lui aussi, perdu toute signification vivante et réelle s'il n'était pas indissolublement lié au présent, si un vaste processus unique n'embrassait pas l'histoire dans sa totalité. Les hommes du passé sont morts. La civilisation coutumière de la société a changé. De nouvelles questions concrètes ont remplacé les anciennes. Les devises du passé ont changé de signification et d'importance. Mais le rôle des individus dans l'humanité est resté celui qu'il était il y a des milliers d'années. Sous les formes variées de la civilisation coutumière, dans les questions complexes des temps modernes, sous les différentes devises des vainqueurs et des vaincus, se cachent toujours les mêmes problèmes. En dehors de la vérité et de la justice, il n'y eut jamais de progrès. Sans critique individuelle, aucune vérité ne fut conquise. Sans énergie individuelle, rien de juste ne fut jamais réalisé. Sans avoir foi dans son drapeau et sans savoir lutter contre ses adversaires, aucun parti du progrès ne triompha jamais. Les formes de la

civilisation coutumière demandent, pour leur développement, le travail de la pensée, de même que pendant les milliers d'années écoulés. Les grandes devises restent tout aussi
peu garanties contre le danger de perdre ou de changer leur
signification. Les conditions sociales de la possibilité du progrès n'ont pas varié. Le devoir de payer sa part du prix du
progrès ne peut être méconnu par aucun individu développé. Tout cela a existé pour nos ancêtres, existera pour
nos descendants et existe pour nous-mêmes. La seule différence, c'est que nous pouvons le comprendre mieux que
nos ancêtres, et que nos descendants le comprendront, probablement, mieux encore que nous.

C'est pourquoi, les lettres historiques précédentes, tout en
étant une tentative de résoudre des problèmes qui existent
et doivent exister à chaque époque historique, sont en même
temps une tentative de répondre à des questions de notre
temps. Elles s'adressent au lecteur pour lui parler non seulement du passé, mais du présent. L'auteur se rend très bien
compte de leur insuffisance et de leur imperfection.
D'ailleurs, notre époque n'est pas très propice à des dissertations de cette sorte. Ces lettres peuvent paraître lourdes,
abstraites, peu intéressantes, étrangères aux questions du
jour. Un autre, dans d'autres conditions, aurait pu écrire
mieux et d'une façon plus intéressante. Mais j'espère qu'il se
trouvera encore dans notre société, ne serait-ce que parmi la
jeunesse studieuse, quelques personnes qui ne se laisseront
pas effrayer par la nécessité de réfléchir sérieusement aux
questions du passé — demeurées d'ailleurs des questions du
présent. Pour ces lecteurs, les défauts d'exécution de mon
travail s'effaceront devant son contenu. Peut-être comprendront-ils également que les questions du jour reçoivent leur
intérêt réel et essentiel précisément de ces questions historiques éternelles auxquelles l'auteur a touché dans ces
lettres. Ils comprendront que ce sont précisément *eux* en
tant qu'individus, qui doivent appliquer le travail critique

de leur pensée à la civilisation coutumière de notre époque ; que ce sont *eux* qui doivent payer de leur pensée, de leur vie, de leur action, leur part du prix énorme du progrès accumulé jusqu'à présent ; que ce sont *eux* qui doivent opposer leur conviction au mensonge et à l'injustice existant dans la société ; que ce sont *eux* qui doivent former la force croissante qui accélérera la marche du progrès. S'il se trouve ne serait-ce que quelques lecteurs semblables, la tâche de l'auteur est accomplie.

FIN DU VOLUME

Lightning Source UK Ltd.
Milton Keynes UK
UKHW012225110219
337137UK00006B/1269/P